KB046401

김수현 드라마 전집

김수현 드라마 전집 13

천일의 약속 2

솔

| 편집자 일러두기 |

1. 대사 문장에는 띄어쓰기 원칙을 적용하지 않았다.

가장 먼저, 김수현 극본의 대사에는 마치 악보처럼 리듬이 존재한다는 것을 알면 이해가 한층 쉬워진다. 대사의 리듬과 더불어 대사의 타이밍, 대사의 전환점, 호흡의 완급, 감정선의 절제 또는 연장 등이 대본 자체에서 표현되고 있다. 따라서 문법적 원칙보다 대사의 리듬, 장단이 우선하는 이유로 띄어쓰기 원칙은 간혹 무시되고 있으며 이러한 작가의 의도를 손상시키지 않기 위해 띄어쓰기 문법을 적용시키지 않고 원본 그대로 실었다.

2. 대사에는 맞춤법을 적용하지 않은 경우가 적지 않다.

김수현 극작품의 대사는 구어체에 가까운 것으로 한글, 곧 '소리 나는 대로 읽기-쓰기'에 충실하다. 사투리가 대사에 적용될 때, 캐릭터의 어투나 억양을 강조하기 위한 수단으로 쓰일 때에도 그러하다. 곧 모든 대사의 바탕은 실제 생활 속 일상 언어의 발성이며, 때문에 공식적인 맞춤법이 적용되지 않은 경우가 많다. 외래어 또한 대부분 표기법을 적용해 사용하지 않았고, 문장부호의 사용 또한 일부 맞춤법을 적용하지 않았다.

> 예) "가께 오빠"("갈게 오빠") "늘구지 마세요 선생님"("늘리지 마세요 선생님") "택시 타구 갈께요"("택시 타고 갈게요") "어뜩해. 들으셨어요?"("어떡해. 들으셨어요?") "잔소리 피할려 그러지."("잔소리 피하려 그러지.") "친구 잘못 사겨 착한 내 아들 버렸다는 거랑 같아"("친구 잘못 사귀어 착한 내 아들…") "납쁜 자식"("나쁜 자식") "이제 여덜시야"("이제 여덟 시야") "키이" ("키key")

마침표(.)를 넣지 않은 대사 문장에 대해
마침표의 유무에 따라 호흡과 말투, 대사와 대사와의 연결, 뉘앙스에서 차이가 있음을 지시하는 것으로 원본 그대로 실었다.

3. 의성어 및 의태어의 사용은 김수현 작가만의 언어를 반영하여 최대한 수정하지 않은 원문을 싣거나, 부분 삭제하였다.

예) '식닥식닥'(화나거나 흥분해 가만히 있지 못 하고 숨을 헐떡거리는 상태), '채뜰 듯'(낚아채서 빠르게 들어 올리는 모양)

4. 작품에 쓰인 용어의 설명은 다음과 같다.

S#: S: Scene의 약자. / #: Number를 의미하는 기호.

E: Effect의 약자.
E는 여러 쓰임새가 있다. 이번 전집에서는 대체로 다음 두 가지로 쓰인다.

① 화면상에서 A의 얼굴 위로 B의 목소리를 나오게 할 때
② 특별한 음향효과를 지시할 때

이번 전집에서는 ①에서처럼 화면 연출상의 기법을 위한 경우로 쓰일 경우에는 전후 문맥상 반드시 필요한 경우를 제외하고 부분 생략하였다. 그러나 ②에서처럼 전화벨이나 음향효과를 위한 장면에서는 원문 그대로 E라고 표기하였다.

예) E 전화벨 울리고 있고 / E 볼륨 줄여놓은 피아노 연주곡.

F: Filter의 약자.
이것은 예를 들면 A와 B가 통화를 할 때, A가 화면에 나와 있는 상태에서 B의 전화 목소리를 들려줘야 하는 경우, 상대방의 목소리를 전화 저편에서 말하는 것처럼 들리게 하는 음향적 효과를 지시하는 부호이다.

오버랩: Overlap.
앞의 장면과 뒤에 연결되는 장면이 겹쳐지며 다음 화면으로 넘어가게 할 때 쓰는 부호이다. 대본에서의 오버랩은 앞 사람의 대사가 끝나기 전에 다음 사람의 대사를 겹쳐서 말하게 할 때 주로 쓰이고 있다.

인서트: Insert.
일련의 화면에 글자나 필름을 삽입하는 것을 뜻한다. 이 대본에서는 대부분의 경우 이 지시 사항은 생략되었고, 건물의 외경이나 풍경 등의 씬을 삽입할 때 주로 쓰였다.

디졸브: Dissolve.
한 화면의 밀도가 점점 감소되어 사라짐과 동시에 점차 다른 화면의 밀도가 높아져 나타나는 장면 전환 기법 중 하나. 대본에서의 디졸브는 시간이나 장소의 변화를 보여주기 위해 사용되었다.

페이드 인: Fade in.
영상이 검정색 상태에서 다음 이미지가 점차 선명하게 나타나는 장면 전환 효과를 말하는 것으로 대본에서는 'F.I'로 표기했다.

페이드 아웃: Fade out.
화면이 어두워져 완전히 꺼지는 상태. 장면의 전환, 또는 시간을 건너뛸 때 주로 쓰인다. 대본에서는 'F.O'로 표기했다.

스니크 인: Sneak in.
해설이나 대사 등이 진행되고 있는 사이에 음악이나 효과음을 서서히 삽입시키면서 점점 확대해가는 오디오 연출 용어이다.

5. 기호와 지시문에 대한 설명은 다음과 같다.

/ : 대사 속의 / 부호와 지문 속의 / 부호가 있다.

① 대사 속의 / 부호

대사 도중에 나오는 / 부호는 말투, 억양을 바꿀 때, 텀term 혹은 호흡을 지시 할 때 쓰인다. 그 길이는 길 수도, 짧을 수도 있으며 바로 전 대사의 호흡을 끊고 바로 다음 대사로 빠르게 연결해야 할 때도 쓰인다.

예) **수정** (일어나 아들 앞으로 가 서며)너 어떻게/어디 아파? 돌았어?

② 지문 속의 / 부호

연출할 화면을 나열, 혹은 순서대로 지시하는 부호이다.

예) **서연** ???(허둥지둥 다른 손으로 무릎에 놓은 가방 휘저으며 전화 찾는/도저히 전화가 손에 안 잡힌다/브러시질 멈추고 아예 가방 내용물을 무릎에 몽땅 쏟아버린다/지갑 수첩 필통 손수건 콤팩트 립스틱 선글라스 두통약병 등등/그러나 전화는 없다/설마 하는 얼굴로 내용물들 다시 손으로 움직이며 체크/역시 없다)

③ 지문과 대사 속의 //

/ 부호를 겹쳐 사용한 것은 대사와 지문 모두 호흡을 위해 그대로 표기하였다. 행동이나 대사를 완전히 끊고 마무리할 때 사용되었다.

예) 지문: (대화 시작되고 유창하게 응답하는 이모//매일 전화로 학습시키는 영어 회화)

대사: ....그럼 // 충격받을 준비해.

( ): 배우의 연기에 대한 지시 사항.

[ ]: 작중 정황을 지시하는 지문.
설정, 행동, 환경, 동선 등을 지시하는 부호이다.

⋯: 말줄임표

① 대사의 말줄임표: 배우의 대사에서의 감정선에 따른 호흡의 길이를 지시하는 부호.

② **S#**의 말줄임표: 도입되는 장면에 대한 연출의 길이를 조절하라는 뜻이다.

③ [ ]의 말줄임표: 해당 장면에 대한 추가 연출이 필요하다는 뜻으로 쓰인다.

(오버랩의 기분): 오버랩처럼 대사가 완전히 겹치지 않고 앞 대사가 마무리될 때쯤 대사를 시작하는 것을 말한다.

예) **이여사** 글쎄 기분 나쁜 이유가
영주 (오버랩의 기분)엄마 내가 말하구 싶지 않은 거 그래서 알아 내본 적 있수?

(에서): 장면의 마지막 대사 뒤에 붙여 대사 후 화면이 바로 전환됨을 나타낸다. 간혹 대사 후 바로 화면 전환을 하지 않고 그대로 두어 여운을 줄 때도 사용한다.

예) **채린** 어머니 꿈꾸셨어요?(에서)
S# 준모의 침실

6. 배우의 연기나 대사, 작중 정황 등 대본의 서술과 실제 방영된 드라마 방송분이 다를 경우 대본을 우선으로 한다.

| 등장인물 |

주요 인물

이서연 30세. 출판사 팀장.

박지형 32세. 건축설계사.

서연네 가족

이문권 28세. 서연의 남동생.

고모 59세. 서연의 고모.

고모부 59세. 서연의 고모부.

장명희 34세. 서연의 사촌언니.

차동철 31세. 명희의 남편.

차지민 명희 부부의 아들.

장재민 32세. 서연의 고종사촌 오빠.

서연모 서연의 친어머니.

이한수 서연의 친아버지.

지형네 가족

박창주 62세. 지형의 아버지.

강수정 58세. 지형의 어머니.

강수희 지형의 이모.

향기네 가족

노향기 28세. 지형의 정혼자.

노홍길 62세. 향기의 아버지.

오현아 58세. 향기의 어머니.

노영수 향기의 오빠.

그외 인물

김현민 서연의 담당의.

손석호 지형의 친구.

김선주, 황인영, 변소희, 최유정 서연의 직장 동료.

차례

제11회

S# 떡볶이 가게

고모 (보고 있고)

서모 (떡볶이 용기에 담아 비닐봉지에 넣어 미리 싸놓았던 순대 봉지와 함께 내밀며) 맛있게 먹어.

여학생 네에 아줌마. 안녕히 계세요.

여학생2 많이 파세요.(서모 적당히 대답하고 여학생들 나가고)

서모 (여학생이 놓고 간 돈 / 돈 통에 넣고 고모 앞으로 가 앉으며 / 얘기의 연결) 더 날 것도 못할 것도 없어요··(소주 따르며 안 보는 채)지난 봄에 영감 세상뜨고

고모 ··

서모 E 병원비 들어갈 일 없으니 빚꺼가며

서모 (홀짝 마신다) 그렇게그렇게 살어요

고모 떴어?

서모 떴어요 / 쓰러지구 칠년만에··

고모 ···· (보며)

서모 안 드실래요? (소주잔 들며)

고모 아냐….내가 본 것만도 석잔짼데 술이 그렇게 좋아?

서모 으흐흐. 장사 다했다 싶을 때부터 몇잔 먹고 풀어져지는 게 편해요

고모 (보며) ….

서모 꼬라지 한심한 거 한번 보고 가셨으면 됐지 / 다시 안 오실 줄 알었는데..(보며) / 왜요?

고모 그저..딴 볼일 보고 가는 길에 그냥 그 자리에 있나 어쩐가 생각이 나서..

서모 흐흐..신기하네..내달에 자리 옮길 건데..

고모 (보는)

서모 E 근처에 새건물 크게 들어서는데..누가 지하 수퍼마켓에 자리 하나 만들어 준대서요.

고모 ….(보는)

서모 그쪽도 몇 년 전에 상처했어요.

고모 ….(보며)

서모 남자없이는 못살겠어요 형님.(훌쩍 마시는)

고모 애들 궁금하지도 않아?

서모 (잠깐 보고 잔 내려놓으며) 자식없었던 걸로 치고 산다구 저번에 얘기했잖아요.

고모 ….(보며)

서모 (술 채우며) 흐흐 나 양심같은 거 없어요. 그냥 즈들은 즈들 나는 나 / 잊어버리고 사는 게 편해요.

고모 인두껍을 쓰고 그래도 정말 진심으로 / 한번이라도 먼발치에

서라도 한번 보고싶다는 생각이 손톱끝만큼도 없어?

서모 보면 뭘해요··

고모 ....(보며)

서모 (홀쩍 마시고 놓으며) 봐서 뭐 생기는 거 있어요? 그저 이대로 살다 죽으면 돼요.

고모 ....(보며)

S# **강남 어느 패밀리 레스토랑**

인영 지금 꽃미남 배우 웃통벗는 거 여자 시청자 서비스 필수 아니에요?

선주 글쎄 여자들이 꺄오꺄오하는 건 아는데 난 그게 왜 꺄오꺄오할 일인질 모르겠다니까? 내것도 아닌데 말야··

인영 내꺼가 꺄오꺄오면 뭐하러 배우보고 꺄오꺄오해요. 내꺼가 별볼일없으니까 배우보고 꺄오꺄오하는 거죠.

선주 암튼 벗은 몸은 말야 극히 가까운 남녀끼리만 봐야하는 거 아냐? 그걸 안방으로 끌어들여 대한민국이 다같이 노대기로 보게하는 거 아무래도 난 이상해. 뭐냐 난 이 세상이 온통 성상품 어필에 정신이 돌아버린 것 같아.

유정 여자들 하의실종은 어떻게 보세요.

선주 그거 노출증 질환 아냐?

유정 전요 절대 감춰얄만큼 다리 못생긴 여자들이 하의실종으로 담대하게 활보하는 심리를 도오저히 이해 못하겠어요.

인영 우리나라 사람들 너만 사장이냐 나도 사장이다.

소희 유행 바이러스 플러스? 내멋에 산다. 뭔 참견 /

인영 팀장님은 남자배우 판초콜렛 복근 어때요?

서연 (먹으며) …

소희 팀장님.

서연 ??

인영 혼자 무슨 생각을 그렇게 해요?

서연 아무 생각도 안하는데요?

인영 전혀 대화에 섞이질 않잖아요.

서연 그냥 듣고만 있는 거에요.

소희 식스팩에 대해 어떻게 생각하시냐구요.

서연 어‥나 그거 한번 해보고 싶은 거 있어. 식스팩 골에 물이 어떻게 차나 주전자로 물 한번 천천히 부어보고 싶어.

[적당히들 와하하 웃고]

유정 (웃음에 연결) 우리 팀장님 한번씩 엉뚱한 소리 진짜 죽여요.

선주 (오버랩) 아니이 난 요즘 진짜 미치겠는게 티비 드라마 얼굴 안 움직이는 배우 / 그거 적발하느라 집중이 안된다니까?

인영 거의 다 그런데 적발할 거 뭐 있어요. 이십대 애들까지 보톡스 빵빵 입만 움직이잖아요. 보톡스 빵빵 민간인들도 많이 한다는데요 뭐.

선주 우리 엄마도 시작하셨어.

인영 그래요?

선주 뭘 그딴 걸 하냐 그랬더니 너도 늙어봐라. 하루하루 허물어져가는 게 얼마나 싫고 처량한줄 아냐고, 더구나 수명 길어져 오래오래 산다는데 중간 보수안하고 그냥 놔두면 얼마나 추하겠냐 / 나는 애 배우들 너무너무 이해한다 너두 늙어봐라 이기집애야.

소희 (오버랩) 으흐흐흐흐 깔깔‥ (느닷없이)

모두 (보고)

소희 남자 친구랑 원빈 영화 신나게 보고 나서 옆 자리로 고개 돌렸는데 글쎄 웬 오징어가 한 마리 앉아있더래요. 깔깔.

인영 (오버랩) 그거 몇 달전에 트윗에서 보고 다같이 감자탕 먹으면서 내가 해준 얘기잖아.

소희 아 그랬나요?

인영 어린애들이 더 멍하다니까??

[적당히들 웃는데]

[서연의 전화벨]

서연 누구 전화 온다.

선주 팀장님 벨소린데요?

서연 어..맞다. 으흐흐(뒤에 놓아둔 가방에서 전화 꺼내며) 나 다 먹었어요..잠깐 손씻고 올께요.

[자리 뜨며 전화 보고]

서연 응..왜...그냥 체크? ...아니 아직 / 늦는다구 (그랬잖아 하려다) 내가 전화 안했어?..나날이 멍청해지네. 생각만 했었나봐..응 좀 늦어.. 잠깐. (종업원) 화장실.. (종업원 가르쳐주고) 감사합니다.. (하고) 응 회식..끝나고 노래방...글쎄 아무래도 열시 넘어야겠지?

S# 편의점

문권 (퇴근하는 / 편의점 나서면서) 나 지금 끝났는데 데리러 나갈까? ...차갖고 나간댔잖아....괜찮겠어요? 안 피곤해?...내일 아침 저녁 다 고모네 집에서 먹으라고. 엉 찾아놨어..누나 나 이십만원 줘야해..아니 떼먹을까봐 아니구 그렇다구....술은 안 먹는 거지?

S# 레스토랑 화장실

서연 운전해야하는데 술은··별 걱정을 다해··그래··응··응 끊어. (끊고 전화 세면대에 놓으려다가 주머니에 넣고 손 씻는)

S# 빵 가게 앞길을 뿌우한 얼굴로 부지런히 걸어오고 있는 고모

[빵 가게에서 나오는 일행이 아닌 손님 둘]

S# 빵 가게 안

고모 (들어오는)

명희 (손님 둘 세워놓고 / 빵 고르는 중인 손님도 두셋 / 알바생들 가게 정리 중 / 차서방 컴퓨터로 주문하고 있는 / 엄마 들어오는 것 보고) 여보··

동철 (컴퓨터에서 눈 안 떼고) ····어··

명희 엄마 오셨어··

동철 어어··잠깐만요 장모님·· (주방으로)

명희 ＊＊＊원입니다··(할인 카드와 함께 돈 받고 거스름돈 챙겨주며 인사하고 / 다음 손님 빵 계산 올리면서) 어디 갔다 오는 거에요?

고모 볼일 있었어·· (그건 왜 알아야해)

명희 이제부터 준비할래면 늦겠으니까 말이지이.

고모 뭐··무슨 잔칫상 차리나.

동철 (고기 세 근 정도 봉지 들고 나와)여기 어머니.

고모 계산 집에 가서 하자구.

동철 하하 고기 제가 삽니다 놔두세요 장모님.

명희 ＊＊＊원입니다 (하며 남편 힐끗 보는데)

고모 E (오버랩) 아니야 부자지간에도 계산은 계산야··

동철 아니 정말 관두세요 장모님 제가 샀다니까요.

고모 아이구 알았어. 자넨 입으로 생색내고 계산은 지민 에미한테 하께··저 물건이 그거 안 챙길 거 같어? (나가며)

동철 들어가세요 장모님.. (고모 대꾸 없이 나가며 / 컴퓨터로) 당신 받지 마.

명희 안녕히 가세요 감사합니다 왜 안받아.

동철 하지 말라니까?

명희 (계산기 찍는) 말시키지 마 바빠.

[문소리 E / 손님 들어온다 / 아줌마]

명희 동철 어서오세요오.

아줌 (들어와 보며) 아으 벌써 왜 이렇게 다 빠졌어? (매대엔 거의 다 빠지고 몇 종류밖에 안 남은)

명희 (제 일 하면서) 네 오늘 좀 일찍 그러네요..

동철 더도덜도 말고 오늘만 같으면 좋겠어요 하하하

아줌 그럼 좋지이이..배고파 죽겠어. 오늘은 딴 거 사야겠네(트레이와 집게)

명희 미리 전화하시면 빼 놓을게요.

아줌 (빵 고르며)그러다 못오면 민폐잖아...이건 뭐지?

동철 (잠깐 나와 있다가)완두콩 빵이예요.

아줌 (담고) 이건요.

동철 녹차카스테란데요.

S# 고모의 집 근처 골목

고모 (고기 봉지 들고 걸어오면서 탄식처럼 중얼거리는) 모르겠네에에 모르겠네..사내없이 못살어 그새 또 사내 생겼다 뻔뻔한 것도 모르겠고..지 새끼들 궁금해서 뭐하냐는 소리도 모르겠고오...끄으으응...

S# 고모네 마당

고모 (들어오는)

재민 (아령 운동 하고 있다가) 이제 들어오세요?

고모 오냐 내 아들 들어와 있네..

재민 어디 가셨었어요..

고모 왜 있는대로들 나 어디간게 궁금해 으흐흐흐 잠깐 누구 좀 보구 왔어..누구냐고 묻지 말어 (마루로 오르며) 나도 비밀 하나쯤은 갖고 살고 싶으니까.

재민 (엄마 보며 그냥 웃고 / 아령 다시)

S# 안방

고모 (들어오며) 저녁 제대로 얻어 자셨어 당신?

고부 음.. (장부 정리)

지민 (엎드려 그림책 색칠하기 하면서) 엄마가 오뎅국 끓여주셨어요.

고모 으흐흐흐 맛있게 먹었어? (고기 봉지 놓고 실내복 챙기면서)

지민 그런데 한번 더 끓였어요. (일어나 앉으면서) 할아버지가 오뎅은 푸욱 끓여야 맛있다고 하셔서요. 저도 할아버지랑 똑같은 생각이에요.

고모 성질급한 에미가 그냥 또 우르르르 끓여 갖구 들어왔구나.

지민 네..딱 맞히셨어요.(하며 다시 엎드리고)

고모 아고 배고파.

고부 ?? (보며) 안 먹었어?

고모 이제 먹어.

고부 밥도 안 먹고 어디서 뭐하다 들어오는 거야.

고모 아이구 설마 서방질하다 왔을까

고부 쯧 / 애 듣는데..

고부 으흐흐흐흐 뭐 알어들을라구. (작업 바지 꿰며)

지민 (색칠하며) ….

고모 지민아 할머니 뭐랬어?

지민 몰라요 잘 못 들었어요.

고모 어이구 이런 능구렁이..으흐흐흐흐흐

고부 그건 뭐야.. (고기 봉지)

고모 고기 좀 샀어..

고부 ….

S# 고모 부엌

고모 (들어와 밥솥 열었다 닫으며 / 혼잣말 노래하듯) 밥이 없네에에.. (내 밥이 없네에에에..냄비에 물 담아 얹고 쿠커 켜놓고 / 냉동고에서 만두 랩에 싸 얼린 것 하나 꺼내 랩 벗기는데)

재민 (들어온다)

고모 왜 뭐 주까.

재민 커피요..

고모 해주께..

재민 제가 해도 돼요.

고모 아이구 됐어 나가아아(밀어내듯)

재민 (만두 보고)?? 저녁 안 드셨어요?

고모 그렇게 됐어어어.. (머그잔 꺼내 놓고 / 인스턴트커피 병 꺼내 스푼 들고) 자야하니까 약하게 응?

재민 중간으로요..

고모 그래 중간.. (커피 한 스푼 넣고 / 전기포트의 물 따르는)

재민 (보며) 어머니 약은 정확하게 들고 계시는 거죠?

고모 ?? 아이구 얘 그러엄 안 그럼 어떡해‥적어도 팔십은 채울 참인데 잘난 척하다 재발하라구? 나 죽기 싫어 얘. / 이 좋은 세상 두고 억울해서 어떻게 죽어. (커피 저어 밀어놓으며)간 봐

재민 됐어요‥(머그잔 집어 들며)

고모 금년도 이렇게 그냥 넘기는 거야?

재민 (좀 웃는) 어머니 또.

고모 날씨 썰렁한데 마음 뜨듯하게 누구하나 있으면 좋잖아.

재민 생길 때 되면 계절 상관없이 생겨요‥

고모 그애는…잘 산다니?

재민 잘 살겠죠…

고모 행여 걔한테 연락와도 만나주지 마라‥

재민 별 걱정을 다‥

고모 미련 아주 없는 거 아닐지도 몰라‥지 친정 살리려구 그랬던 거니까‥

재민 들어가요.(돌아서며)

고모 요즘 여자애들 맹랑하대. 지가 차구 갔다가 별볼일 없어지면 뻔뻔하게 다시 나타나 어쩌구저쩌구들 한 대‥그런 거에 얽히면 안돼‥

재민 왜 일어나지두 않은 일을 걱정하세요.(돌아보는)

고모 접때 양치과 어머니 카트하러 갔었는데 그 집 작은 아들이 이혼 직전이라더라‥결혼 전 사겼던 여자 나타나 다시 불붙은 게 들통났대‥우리한테라고 그런 일 절대 안 일어나라는 법 있어?

재민 이혼하잘 여자도 아직 없구요‥한번 정리한 사람 다시 볼 일도 없어요‥걱정마세요.(나가는)

고모 너머 있는 집 애두 피하구 너머 없는 집 애두 피해. 그냥 딱 우리만큼이면 좋아. 애 어른 알아보고 인정많고 착한 애....우리 서연이 같은 애..아구 배고파 아구 배 고파... (냄비 뚜껑 열어보는)

S# 가라오케 단란 주점

유정 (임재범 〈고해〉를 말도 안 되게 엉망진창으로 부르는데)

모두 (양손으로 귀 틀어막고 악쓰며 말리는. 야 최유저어엉 / 하지 마아아. 그마아안 / 제발 좀 살려줘어어 / 여기 작업 걸 사람 없잖아아 / 죽인다 죽여어 / 그만하라니까 진짜아아? 코드 뽑는다아아? 등등 엉망으로 떠드는데)

서연 .... (그냥 웃는 얼굴로 보고 있는) ....

선주 최유정 누가 데려오쟀어어 /

소희 황인영씨요 /

인영 아 클럽 매니저 빽 있대서 데려온 거잖아아..(서연 슬그머니 일어나 나가는)

소희 화장실 또요?

서연 아니 찬바람 쐬러...

S# 노래방 복도..

서연 (나와서)저 잠깐요..

종업원 예 손님.

서연 저기 우리 방에 들어가서 나 너무 피곤해서 먼저 간다 그러고 백 쫌 갖다 주시겠어요?

종업 예 손님..

서연 밖에 나가 있을께요..

종업 예..

서연 (출입구로 움직이는)

S# 단란 주점 밖

[지하 계단으로 올라와 후우우우 숨 내쉬면서 둘러보는 /]

[유흥가의 현란한 불빛들]

서연 (좀 으슬으슬해 팔짱 끼며 움츠러드는)

S# 작년 겨울 거리

서연 (웅크리고 팔짱 끼고 발 동동동 / 추워서)

[길가로 붙여지며 멈추는 자동차에서]

지형 (서둘러 내려 서연 한쪽 어깨 감싸 안으며) 아아 다행이다. 얼어죽었으면 어쩌나 했다.

서연 (팍 밀어내며) 길에다 세워놓고 이렇게 늦으면 어떡해.

지형 (다시 안아 차로 끌면서) 알았어알았어 미안해. 추우니까 일단 타. 타자. 타고나서 성깔부려. 자자.(태워지고 / 지형 운전대로)

S# 차 안(밤)

지형 (차에 오르면서)미팅 마무리때문에 진짜 어쩔 수가 없었어. 정말 미안해 응?

서연 내장까지 얼기 시작했어. 인간 빙과돼 죽는 줄 알었단 말야.

지형 (서연 안전벨트 빼며) 죽을 죄 졌어 그래. 다시는 이런 일 없어. 한번만 봐줘 응?

서연 (약 올라 식닥거리는 / 쏘아보며)

지형 (벨트 채워주고 목 안아 붙이며) 이뻐이뻐그래. 넌 성질 필 때가 젤 이뻐.

서연 (밀어내는데)

지형 왜 장갑도 안꼈어어 (야단치듯) 이 춘나알!!

서연 할말 없으니까. 장갑끼는 거 우산 드는 거 젤 싫어한다 소리 바로 지난 주에 했다.

지형 알았어 됐어 금방 따듯하게 해줄게.(머플러 벗는)

서연 어떻게.

지형 (한꺼번에 상의 배 올리고) 여기 집어너.

서연 ??

지형 집어너라니까?

서연 못할 줄 알아?

지형 해애.

서연 (왈칵 두 손 가슴 앞으로 쑤셔 넣고)

지형 (차가워서) 아으 아아아아

서연 (픽 웃음 터지며 빼려 하는데)

지형 아냐 그냥 있어.. (폭 안는) 그대로 있어..가만있어..손만 녹아도 어딘데..

서연 ..... (안겨서)

지형 어때..한 결 낫지? 녹고 있지?

서연 응..

지형 (빰에 빰 붙이며 속삭이는 / 이 소리는 들릴 필요 없습니다)

서연 (가슴 밀어내며 흘기고)

지형 (소리 내어 웃는) .....

소희 E 왜요 / 먼저 가시게요?

S# 단란 주점 앞

서연 (돌아보는) 어..감기 올라 그러나봐..머리가 띵한게 영 그래서..

소희 (서연 핸드백 들고 나온) 그럼 들어가세요.. (백 주면서) 우리도 파장하기로 했어요. 김선배도 삼십분만 더있다 들어간다 그러고 최유정씨 엄마 심야극장 가자 전화하시고요.

서연 인영씨랑 둘이 가지?

소희 아아 황선배랑 둘이 가느니 집에가 티비보다 자는 게 나아요.

(서연 웃어주고)

[서연 차 나와 대어지는]

서연 월요일에 봐.

소희 네 팀장님. 운전 조심하세요오

서연 (타면서)걱정마세요오..

S# 차 안

서연 (타서 핸드백에서 전화 꺼내 놓고 벨트 채우고 잠깐 소희 섰던 자리 보는데 소희는 이미 들어가고 있는 중 / 출발)....(음악 스위치 넣고...잠시 사이 두었다가)

[전화벨..]

서연 (차 길가로 세우고 전화 보고 받으며) 네 고모 잠깐요.. (가방 옆에서 이어폰 꺼내 끼우고 귀에다) 네 됐어요 고모..

S# 고모의 주방

고모 (중간 크기 수박 반 쪼갠 사이즈 양푼에 베 보자기로 물 뺀 두부 털어 넣으면서) 뭐해. 일하구 있어? (아직 밖이에요) 어어 늦네에? (네에) 전화 받을 수 있어? (네 말씀하세요 / 잠깐 고개 돌려 방 쪽 한번 보고 소리 죽여서) 늬들 엄마 말이다 서연아..내가 이렇게 저렇게 알어봤는데에? (네에)(아예 구석으로 좀 숨듯이 쭈그리고 앉으며) 뭐 그냥저냥 밥 먹구 사는가부더라..(네에)

S# 이동 중 서연

고모 F 뭐냐 저어기 천호동인가 어디 그쪽에서 뭐 무슨 장사랬더라 오뎅이라던가 떡볶이라던가 아무튼 뭐 먹는 장사였는데..가게는 볼품없어도 장사는 실속 있다 그러든데…들어?

서연 네 고모…저기 / 어디 아픈데가 있다거나 그런 소리는 없어요?

S# 고모 주방

고모 (재민 빈 머그잔 들고 들어서고 있는데 / 고모는 모르고)?? 그런 얘긴 못 들었는데..아픈 거 같지는 / 그런 얘긴 안하던데..왜애? (아뇨 됐어요 고모) 저기 서연아..한번 만나보고 싶으면 중간에 사람 넣어서 어떠냐구 알어보랴?

S# 이동 중 서연

서연 아니에요 괜찮아요 고모 그러고 싶지는 않아요.

S# 고모 주방

고모 아이구 그래 보면 뭐해보면 / 내 얘기가 맞는다니까 괜히 혹이나 붙이는 짝 난다니까?

재민 (머그잔 싱크대 안에 넣는)

고모 ?? (아들 보고 일어나며) 그럼 그렇게 알고 끊자 고모 바빠 얘..엉. 대충은 해놓구 자야지. 낼 아침에 할려면 콩튀듯팥튀듯 그래야 잖어…오냐..오냐아아..(끊고) 들었어?

재민 네..

고모 (비닐봉지에 갈아 온 돼지고기 두부에 보태면서) 저번에 또 그러더라 고향에 알아보거나 그럴 수 없냐구..

재민 그래서 알아보신 거에요?

고모 아우 애 진작 / 한 십년 전에 벌써 알구 있었어어..

재민 (보며) ….

고모 (도마에 다져놓은 파 마늘 도마째 들어 집어넣으며) 초장 몇 년은 이년 걸리기만하면 반반한 낯짝 코래두 물어뜯어 놓지 가만 안둔다 그랬는데 참 (풀어놓은 달걀 붓고) 세월이 부운(분함) 도 녹이더라. 내가 나쁜 짓하고 숨어 살다 들킨 거모양 속이 떨리기는 하는데 / (소금 조금 뿌리고) 며칠 그러더니 그것두 에라아 그래 인간이 환장하면 못할 짓이 있나. (얇은 비닐장갑 끼고 섞으며) 환장을 해서 그랬겠지 그렇더라. 그러구 사키다가 삼년전에 한번 가 봤지..

재민 거기 갔다 오셨어요?

고모 ?? 어떻게 알어?

재민 그런 거 같아서요.

고모 나 물 좀 먹자..

재민 네.. (냉장고 열려)

고모 아니 그냥 / 너무 찬 거 싫어..

재민 (컵 꺼내 수돗물 받아 주고)

고모 (마시고) 오냐 그래 니년이 죄받을 짓하고 번쩍번쩍 잘살면 인생 불공평해서 어디 쓰나 첨엔 그러구 왔는데 참 밸도 없지 드응신 그러구 나갔으면 잘이나 살지이..그게 그렇게 되더라..

재민 (보며)건강은 좋아 보였어요?

고모 아우 애 그럼..말짱해애..아프다던 영감죽고 신관폈더라. 훠언해졌던데 뭘.

재민 애들 보고싶어 안해요?

고모 아아니. 보면 뭐 생기는 거 있냐구.

재민 (보며)...

고모 주제에 자존심은 있어 변변치도 못한 꼴 내 놓기 싫어선지이 아니면 그나마 염치가 있어선지 알 도리는 없지만..

재민 ...(보며)

고모 (조물조물 골고루 섞으며)지입으로 남자없인 못산다니까 사내만 있으면 떵호안건지 모르겠다아 사람 다 각각 가지각색이니

재민 네에.. (돌아서는데)

고모 (연결처럼) 새끼는 그것두 에미라구 궁금은 한가본데 에미라는 건 궁금도 안해..애들 어떠냐구 묻지두 않어....에미라는 게 그러니까 그냥 애들이 더어 안타까워..에으 불쌍한 것들..

재민 .....(잠시 보다가 나가는)

고모 (섞던 것 조금 집어 간 보는) ....

S# 올림픽대로의 차량들 풍납동 방향

S# 차 안의 서연 시각으로

[길을 놓치고 공포에 빠진 서연의 시각을 효과적으로 / 촬영 기법이 뭐 없을까..]

S# 차 안

서연 (겁에 질려 어쩔 줄 모르며 운전하고 있는 / 자기 집 방향이 아닌 낯선 풍경에) ...(여기가 어딘지 모르겠다..일단 어딘가로 빠져야겠다)

S# 서연의 시각으로

S# 운전하는 서연

S# 언뜻 보이는 빠지는 길 사인 보드 / 풍납동 방향 /

S# 차 안

서연 (차선 바꾸려 / 시도하다 실패 / 시도하다 실패) ...

S# 풍납동 방향으로 빠져나오는 서연의 자동차..

[차가 정차해도 상관없는 넓은 스페이스 / 허둥지둥의 느낌으로 들어

와 출렁할 정도로 고꾸라지듯 급정거하는 서연 자동차]

서연 (핸들 움켜쥐고 두려움에 거친 호흡 / 호흡에 맞춰 상체가 흔들리고 불안하게 흔들리는 눈동자….집엘 어떻게 가지? 어떻게 해야 집엘 갈 수 있는 거야. 울음이 터지기 시작하는 / 허둥지둥 전화 움켜잡아 들고 내려다보고 있다가 전화 쥔 채 두 주먹으로 앞 머리통 쾅쾅 때리는) ……

S# 평택에서 서울로 오는 / 한남대교 방향으로 달리고 있는 차량들

석호 E 비 때문에 망했어 꼭 우리 저주하는 거처럼 줄창 비였잖아.

S# 이동 중인 차

지형 어쨌든 이달 안으로 끝내고 내부 들어가야지 더 늦어지면 곤란해.

석호 (운전하면서)난 곤란한 거 모르냐? 손발이 맞어줘야지 젠장할 거.

[지형의 벨이 울리고 / 오버랩]

지형 (전화 꺼내 보고 / 의외다) 어 서연아.(석호 잠깐 돌아보고)

서연 F (오버랩 덮치듯 울며불며) 나 / 어떡해서 여기와 있는지 모르겠어. 엉엉 집엘 어떻게 가야하는 건지 모르겠어. 우리 집이 어딨는지 모르겠어 / 엉엉엉

지형 ?? 어디야 거기 어디야.

S# 서연의 차 안

서연 (울며불며) 풍납동 풍납동이라고 써있었어..어엉엉엉엉..거기서 빠져서 바로 차세웠어..엉엉엉

지형 F (손에게) 울지 마 울지마 서연아..석호야 차 세워. 나 택시 타야해.

석호 F 사고야? 데려다 주께. 어디야.. (작게 들립니다)

지형 F 거기 꼼짝 말고 있어. 나 서울 다 왔어. 이십분이면 돼. 꼼짝말

고 있어 엉?

서연 (전화 내려뜨리며 소리 내어 통곡하는 / 고개 뒤로 넘기고) ……

[시간 약간 경과]

서연 (악쓰듯이 울고 있는) …. (상체는 떼고 두 손 머리칼 속에 집어넣어 머리칼 움켜쥐고 소리 낼 때마다 상체 앞으로 꺾었다 폈다 하면서) 아으으으으으!!! ….아으으으으으으!!! 아으으으으으으으으!!! (시간 경과)

서연 (기대앉아서 표백된 얼굴 / 머엉하니 / 눈물만 줄줄줄줄) ….

S# 들이닥치듯 와서 멎는 택시에서 내린 지형 / 곧장 서연의 자동차로

지형 … (보면)

[옆 유리로 기대어 울고 있는 서연이 보이고 /]

[문 열려 하는데 잠겨 있고]

지형 …. (잠시 보다가 유리문 두드린다) …..

서연 …. (천천히 고개 돌려 보는) ….

지형 …..(보며)

서연 (문 잠금 풀어주고)

지형 (열고 서연 벨트 풀고 안아서 내리게 해 말없이 포옥 안아주는) ….

서연 …… (안겨서) ….

지형 괜찮아‥괜찮아서연아‥괜찮아괜찮아‥

서연 (푸욱 안도한 / 눈 감으며 마주 안고) …..

[잠시 그대로 두었다가 서연 옆자리에 타게 하고 벨트 매주고]

지형 (운전대로 오르는)

S# 차 안

지형 (머리 기대고 눈 뜨고 있는 서연 얼굴 손수건으로 닦아주고 / 흐트러진 머리 가다듬어 주고) ……

서연 (맡긴 채 두고) ….단축 연락처 찾기 / 메모에 재민오빠 문권이 번호 있는 거‥조금 전에 생각났어. 미안해‥다 까먹고 당신 번호 하나만 통째로 생각났어‥

지형 ‥그래 고마워.

서연 (입 꾹 다물고) …..

지형 …. (잠시 보다가) 기대서 좀 쉬어‥그러는 게 좋겠다‥

서연 …..(앞 보며) ……

지형 (어깨 건드려 상체 붙이게 해주는)

서연 (기대어지며 고개 반대편으로 돌리는) …..

지형 …… (보다가 천천히 출발하는)

[지형 전화벨]

지형 (받아서) 어‥괜찮아‥접촉사고‥좀 놀랬나봐‥그래 걱정할 정도 아냐‥엉‥ (끊는)

S# 이동 중인 서연의 자동차‥

S# 차 안

지형 …. (운전하며 서연 돌아보는) ….

서연 (기대어 잠들어 / 고개가 지형 쪽으로 꺾여서)

지형 (한 손으로 고개 바로 해주면서 차오르는) …… (어금니 꽉 물고) …..

S# 수정의 거실

수정 (와인 준비해 들고 들어와 사이드에 놓는데)

창주 (파자마로 기대어 앉아 신문 보면서) 현아씨 통화했어?

수정 오늘?‥아니 안했는데.

창주 내일 여주가‥이박 삼일 준비해.

수정 (보는)‥

창주 여덟시 출발하면 돼.

수정 언제 만들어진 약속이야.

창주 들어오는데 전화했더라구. 현아씨가 답답해 죽겠다 그런대.

수정 .....

창주 짜증이 말 아닌가봐‥그렇겠지‥당신하고는 다르잖아.

수정 자기들끼리 가면 안돼?

창주 (보는)…. (왜 그래)

수정 (와인 따르며) 아니면 당신만 가든지‥

창주 왜 그래.

수정 컨디션이 별로야. 난 그냥 집에 있을게.

창주 향기엄마가 좋아라 하겠어?

수정 입에서 나오는대로 지껄이는 사람 아무리 태생이 그런 사람 흘리자 그래도 / …지금은 나도 고단해. 더구나 이박삼일 피하고 싶네‥

창주 간다 그랬는데. 어떡해

수정 몸살기 있다 그래.

창주 ….(보며)

수정 컨디션 정말 나빠서 그래‥혼자 갔다 와‥ (화장대로)

창주 (와인 잔 집으며) 약 먹고 자면 괜찮아질 거야‥김빼지 말고.

수정 (보다 엎어놓은 책 집어 들며) 싫다니까?

창주 … (보며)

수정 (나가려)

창주 사람이 왜 그래‥

수정 (돌아보고)

창주 편안하게 만날 사람 없는 지금 처지 이해 못해? 남자인 우리도 이구석 저구석 우리 얘기 수군거리는 거 같구 신경쓰여 죽겠는데 더구나 현아씨는 밤낮 나가다니던 사람이 얼마나 힘들겠어. 노회장이 죽겠대.

수정 나도 내 머리도 한짐이야..노회장네 봉사할 여유없다니까?

창주 누구 때문에 벌어진 사단인데 그래.

수정 그래서 당장 내일 어디가자 그럼 이십사시간 대기조처럼 예 알겠습니다 쫄레쫄레 따라가야해?

창주 ?? 무슨 그런 말이 있어.

수정 나도 사람이야 여보..나도 내 맘 불편할 때 있어..당신 왜 나는 당신 부속물 취급해? 평생을?

창주 그렇게 얘기하면 할말 없다..알았어 그럼 직접 얘기해..

수정 ....(보는)

창주 (신문 집어 들고) .....

S# 향기의 방

향기 (방바닥에 그림 맞추기 퍼즐 펼쳐놓고 앉아서 자리 찾으며 / 제법 큰 사이즈. 구스타프 클림트「키스」그림 퍼즐 / 삼분의 일쯤은 완성돼 그림 형상이 나타나 있고) .....

현아 (서서) 엄마말 못 들었어?

향기 들었어요.

현아 그래서.

향기 (올려다보며) 나 그냥 집에 있을래. 가기 싫어.

현아 퀼트 못하게 했더니 이제 그거야? 꾸부리고 앉아서 그짓하다가 거북이등 되고 싶어?

향기 엄마 왜 날 이해못해. 이해 좀 해줘 책도 머리에 안들어오고 난 지금 아무 생각없이 시간 잘 가는 일이 필요해.

현아 그러니까 여주 가 산책하고 공때리고 쉬다 오잔 말야..

향기 하기 싫어…오빠 쫓아다닐려고 오년이나 공들였는데 몇 번이나 따라갔나…두번? 세 번? 그것도 엄마 아빠랑 아줌마 아저씨 다 같이..

현아 그눔으 오빠 소리 좀 못 걷어내? 그꼴 당하고도 오빠소리 하고 싶어?

향기 시간을 좀 줘 엄마..나도 열심히 노력하고 있단 말야.

현아 그냥 콱 구겨 처박으면 되지 무슨 노력씩이나 필요해.

향기 난 엄마가 아니잖어.. (조각 고르는) …..

현아 ….. (보고 있다가 발로 맞춰놓은 그림 차서 부서뜨리는)

향기 엄마아아…

현아 엄마라고 부르지도 마. 너같은 등신 / 내 새끼로 낳았던 기억이 없어. 엉? (바람같이 나가는)

향기 …. (나가는 엄마 보다가 문 닫히자)…. (조각 집어 들고 다시 맞추려 / 뿌우우)

S# 거실

현아 (바람같이 내려와 침실로)

S# 침실

현아 (들어오며) 저 기집애 안간대.

홍길 (침대 위에서 복식호흡 하고 있다가) 싫대?

현아 (화장대에 꺼내놨던 마스크팩 봉지 찢으며) 뭐하구 있는 줄 알어? 쭈그리고 앉어서 조각퍼즐 맞추구 있어. 클림트 키쓰. 그게 뭔지두 모르지?

홍길 키쓰는 알어.

현아 저거(찢은 봉지 안에 손가락 넣어 팩 즙 묻혀 양팔에 바르면서) 저 등신을 어떡해 저걸··청승 뚝뚝 떨어지는 짓만 골라서 하구 있으니

홍길 세월이 약이랬어. 걱정할 거 없어.

현아 세월 약발 나타날 때까지 어떻게 기다려. 엉덩이가 가볍기나 해? 오로지 한놈한테 몇 년을 허비했는데··금방 삼십이야··아무리 세상 변했대두 파혼은 파혼이고 상채기야. 더구나 기집애. 제대로 된 집안하고 편안하게 사돈 맺긴 아예 틀렸고 지가 연애나 해야하는데 저 청승으로 어느 천년에. 그리고 연애도 그래. 결혼식장에서 파토난 걸 어떤 잘난 놈이 상관없다 데려간다 나서겠어.

홍길 왜 그렇게 부정적이야…성급하게 그러지 마. 이혼녀도 총각 결혼 잘만 하는 세상에 파혼이 뭐 대수야. 요새 사람들 그런 거 신경 안써.

현아 그건 우리 소망이구우.

홍길 우리 향기 예뻐··그딴 거 상관없다 데려갈 놈 많아.

현아 재산 노리고 들러붙기 십상이겠지.

홍길 어차피 그건 감수해야할 부분이야. 세상에 그 욕심없는 인간 어딨어. 기분나쁠만큼 욕심이 보이는 거 아니면 모르는 척 넘어가는 거야.

현아 (돌아보며) 아니 그 자식은 어떻게 재산욕심도 없어 응?

홍길 죽은 자식 고추만져봤자야. 됐어. 그만 잊어버려.

[침대 옆의 현아 전화 울고]

홍길 (집어 보고 주며) 수정씨네.

현아 (받아서) 늦은 시간에 웬일야..응 그래..돌아버릴 거 같아서 딴 공기좀 쐬자 그랬어....얘 좀봐...컨디션 얘 말도 마. 난 더 죽겠어.. 입맛 오만리 도망가 돌아올 줄 모르지 수면제 세알 네알 먹고도 제대로 못자지 신경은 있는대로 곤두서지 이루 말을 할 수가 없어...... (듣다가 팩하니) 너 빠지고 박원장만 가서 내가 그 신경까지 써야 해? 얘 그럼 다 집어쳐. 그만두면 되지 뭐. (끊어버리고) 얘 안 간대..

홍길 아프대?

현아 몸살 날라 그런대. 몸살난 게 아니라 날라 그런대.

홍길 그럼 편안하게 쉬어줘라 그러지 왜 그렇게 끊어어

현아 지가 친구라면 / 양심이 있으면 군말없이 가줘야지 어디서 컨디션 몸살 타령이야 아니꼽게.. (하고 마스크팩 꺼내는)

홍길 (등 뒤에 대고 입만으로 저런 저런 저 경우 없는 여편네)

S# 수정의 거실..

수정 .... (가만히 앉아 있는) ......

[탁자에 엎어놓은 책]

이모 (책 들고 나오며) 언니 나 이권 들어가야 하는데 /

수정 (책 집어 들며) 아직 반도 못 읽었어.

이모 왜 그렇게 속도가 느려어. 편하게 잘 읽히는데에

수정 (책 주며) 니가 먼저 봐. 나 일권부터 다시 봐야겠어.. 뭘 읽었는지 모르겠어.

이모 (일 권 놓고 수정에게서 이 권 받아들며) 머리 불편할 땐 그게 그래.. 뒀다 나중에 읽어..

수정 .....

이모 형부 주무셔?

수정 응··아마·· (패션 잡지 집어 들며)

이모 (앉으며) 매일 늦으시네?

수정 병원 밖 약속이 많은가봐.

이모 지형이 때문에 형부한테 너무 그러지 마.

수정 … (보는 / 내가 뭐)

이모 형부가 그럼 어쩌겠어. 지형이라도 내쫓아 우리도 이만큼 큰 일이다 향기네한테 보여줘야지. 입장이 입장인 만큼 언니가 이해 해애··이해하면 언니 아냐?

수정 …… (책장 넘기며)

이모 언니 내내 형부한테 불친절하잖아

수정 (책 놓으며) 신경쓰지 마 그냥 귀찮아 그래·· (일어나 계단으로)

이모 (일어나며) 거긴 왜··

수정 (그냥 올라가는)

이모 (따르면서) 집이라는 건 확실히 사람이 살아줘야지 못쓰겠어. 환기 시켜주러 올라가면 괜히 썰렁하고 괜히 섬칫하고 (수정 돌아보는)

이모 (올려다보며 눈치 없이 연결) 누가 죽어나간 방두 아닌데

수정 그게 무슨 주책맞은 소리야.

이모 아니 글쎄 그게 이상스럽단 소리야 언니. 기분이 이상하다니까?

수정 내가 할테니까 다시는 올라가지 마. 알았어?

이모 아, 알었어요··

수정 (올라가고)

이모 (돌아서며) 얼른 편해져야 할텐데 우리 언니 큰일났네에에…

S# 지형의 방

수정 (들어오면서 전체 등 켜고) …… (방 보며) …… (있다가 침대로 / 걸터

앉아) …

S# 서연 빌라로 들어오는 서연의 자동차…

[주차장에 세워지는 차…]

S# 차 안‥

지형 (차 세워놓고 돌아보는)

서연 (입 조금 벌리고 잠들어 있는 상태) ….

지형 …. (보며 / 과거 어느 날로)

S# 오피스텔

서연 (베개 밀쳐내고 한 손 가슴에 얹어놓고 잠들어 있는) …..

지형 (미소로 내려다보고 있는) …… (그러다가 문득 한 손으로 턱 아래 밀어 입 다물게 만들어놓고 / 보는) …..

서연 (잠시 다문 상태다가 다시 열리는 입)

지형 (혼자 웃고 또 밀어 올리는데)

서연 (손 밀어내며 뒤집다가 깬다) ?? 깼어?

지형 응‥

서연 (지형 쪽으로 뒤집으며) 아아 잘 잤다‥나흘째 야근인데다 삯글 / 마감 맞춰주느라 어제 거의 샜거든‥ (눈 감은 채)

지형 입 벌리고 자더라‥

서연 (눈 감은 채) ??…(했다가) 설마아…(눈 감은 채) 삼십분만 더 잤으면 좋겠다‥

지형 더 자‥

서연 자긴 뭐할 건데‥

지형 입벌리고 자는 거 구경이나 하지 뭐‥

서연 (눈 뜨고 상체 좀 일으키며) 정말이라는 거야?

지형 내가 왜 그런 쓸데없는 거짓말을 해.

서연 말도 안돼‥나 그런 소리 한번도 들어본적없어.

지형 나말고 누구 동침한 남자 있었단 소리야?

서연 워크샵 같은 거 가 한방에서 모두 같이 자구 그럴 때 입 벌리고 자는 사람 보면 바보같고 웃음나서 난 신경쓴단 말야‥잠들기 전에 의도적으로 입 딱 붙이구 그러는데?

지형 그건 잠들기 전이지. 넌 자면서도 그런 컨트럴이 되냐?

서연 .....(보는)

지형 진짜야‥벌리고 잤어.

서연 얼마나‥

지형 응?

서연 얼마나 벌려졌었냐구‥

지형 (입 크게 찌그려 벌려 보이고)이만큼.

서연 말도 안돼‥

지형 아니 이렇게 벌어졌던가? (아래턱 내려 찌그러트려)

서연 (가볍게 때리면서) 말도 안돼말도안돼말도 안돼.

지형 (낄낄거리는)

S# 현재의 차 안

[지형 웃음소리 잠깐 넘어오고]

지형 …(보며)

서연 .....

지형 (더 자게 둬야겠다 / 시동 끄고 돌아보는데) …

서연 (눈이 뜨여진다....멍하니)

지형 .....잘 잤어?

서연 (멍하니 돌아보는)

지형 내 운전 어땠어··

서연 들어갈게·· (벨트 풀고 내리려는) ···

지형 가만 있어··핸드백·· (서둘러 내려 서연 쪽으로) ···(서연 뒷좌석의 핸드백 꺼내 어깨에 걸쳐주면서) 부탁한다 서연아···

서연 ·····(보는)

지형 나····네인생에 들어가게 해줘·· /

서연 ···(보며 / 한참)·····왜 진창으로 들어온다는 거야·· (가만히 / 순하게)

지형 니가 거기 있으니까··

서연 ·····

지형 너한테 가야하니까··

서연 웬만큼하고 그만두지 바보 아니니? (울음이 머금어지며) 왜 꼭 거부해야 해. 나 때문에 결혼도 깨버린 사람인데··각오 벌써 끝낸 사람인데 한꺼풀만 벗기면 아무 것도 아니면서··잘난 척 왜 해··자기 팔짜지 내가 알게 뭐야 그냥 기대버려. 정직한 내마음은 그렇게 날 꼬드겨··너무너무 그러고 싶다구···

지형 (두 손 여자 양팔에) 난 포기 안해 항복해.

서연 ·······(보다가) 나한테는 기회지만 당신한테는 괴로운 족쇄가 될 거야··

지형 날 믿어. 서연아. 믿어야 해.

서연 당신 어머님한테 어머님 마음이 내 마음이라고 했는데?

지형 넌 내 엄마가 아니야. 니가 엄마일 필욘 없어

서연 ····(보며)

지형 넌 내 여자기만 하면 돼··

서연 …… (가만히 한 손 지형의 뺨에) 나도…내가 사라지기 전까지 죽을 힘 다해 사랑하고 싶어..

지형 (꽈아악 안고) …..(사이 두었다가) 네가 날 기억못하게 돼도 내 기억 속에 너는 그대로야..너는 사라지지 않아.

서연 …. (안긴 채 가만히) 물르기 없긴데..안 물러 줄 건데….

지형 안 물러..나도 안 물러 준다..

서연 날마다…날마다 오늘보다 내일은 더 사랑한다구..날마다 약속해..

지형 알았어 그래. 날마다 약속할게….

서연 (중얼거리는) 당신 큰일났다..도망칠 기회 영영 놓쳤다..

지형 도망 안쳐..그런 일 없어.

서연 (마주 안고 달라붙듯 오버랩) 같이 있고 싶어 같이 있어줘. 날 맡아줘. 날 지켜줘..

둘 …… (그대로)

F.O

S# 둔치를 걷고 있는 고부와 재민..(이른 아침)

둘 ……..

재민 아버지 발…

고부 (돌아보고)

재민 덜 불편하신 거 같아요.

고부 거반 나았어..

재민 진작 병월엘 가시지…

고부 병원 무서워.

재민 (시익 웃고)

고부 모레 늬엄마 정기검진이야..

재민 (아) 네에..

고부 병원가기 전에는…나쁜 소리 듣게될까봐 편칠 않어..

재민 네에..

고부 무사통과면 그러고도 만 이년이 남었어..

재민 네….자형이 모시고 가죠..

고부 아냐 이번엔 오전 예약이라 택시 타야 해..

재민 제가 시간 만들어 볼까요?

고부 뭐얼..남의 돈 받아먹으면서 그러는 거 아냐..

재민 ….

고부 아닌척 하지만 니 어머니두 검사 전 며칠은 자꾸 뒤척이면서 깊은 잠을 못자..얼른 오년 지났으면 좋겠어..

재민 …..

S# 서연의 거실

[싱크대 전기포트 뚜껑 열어놓고…녹차 한 봉지 들어가 있는 컵]

[프린터 조작하고 있는 / 프린터가 돌고 뽑혀 나오는]

서연 (종이 / 집어서 보며 싱크대로) …..(종이 놓고 찻잔에 물 따르다 멈추고 혼잣소리) 너무 식었다.. (포트 스위치 다시 넣는데)

문권 (운동복 / 조깅 / 들어오는) 일어났어요?

서연 응 그러엄.

문권 (상의 훌렁 벗으며) 나도 커피 줘. 먹고 씻을 거야.. (하며 제 방으로 / 갈아입을 옷 가지러) 날씨 차요..따듯하게 입어.

서연 알았어.(커피 잔과 인스턴트커피 병 챙기는데) ….

[싱크대에 놓아둔 프린트 종이]

[12포인트 / 치매에 좋은 음식]

[잡곡밥, 고등어와 참치, 카레 등 번호 매겨져 12가지 식품들이 주우욱]

[전화벨‥컴퓨터 테이블에서…]

서연 (돌아보고 움직여 보고 받는다) 네에에‥

지형 F 일어났어? 잘 잤어?

서연 응, 잘 잤어?

S# 이동 중 지형

지형 재민이한테 얘기할 새 없었지?…내가 할게‥내가 하구 오늘이라도 고모님 찾아뵐게…왜 가만있어. 물르기없기야. (우리 고모 너무 놀라실 거 같아서) 좋은 일로 놀라켜 드리는 건 효도야. 그보다도 꾸중들을 일이 걱정이다‥찾아뵙지 못한 게 얼마야‥싹수없다고 너 못준다 그러시면 어떡하냐.

S# 서연의 거실

서연 (조금 웃으며) 결혼 안되는 거지 뭐‥ (나와서 프린트 종이 보다가 돌아보는 / 갈아입을 옷 한 손에 아무렇게나 들고)

문권 ???

서연 E 당연하지 고모 허락 안하시는 결혼을 어떻게 해.

서연 으흐흐흐흐 아냐. 너무 좋아하실 거야‥행복해 하실 거야‥응 우리 고모네로 아침 먹으러 가. 고모부 생신이셔. 응 알아서 해. 응…응…(끊고 침실로)

문권 누나‥

서연 (돌아보며) 어 옷 입을려구.

문권 누나 결혼해?

서연 …(보며)

문권 무슨 소리에요?

서연 응.. 응 그래.. (문권 앞으로) 고모네 가는 길에 얘기할라 그랬지.. (앞에 서서) 만나는 사람 있었어 문권아..

문권 어느 만큼은 짐작했었어. 누나 어떡하나 그랬구.

서연 너도 아는 사람이야..

문권 ???

서연 재민 오빠 친구 박지형..

문권 ?? 지형이형?

서연 결혼하재..하자 그랬어.

문권 그 형 누나 아픈 거 (종이 싱크대에 놓으며)

서연 (오버랩) 알아..설마 내가 사기결혼할까.

문권 …(보며)

서연 안해주면 죽겠대.. (좀 웃으며) 사정사정 애원애원해서 어쩔 수 없이 사람하나 살리자 그랬어

문권 (오버랩 심각한 채) 부모님은 모르실 거 아냐.

서연 어머님은 아셔 내가 말씀드렸어.

문권 하라 그러셔요?

서연 아니…난 신경 안쓸 거야.

문권 ……(보며)

서연 그 사람한테 다 맡겼어. 집도 만들어놨대..너 같이 가야 해..

문권 ……(보며 입이 꾹 다물어지며 시선 내리는) …

서연 ……왜 나 안돼?

문권 아니아니 그런 거 아냐 누나.. (울음 차오르며 / 고개 떨구는) 그런

거 아냐··난 누나한테 아무 것도 해줄 게 없는데 상상할 수도 없는 일 / 너무 벅차서·· / (고개 숙인 채 서연 한 팔 잡고 보며) 누나 축하해·· 축하해요···

서연 (보며) 문권아 나 (웃지만 목이 찢어지면서) 아무 것도 상관없이 다른 여자들 사는 것처럼 그래보고 싶다? 일년이래도 좋고 이년이면 더 좋고 삼년이면 축복이고··

문권 (오버랩)(속은 울지만 거죽은 웃는) 알아 누나··이해해·· (싱크대의 종이 집어 보이며) 이거 그래서 뽑은 거구나. 그럼 이제 약도 먹겠구나 누나.

서연 어제 밤 벌써 시작했어. 아침 약 챙겨서 주머니에 넣어뒀구··

문권 이제 됐다 누나야. 고마워··누나 진짜 고마워.(웃는데 굵은 눈물 뚜르르 / 얼른 욕실 쪽으로)

서연 고모네 입다물고 있어··재민 오빠랑 먼저 얘기해야 해··

문권 알았어요오.

S# 재민의 마당

[들어와 마루 쪽으로··재민 부자]

고부 아침부터 무슨 기름 냄새야.

재민 아버지 생신이시잖아요··

고부 응?

명희 E 아버지 들어오셨어요?

명희 (전 부치다 튀어나오며) 해피버스데이 아버지 하하하하하.

고부 무슨 소리야. 내 생일 내일이야.

재민 ? /

명희 하하. 엄마아아 아버지 생신 내일인줄 알고 계시는데?

S# 주방

고모 (반으로 가른 푸른 고추에 고기 집어넣어 밀가루에 둥글려 달걀 푼 것에 담갔다 프라이팬에 지지는 작업 중 / 큰 소리로) 무슨 엉뚱한 소리야아아 내가 아무리 정신없어두 설마 가장 생일을 모를까··

S# 마루

고부 (마루 위에서) 내일이라니까 저 사람은·· (하며 방으로 / 명희 쪼르르 따라 들어가고)

재민 (아버지 신발 간추리는)

고모 (부엌에서 튀어나오며) 아 달력에 표 확실하게 해놓고 이달 들어서면서 이레 남았다 엿새 남았다 날마다 셌구먼 무슨 소리야아. (안방으로)

S# 안방

명희 (달력에 손가락 짚어가며 입으로 세는 / 11월 달력인데 2011년이 드러나지 않게 / 왜냐면 앞으로 드라마 세월이 가야 하니까요. 토요일 엄마의 표시에서 손가락 세기 멈추고) 이이잉?? 깔깔깔깔깔깔 어떡해 엄마·· (들어오는 엄마 돌아보며) 아버지가 맞어.

고모 뭐어?

명희 내일이야··

고모 아니 귀신 곡할 노릇이네 내가 볼펜으로 콕콕 찝어가면서 날짜 맞춰 표해논 거란 말야. 아 그럼 당신은 미리 얘길 해줬어야지 이걸 보고도 그냥 놔뒀단 말야? 무슨 억하심정으루?

고부 나는 책상 달력이구 그건 당신꺼잖어.

명희 아 양력달력에 음력 세다가 삐긋해서 하루 덜 센거야.(그렇게 된 거야)

고모 너는너는 자식이 돼서는 지 아버지 생일두 제대로 못 챙겨놓고 어이그 쯔쯔쯔쯔

명희 (오버랩) 왜 나한테 불똥이야? 식구들 생일 챙기는 건 엄마잖어. 엄마가 그렇다니까 그런 줄 알었지 가만 엄마 틀렸을지도 몰라 그러구 다시 체크해?

고모 얘 원래 시집가면 해바껴 제일 먼저 하는 일이 새달력에 시부모 친정부모 생일 찾아 표해놓는 거야··너 그거 안했잖아아 그방 달력보니까 지 서방 새끼 시어머니껀 똥그라미 쳐놨드구먼.

명희 아 친정살이니까 금년엔 생략했지이.

고모 어이구 그래 핑계없는 무덤없다더라.

고부 (오버랩) 괜찮어. 오늘루 하면 돼.

명희 그래 엄마 늦춰먹는 생일은 안되지만 땡겨먹는 생일은 상관없다잖어.

고모 아 딱 그날이래야지 늦추고 땡기고 아니이 어떻게 있을 수도 없는 짓을··니 에미 날샜다··맛이 간 거야 이거·· (하며 나가고)

명희 괜찮어 엄마아아 살다보면 그럴 수도 있는 거지 뭐·· 아버지 괜찮죠?

고부 상관없어어··

명희 (나가며) 엄마아아 아버지 상관없으시대애애··

S# 주방

명희 (들어오며) 상관없으시대.

고모 (쥐어박는) 석달 뒤에 아이고 생일 까먹었네 그래두 상관없달 니 아버지가 문제가 아니라 내가 어처구니가 없어 기절하겠단 말야··

명희 글쎄 말야 세월에 장사없다더니 이젠 엄마 믿으면 안되겠네··엄마 진짜 맛 변하기 시작한 거 같아.

고모 ???(획 잡아먹을 듯 쏘아보고)

명희 으하하하하 하하하하하

S# 수정의 주방

[아침 준비 중 수정과 이모]

지형 (상의는 위에 벗어놨고 / 막 들어왔다 상차림에) 웬 찬이 이렇게 많아요 아침인데··

이모 너 집 밥 먹는 게 얼마만인데 있는 거 없는 거 다 꺼냈지.(생선구이 오븐에서 굴비 구이 꺼내 접시에 옮기며) 형부 좀 휴일마다 나가셨으면 좋겠다. 너 집밥 좀 먹이게. 내가 전화하기 잘 했지?(굴비 식탁으로 / 수정 된장찌개 갖다놓고)

지형 네··

수정 앉어.(부드러우나 웃지는 말고)

지형 네·· (앉는)

이모 (밥 뜨면서) 찾아노라는 책들 다 찾았어 지형아. 아침 먹고 들고나가 전해줘야겠다 그랬는데 아버지가 일찍 나가시는 거 아냐? 엄마한테 아들 얼굴도 보여줄겸 잘됐다 전화했지.

지형 네··

수정 (앉으며 / 반찬 접시 몇 개 지형 앞으로 옮겨주는)

지형 (보며) 엄마 왜 안가셨어요··

수정 쉬고 싶어서··

이모 (밥공기 두 개 갖다놓으면서) 너 내보내고 심난한 위에 찬 바람 불고 엄마 가을 탄다··완전히 의욕상실이야·· (하고 자기 밥 뜨러)

지형 …(엄마 보고)

수정 거기 공기하고 국자 좀..

이모 네에에.. (공기 / 국자 갖다 주는)

수정 (받아서 된장 뜨는)

이모 너 먹인다구 엄마가 전복을 두 개나 썰어 넣었어..많이 먹어.

지형 네에..

수정 (된장 공기 지형 밥그릇 옆으로 / 안 보며)

지형 (보며) .....

수정 (모르는 척 수저 들어 된장 맛보고) …

지형 .....(보다가 수저 드는데) ....

[수정 전화벨 / 식탁 저쪽에서]

이모 내가 주께요.. (얼른 집어다 주는)

수정 (보고 일어나 나가며 받는다) 응 나야..

현아 F 몸져 누웠니?

S# 거실

수정 (나오면서) 그 정돈 아냐.

현아 F 그러면서 박원장 혼자 보내? 내조의 여왕 사표낸 거야?

수정 (쓴웃음) 내조의 여왕 늙어서어..

S# 현아 정원

현아 (도우미들 뒤로 거느리고 나오면서) 애 늙었다 소리 하지 마 나까지 늙은 기분 들어. 난 아직 아냐.. 우리 차 보내줄테니까 동네 병원가 영양제 하나 맞고 곧장 여주로 들어와....애가 그런데 갑자기 왜 이렇게 비싸게 굴어어? 병원 애기밖엔 화제라곤 없는 남자들하구나 뭐해. 향기 기집애도 안가는데.

S# **대문 밖**

[밴 한 대 서 있고 사용인들 너댓 나와 있고 홍길과 창주 기다리고 있는 중]

현아 (나서면서) 그러지 말구 와아 수정아‥거기 산책길 손 봐서 울퉁불퉁 정리 싸악하고 아주 편하게 만들어놨대. 편백나무 숲길 산책이나 해주고 오자……이렇게 애걸복걸하는데 그래두 안 온다구? …얘 됐다 알었어. 오지 마. (퍽 끊고 자동차로 움직이며) 박원장네 뭐 갈등있어요?

창주 허허. 그럴 게 뭐가 / 그런 거 없어요.

홍길 내가 먼저 타지‥

창주 아냐 내가 들어갈게‥

홍길 아냐아냐‥나좀 잘 참이야‥잘려면 뒷자리가 편해‥ (먼저 올라가고)

현아 자고 일어난지 몇시간 됐다고 또 자.(오르는)

홍길 (아내에게 손 내밀어 당겨주며) 당신이 좋아하는 박원장하구 나란히 앉아 가라구 빠져준다는 거야. 깊은 뜻도 모르구.

현아 어이구 별 시답잖은 깊은 뜻. 좋아하는 박원장님 어서 타세요‥ 손 잡아 드릴까요?

창주 흠흠흠흠. 아니에요…(웃으며 차로 오르는)

S# **고모의 마당**

[문권과 재민‥먹고 난 교자상 마주 들고 나오고 있는 /]

고모 E 그냥 놔둬. 내 금방 나가 치울 거니까 엉?

문권 네에‥ (교자상 입구까지 / 부엌에 공간 있으면 아예 부엌으로)

서연 (과일 쟁반 들고 주방에서 나오고)

명희 (남편 도시락 보자기에 싼 것 들고 따라 나와 마루 끝에 놓고 방으로)

S# 안방

고모 (과일 쟁반에서 하나 집어 들고 깎기 시작하며) 상품중에 상품이라더니 이여편네 나한테 죽었다 그냥.

명희 (들어오며) 시장 떠나가게 생겼네하하..

고부 (오버랩)상품으로 알고 줬겠지. 그만둬.

고모 나원 생일 미역국 그 모양인거 내 평생 첨이네. 씻을 때부터 뭔가 수상하더라구 / 어으 속상해.

서연 그래도 국은 맛있었어요.

고모 그거야 고기맛 솜씨 맛이지 미역이 그게 뭐야 그게. 헤에 풀어져서는. 왜 들어와 앉어?

명희 (저며놓는 과일 한 쪽 먼저 집으며) 빈손으로 왔니?

서연 어?..어 아냐...(주머니에서 카드 봉투 꺼내 내놓으며) 축하드려요 많이 못 넣었어요.

명희 얼만데?

고부 (도로 밀어내며) 너 저번 상품권으로 됐어..집어너어.

서연 아니에요 고모부.

명희 무슨 상품권?

고모 (오버랩) 아 차서방 배고파. 얼른 갖다 줘어.(남편에게 한 조각)

명희 엄마 얼마치?

지민 (철부지 형제의 제사상 차리기 그림책 펴놓고 있으며 오버랩) 오십만원.(할아버지가 물려주는 과일 한 입 베고)

명희 ??

고모 ?? 너 어떻게 알어?

지민 할머니랑 할아버지 말씀하시는 거 들었어요.

고모 아이고오오 우리가 쥐한 마리 키우구 있었네에에?

명희 큰 돈 썼다 너? 무슨 맘 먹은 거야? (서연 그냥 웃고) 엄만 왜 그게 비밀이었어?

고모 얼른 나가나가..차서방 배고파아아아..

명희 어으 알었어어어어.. (나가는데)

지민 (서연에게 다가들며) 이모 이것좀 읽어주세요.

서연 그래? 그래 좋아. (책 펴들고) 옛날 옛날에 사형제가 아버지와 함께 살았어..

지민 사형제는 어찌나 게으른지 일은 하지 않고 만날 빈둥빈둥 놀기만 했지.

서연 어머 읽을 줄 아는 거잖아.

지민 할아버지가 읽어주셨어요. 외운 거에요. 흐흐.

S# 주방..

[음식 남은 접시들은 따로 놓고 설거지거리 싱크대에 넣고 하면서…]

문권 (눈치 보는)

재민 (무심히 행주로 교자상 닦는 중) .....(행주 싱크대에 놓고 새 행주 들고 상으로 가는데)

문권 누나 약먹기 시작했어요.

재민 어 그래?

문권 치매에 좋은 식품 리스트도 뽑아놨더라구요.

재민 야 정말 좋은 뉴스다.. 너 뭐라 그랬어? 뭐가 심경의 변활 일으키게 한 거야?

문권 글쎄요 그거까지는 모르겠어요 하하

S# 지형의 방

수정 ……(보며)

지형 …. (보며)

수정 결…결국에는 니 고집대로‥니 아버지 나 상관없이 결국 저지른 다구‥

지형 …네‥

수정 …… (보며)

지형 …… (보다가 시선 내리는)용서하세요‥

수정 니 앞날은 어떻게 되지?

지형 …. (보는)

수정 일이년에 끝나는 일도 아니고 평균 오년에서 칠팔년이라지만 그건 노인들 경우고

지형 (오버랩) 제 앞날 같은 건 생각안해요 엄마‥한평생이래도 좋아요. 아니 그럴 수 있으면 좋겠어요‥

수정 그렇게 다‥전부다 바칠만큼 그 아이가…너의 모든 것이야?

지형 …..네‥

수정 그 아이도 그러더구나. 병이 아니었다면 너 그냥 향기랑 결혼했을 거라고‥

지형 그건 저도 인정해요. 그랬을 거에요. /

수정 평생을 내줄만큼인 아일 두고 결혼하려했던 건 뭐야. 잘못 생각하고 있는 거 아닌가 싶다. 너 그 아이 병에 널 바친다는 거잖아.

지형 그거 아니에요 엄마‥병 때문에 가여워서 그거 아니에요 / 그 병이 제가 그 사람을 얼마나 사랑하는가 깨닫게 해준 거에요. 결혼하려 하면서‥엄마 저 얼마나 힘들었는지 몰라요‥지금 저 편안해

요 행복하기까지 해요··

수정 너보다는 그애가 나한테 보여준 모습에 기대했는데 이렇게 실망시키는구나··

지형 저 많이 힘들게 했었어요··너는 내 엄마가 아니다. 엄마가 될 필요는 없다. 제가 설득했어요.

수정 내 심정이 어떨지…그건 니 관심사가 아니지.

지형 죄송합니다··

수정 내가 거품물고 쓰러져도 너는 강행하겠지··

지형 …이해해 주세요 /

수정 그래…통고로 받아들이마··

지형 네…

수정 (일어나며) 어쩌겠니. 널 쇠사슬 묶어 토굴에 가둬둘 수도 없고.

지형 (따라 일어나는) 용서해주세요 엄마··더 드릴 말씀이 없어요··

수정 (보며) 몇날 며칠…사는 게 아니었다·· 그 아이가 내 딸이라면…어느 집 아들이 너 지금 하듯 내 자식을 맡아준다 나서면…얼마나 고마울까 백번 천번 큰절할 일이지. 그런 생각도 했었지만… 결국 결론은 남의 아들은 몰라도 내 아들은 안된다였는데…그러면서 나 자신 참 싫었는데··그래··너는 너 할 일 / 나는 내가 할 일 하자.(돌아서는)

지형 …. (보며)

수정 …(문으로)

지형 이삼개월 있다 할께요.

수정 (돌아보며) 그동안 달라질 게 없다면 그게 무슨 의미가 있어…. 그 아이 하루는 건강한 사람 하루와 달라··시간낭비하지 마.

지형 (차오르면서) 향기네

수정 (오버랩) 너 하려는 일이 벌써 상식밖인데 지금이나 이삼개월 뒤나 뭐가 달라.

지형 .... (보며)

수정 응?

지형 ...네..

S# 고모의 방

서연 (책 읽어주는) 드디어 아버지 제삿날이 되었어

지민 드디어 아버지 제삿날이 되었어.

서연 첫째둘째 셋째는 아침 일찍 일어나 다함께 대청소를 했단다.

지민 첫째둘째셋째는 아침 일찍 일어나 (딴짓하며) 다함께 대청소를 했단다.

서연 책을 봐야지이 그래야 글짜를 배우지이이..

지민 으해해해해

서연 고모부 저 고모 설거지 혼자 하시는데

고부 (오버랩) 어어...(책으로 손 내밀고) 내가 하께 나가봐라..

서연 (지민에게 웃어주며) 열심히 해애애애?

지민 네에...

S# 마루..

서연 (나와서 주방으로 가는데)

재민 (제 방에서 빈 과일 접시 들고 나오는)갈려구?

서연 아니 설거지..

고모 E 설거지 끝났어 애 들어올 거 없어어..

재민 있어.(주방으로)

서연 왜?……

S# 대문 앞

[나오는 재민과 서연‥]

[대문에서 좀 떨어지는 위치까지 움직이고]

재민 축하해 줄려구. 약 시작했다면서‥

서연 응 입싼 두 남자 벌써 수다 떨었구나 으흐흐흐

재민 잘했어. 기특해‥

서연 나는 이제부터 전사가 돼야해. 전사가 될 거야‥

재민 하하, 진작 그랬어야지 첨부터 그랬어야 하는 거야 이 자식아 /

서연 (오버랩) 결혼하거든.

재민 ??

서연 결혼해서 신나게 살 거야‥덮어놓고 많이 웃으면서 덮어놓고 행복하게 덮어놓고 죽자사자 열심히 살 거야‥

재민 …. (얼른 말이 안 나오면서 / ‥보며‥) 어 어떻게 그렇게 ‥너…확실한 거야?

서연 응 절대 안 물러준다 그랬어‥

재민 ……(보며)

서연 왜 나 잘못했어?

재민 아냐 의외의 반전이 놀라와서‥그 자식 널 어떻게 꼬셨는데.

서연 (오버랩) 오빠 나 어젯밤 길 또 잃었었어‥

재민 (보며) …

서연 얼마나 무섭고 절망스러웠는지 죽을 것 같더라. 그런데 핸드백에 메모도 전화 연락처 찾는 것도 온통 다 새까맣게 아무 생각도 안나는데 웃기지 꼭 물 속에서 동동 떠오르는 것처럼 그 사람 전화

번호가 떠오르는 거야..

재민 .... (보며)

서연 전화걸어놓고 대성통곡하면서 결혼하자 한번만 더해 한번만 더해줘 그랬었어..눈치챘나봐..타이밍 안 놓치더라.

재민 .....(따듯하게 보며)

서연 (그래서) 어제밤에 약 시작했어. 약먹으면서 그냥 병은 너대로 놀아라 잊어버리고 난 나대로 신나게 살거야.

재민 (눈물 글썽해져서 한 손 내밀고)

서연 ...(웃으며 손잡고)

재민 화이팅..

서연 화이팅.

S# 수정의 침실 화장실

수정 (욕조 가장자리에 걸터앉아 하염없이 울고 있는 / 멍한 얼굴인 채)......

S# 근처 카페..

[서연 재민 마실 것 받고 있는데]

지형 (들어온다) ...

서연 왔어..

재민 (일어나고)

지형 (다가와 손 내밀며) 오랜만이다.

재민 (입 꾹 다물고 손잡으며 연결해서 지형 안는)

지형 ...(마주 안고)

서연 (우유 컵 들고 앉은 채 미소로 올려다보다가 문득 옆자리에서 이상하게 쳐다보는 중년 부인들 보고 웃음 터지면서 우유 뿜는다) .....

제12회

S# 재민 / 집으로 가는 길

재민 … (걸어오고 있는)

재민 E 솔직히 너희 둘이 합의가 돼도 과연 그게 둘다한테 최선일까 생각했었어.

S# 11회 카페

재민 니 초심이 얼마나 유지될까 서연이는 너에 대한 부채감을 어떻게 다스릴까. 난 무슨 일이 있어도 니가 (서연 보며) 포기시킬줄 알었다.

서연 응 (웃으며 지형 돌아보며) 그랬는데 거꾸로 내가 투항하고 말았어.(지형 서연에게 웃어 보이고 / 지형 귀에 대고 속삭이듯) 한번쯤 머리 아닌 마음을 좇아가 / 까짓 자기 팔짜지 알게 뭐야‥너도 행복할 권리가 있어. (거의 장난처럼) 너만 좋으면 됐지 주제넘지마‥ (재민 돌아보며) 악마가 달콤하게 속삭였어‥그래서 악마와 손을 잡았지‥

재민 (웃으며 지형에게) 늬둘 사이에 악마가 끼어들 줄은 몰랐다.

지형 (웃으며) 서연이 걱정은 나한테 넘기고 니 자리 나한테 내놔.

지금부터 내가 완전한 의미의 보호자야..

재민 기꺼이.. (손 내밀며) 기꺼이 넘긴다.

지형 (앉은 채 손잡고) 인수받았다..

재민 부탁한다.

지형 너 자식 내 부탁은 쌀쌀맞게 튕겼었잖아.

재민 말했잖아. 둘 다한테 최선일까 그랬었다구.

지형 내가 그 판단 부탁했었냐?

S# 집으로 재민

재민 .....(걸음 좀 서두는)

S# 고모의 마당

[마루에 파마 가방 / 음식 보따리 놓여져 있고 / 지민 제 방 마루에 걸터 앉아 게임하고 있는]

S# 고모의 방

고모 (장에서 보자기에 싼 담요 보퉁이 꺼내며) 마트 옆 수선집 방울이 엄마..일요일 하루 노는 건 일주일 내내 애들이랑 남편이 만덕산 만들어논 집안 치우구 뭐하구 하느라 파마 비집구 들어갈 틈이 없구 / 에라 까짓 파마 말구 손님 받으면 법에 걸리냐 / 말어치우자그랬지. (보퉁이 풀고 장 구석에서 전기방석 비닐에 꽁꽁 싸놓은 것 꺼내 합치는)

고부 (양말 신으면서) 그건 뭐야..

고모 으응..지난 여름에 화가 선생 집에서 담요한장 얻어다 놨거든.. 저어기 혼자사는 노인네 갖다 줄라구 / 이건 우리 쓰던 전기 방석. 겨울 오잖아..전기요금 아까워 싫다시겠지만 아무래도 이러다 얼어 죽겠다아아 그런 날만 잠깐 십분씩만 쓰라 그럴려구. 방울이 엄마 파마 말어 놓구 부지러언히 갔다 올 거야. 당신 생일 음식도 좀 챙겼어. 냉장고 뒤집고 바꿔 너 줘야지 / (문득) 방울네까지 좀 들어다 줘야해.

고부 (옷 입으며) 빼 논 거 없이 잘 해. 괜히 또 도둑 잡으러 뛰는 거 모양 그러지 말구.

고모 으하하하하하 맞어맞어.. (보따리 밀어놓고 가디건 꺼내 팔 끼면서) 보따리 들구 나와..나 물 한잔 먹구.

고부 ...(천천히 옷 마저 입는)

S# 주방

고모 (들어오며 바로 포트의 물 반 컵 따라 수돗물 반 섞어 설거지 그릇 바구니의 수저 하나 빼 잠깐 젓고 벌컥벌컥 마시는) .....(컵 든 채 나가려다 문득) .. (냉장고 야채 박스에서 사과 서너 알 든 비닐봉지 꺼내놓고 한 알 할까 두 알 할까 하다가 한 알만 내놓고 봉지 집어넣고 한 손에 사과 한 알 한 손에 물컵 들고 나가는)

S# 마루

고모 (나오면서) 여보오 얼른 나와아.. 지민아 할머니 바빠..점심 엄마한테 가 먹어 엉?

지민 .....

고모 지민아.

지민 예에(대답하는 바람에 게임 망쳐지고) 아으 아으으으 할머니느으으은??

고모 으하하하하 다시 해 다시 해.

지민 최곳점 올릴라 그랬었단 말이에요.

고모 이 그래 할미 미안해애애.. (고부 보따리 들고 나오고 / 고모 물컵 놓고 얼른 영감 신발 놓아주며) 한시간쯤 일찍 들어와..

고부 ??(신 신으며)

고모 (아) 촛불켜구 케익 잘러야잖어.(보따리에 사과 쑤셔 넣으며)

고부 오늘 아니라니까.(아내 신 놓아주며)

고모 (마루에 엉덩이 / 신 신으며) 땡겨 하기루 했으니 오늘이야

재민 (들어오는)

고모 어 얘 나 너 점심 (일어나며) 못차려주는데··밥솥에 밥은 있어. 국두 있구.

재민 예 뭐 바쁘세요?

고모 아버지 점방 나가시구 나는 내 볼일 / 바쁠 거야 뭐 / 당신 바빠?

고부 왜··

재민 드릴 말씀이 있어서요

고부 ??(보는 / 얘기해)

고모 무슨 얘기?(고부와 함께)

재민 좋은 소식이에요. 서연이 결혼해요.

고모 고부 ???

지민 ???

고모 뭐뭐뭐 뭐라구?

재민 서연이 결혼한다구요··

고모 .....(멍하고 있다가) 여보!!여보여보. (마루로) 당신 이따 나가·· 들어가 들어가··들어가자구··(남편 옷깃 아무렇게나 잡아끌면서) 들어와 들어와들어와 얘. 들어와 들어와.

재민 (조금 웃고)

S# 안방(시간 약간 경과)

고모 (흥분해서 약간 식닥거리며) .....(아들 보다가 가볍게 치면서 / 구박)

진작에 알았으면 귀띔을 해줬어야지 그런 것도 모르구 / 그렇게까지 니 아버지 안 닮어두 돼 이것아..

재민 (그냥 좀 웃고)

고모 누구야 어떤 인물야 뭐하는 인사야. 니가 소개시켜줬냐? 지가 골랐어? 몇살야? 연애한지 얼마나 됐어? (하다가 문득 남편 돌아보는) 왜요.

고부 (뻐어언히 보고 있다가) 숨 안 넘어가 한번에 하나씩 해.

고모 으하하하하 맞어맞어..너두 봤어? 어때. 쓸만해? 괜찮겠어?

재민 아주 훌륭한 친구에요.

고모 그래? 너 보기에 훌륭해?

재민 네

고모 아이고 그럼 안심이다. 서연이가 아무리 야물딱져도 똑똑한 게 허방 짚는다 소리가 있잖어. 남자는 남자가 봐야 정확하다더라. 그럼 됐다. (울음 터지려 하며) 아이구 하느님 부처님 감사합니다아아아 감사합니다 감사합니다 / 직업이 뭐야? 혹시 출판 그쪽 계통 사람

재민 (오버랩) 아버지 어머니두 아시는 친구에요.

둘 ??

재민 E 지형이 아시죠. 박지형이..

고모 에....에에에에?

재민 그 친구에요.

S# 빵 가게

[주방에서 꽈배기가 튀겨져 나왔고, 동철 큰 설탕통 들고 큼지막한 네모 플라스틱 박스에 적당량 쏟아주면 / 알바생 꽈배기를 하나씩 설탕통에 넣고 굴러서 전시용 트레이에 담는다]

알바1 (방금 이쁘게 진열한 트레이를 들고) 사모님 이 빵 이름이 뭐였죠?

명희 (다른 알바와 빵 포장하다 힐끗 보고)

알바2 (약간 고참 / 명희와 함께 보고) 쫀득쫀득깨빵이에요. 저쪽이예요(장갑 낀 손으로 한쪽 가리키며) 타원형으로 오목한 자리 있죠. 거기예요.

알바1 아.(그쪽으로 다가가서 / 제품 이름이 쓰인 꼬챙이 들어 확인하고 / 제품 하나씩 소담스럽게 담는 / 비닐 일회용 장갑 착용 / 빈 트레이는 주방 앞에 쌓인 트레이에 쌓으면) ....

알바2 (설탕 다 묻힌 꽈배기 트레이 갖고 와 건네주며) 이건 어딘지 알죠?

알바1 네.(하고 받아서 있어야 할 자리로 / 알바1은 시작한 지 며칠밖에 안 되는 신참)

지민 (맹렬하게 뛰어드는) 엄마엄마엄마아.(식닥식닥)

명희 ? 왜왜왜왜 깼어? 만점 깼어?(게임)

지민 그게 아니구요 하아하아하아..아빠 물

동철 (벌써 물컵 주고)

지민 (급하게 마시다 사레들려 품으며 기침)

명희 아이그아이그아이그. 도대체 그렇게 숨넘어갈 일이 뭐야 집에 도둑들었어? 불났어? (하다가 문득)? 할머니 쓰러지셨어?

지민 캑캑 이모 결혼하신대요.

명희 ??

지민 결혼하신대요.

명희 자다가 봉창뜯어. 이모라니 누구네 이모!

지민 우리 집에 이모 한 사람밖에 없잖아요.

동철 (나서며) 누가 그래 엉?

지민 외삼촌이요‥외삼촌이 할아버지 할머니한테요‥

동철 ??(아내 보는)

명희 ??????…(하고 있다가 팍 튀어 나가는)

동철 (서둘러서) 어 그러니까 차지민. 차지민 외삼촌이 할머니할아버지한테 서연이 이모가 결혼한다는 말씀 드리는 걸 니가 들었단 말이지?

지민 네‥할아버지 할머니가 나가실려고 하는데 외삼촌이 들어오셔서요? 드릴 말씀이 있어요 좋은 소식이에요 서연이 결혼해요. 그랬어요. 똑똑히 들었어요. 할머니 정신 나가셔서 여보여보여보 들어와 들어와 (아빠 잡아끌며) 할아버지랑 방으로 들어가셨어요.

동철 야아아 그게 사실이면 우리 차지민 태어난 이래 최대경사다 하하.(춤추듯) 경사났네 경사났어.(하며 자기 작업장으로)

지민 (오버랩) 아빠 나 스파게티 먹고 싶어요.

동철 (빵 구워지는 것 체크하면서) 엄마결재 받어어

S# 달리기 선수처럼 집으로 달리는 중인 명희

S# 고모의 방

재민 (부모 보고 있는)

고모 (방바닥 보며 뿌우우우) ……

고부 (역시 방바닥 보며) 사람 욕심 마찬가지야‥그 집안에서 그럴 수 있어.

고모 (한숨 섞듯) 아이고 그래‥애 하나밖엔 내놀 게 없는 처지니 무경우라구 우길수두 없긴 하다(그러다 백팔십도 뒤집어) 야 그렇지만 자식이기는 장사 없다는 데 어지간히 하고 받아주지 무얼 천년 만년 살 거라고 / 짧은 인생 응? 즈이들 좋다면 그만이지 즈이들만 행복

하면 됐지 그런다냐. 머리 좋지 이쁘지 반듯하지 우리 서연이같은 며느리감 어디서 구경할 거라구 엉?

고부 그건 당신 생각이야아.

고모 .....(재민 노려보듯 하며 잠시 있다가)(호기롭다)아 그래 좋아. 반쪽짜리 혼인이면 뭐 어때..양가 첨부터 끝까지 날씬하게 뜻 맞아 하는 결혼 얘 별반 없어. 다아아 내 자식 아깝네 분하네 기우네 넘치네 그러면서 하는 게 그거야. 그런 집안에서 오냐 너좋은대로 해라 그게 어디 쉽냐? 그런데 얘 집은 어떡하냐..좌우간 집 한칸은

재민 (오버랩) 걱정마세요. 서연이는 몸만 가면 돼요. 지형이가 준비해 놨대요. 가구랑 웬만한 살림까지 다 들여놨다는데요 뭐.

고모 아이구 아이구 고마운 거. (갑자기 또 울음 차오르면서) 그으 불쌍한 게 그래두 그 복은 있었구나 으응? 그복은 있었어 그복은 있었어 여보 으응? (하는데)

[고모 핸드폰 벨]

고모 (상관없이) 그건 그거구 여보 우리 전세 잔금 빌려줬다 받은 거 그거 도로 내놔야겠네..아무리 몸만 간대두 말이 그렇지 신랑 옷 해줘야지 드레스 미장원값두 있어야지

고부 (오버랩) 전화 먼저 받어..

고모 응응..여보세요..으응 방울이 엄마 아고오오 오늘 파마 못하겠는데 어떡하면 좋아. 응 우리 집에 무슨 일이 좀 생겼어..아니아니 나쁜일 아니구 존일..응 존일...그래 내일 내일해주께 방울엄마..으응 미안해애애? (끊는데)

재민 (시계 보고 오버랩) 지형이 인사드리러 온다구요..오는 중일 거에요.

고모 ?? 오늘? 지금 당장?

재민 네 (일어나며) 보고 나가셔야죠 아버지.

고부 (끄덕끄덕)

고모 (오버랩) 아이고 / 아이고 일났네 일났어 (어쩔 줄 모르며) 번갯불에 라면 끓이게 생겼네 이거. 집도 안 치웠는데.. (옷걸이 옷에 덤벼들며) 여보여보 일어나 나가 마당 좀 응? 마당 좀 마당 좀..

재민 그냥 맞으세요. 괜찮아요

고모 아우 그래두 그게 아니지이이..크은 손님인데에에 (걸려 있던 옷들 장에 한꺼번에 쑤셔 박으면서 이미 나가고 있는 남편) 여보 마루 걸레질은 내가 할테니까 당신 화장실 청소 좀 화장실 좀.

재민 어머니

고모 (상관없이 이것저것 나와 있는 것들 처리하면서) 재민아 재민아 너 빨래 좀 걷어다 부엌에다 아니 지민네 방에 때려 너라 엉? 엉?

재민 알았어요..

S# 마당

고부 (마루 내려서 마당 어지러진 것 치우려)

재민 (방에서 나오는데)

[대문 요란하게 열어젖히고 고꾸라질 듯 뛰어드는 명희]

명희 서서연이 결혼한다며요 아버지

고부 그래.(화장실 쪽으로)

명희 (빨래 걷으러 움직이는 재민 쪽으로) 진짜야? 사실야?

재민 그 소문듣구 뛰어들어왔어요?

명희 (오버랩) 연애했다니? 뭐하는 사람이야?

재민 박지형.

명희 ??

재민 (빨래 걷으며) ……

명희 (너무 놀라 턱이 탁탁 아래위로)(재민 팔 잡으며) 너 지금 니친구 걔 부모다 의사아들 걔 그 지형이 / 설마…(억지로 웃는) 설마아아

재민 맞아요

명희 …..???

S# 집 근처 차 세워두는 곳 /

[지형의 차 트렁크에서 선물용 갈비 박스 굴비 세트 박스 대자 과일 바구니 꺼내는 지형과 서연‥]

서연 (과일 바구니 들다가 무거워 도로 놓고)

지형 (웃으며) 어찌 그렇게 무모한 짓을 / ‥가만있어‥ (과일 바구니 꺼내 길에 놓고 트렁크 닫는) 세개 다 내가 들고 가고 싶지만 팔이 두개 밖에 없어 안 되겠고 굴비가 제일 가벼우니까 그거 하나는 도와줘야겠다. 이거야‥ (꺼내놨던 것 중에 하나 집어주는)

서연 고기 내가 들게‥그 정돈 들 수 있어.

지형 아냐‥한쪽만 너무 가벼우면 어깨 삐뚤이 돼‥받아‥

서연 (받으며) 고모가 싸고 맛있는 과일 귀신인데 과일은 그만두자니까 이제 죽었다 팔 빠져 병원가얄 거야.

지형 그래도 폼은 나잖아‥ (갈비 집어 들고 과일 바구니 들다가 너무 무거워) 아아‥

서연 거봐 내가 뭐랬어.

지형 야 여기 어디 지게 구할데 없니? 이거 아무래두 지게져야지 안될 거 같다.

서연 으흐흐흐 하하하하하

S# 계단··

[과일 바구니 둘이 같이 들고 양쪽에 각자 상자 하나씩 들고 오르기 시작하면서]

지형 아예 알미늄 지게 하나 사서 차에 싣고 다녀야겠다.

서연 ??

지형 이 계단 때문에 고모님 댁 갈려면 지게가 필수겠어.

서연 날마다 이렇게 사다 드릴 거야?

지형 하하 그러다 파산해? 이름붙은 날에만

서연 일년에 두세번 쓰자구 지게 사?

지형 너도 지고 올라가구.

서연 에?

지형 그냥 업고 올라가는 것보다 훨씬 편할 걸?

서연 나 다리 없어? 왜 업고 지고 해?

지형 내 각시 다리 애낄라구··니 다리 너무 가늘어 부러질까봐 늘 불안해. 결혼하면 제일 먼저 할 일이 니 킬힐 몽땅 내버리는 거야.

서연 (눈 크게) 내 피같은 돈 주구 산 걸?

지형 신발값 주께.

서연 좋아 따불로 내.

지형 중고로 칠참인데?

서연 그럼 거래가 안되지이이··

지형 왜 따불이야.

서연 나때문 아니고 누구 때문에 쓴 돈이니까.

지형 야 단 한번도 니 킬힐에 감동받은 적 없다. 오히려 내가 스트레스값 받아야해··

서연 (잠깐 보며) 야단칠 거 다 쳤는데 무슨 / 스트레슨 내가 받았지. 정말 내버릴 거야?

지형 엉 왜.

서연 아니 난 그냥 한번씩 꺼내보면서 추억에 젖을려구 했었지··누가 정말 싫어했었는데··그게 누구의 사랑이었었는데··

지형 나한테 멋있어보일려고 신겠다는 거 / 기분 좋았었어.

서연 멍청하다 그랬으면서.

지형 다리 부러질까봐 진짜 걱정됐다니까?

서연 그거 아니라 혹시 자기 키가 부족한 거 불쾌해서 아니었어?

지형 내 키가 왜 부족해.

서연 내가 킬힐 신으면 쬐께 부족한드읏 싶지이··

지형 야뭐 이미터 아닌 거 불만야?(서연 / 으흐흐흐흐) 나 농구선수냐?

서연 으흐흐흐흐흐흐

S# 수정의 거실

수정 (화분 손질하다가 돌아보고 있는)

향기 (이모 버튼 눌러 열어주고 / 들어서며) 안녕하세요 이모님.

이모 어서와··웬일야?

향기 아줌마 안 계세요?

수정 나 여기 있어··어서오너라··

향기 편찮으셔 여주 못 가셨다면서요·· (껴안고 들어온 고급 한식 보자기에 싼 죽용 보온병. 원지름이 일반 보온병보다 큰 것) 제가요 아줌마. 샥스핀 스프 한번 만들어봤어요.

이모 어머 그런 걸 다 할줄 알어?

향기 저 신부수업 제대로 받었잖아요 이모님. 중국요리 선생님이 특히 훌륭하셨어요. 저 웬만한 건 다 비슷하게 만들어낼수 있어요. (주방으로 움직이며) 뜨거울 때 드세요. 얼른 들어오세요 아줌마..이모님도요 (들어가고)

이모 (장갑 벗고 있는 언니 보고 있다가 슬그머니 다가서 장갑 받으며 수군거리는) 큰일났네 미련 아직 못버렸어요..재를 어쩌면 좋아.. (주방 보는)

수정 조용해.. (하고 주방으로)

S# 주방

수정 (들어오는데)

향기 (보온병 뚜껑 열며) 스프 접시 어떤 거 써요 아줌마?

수정 내 꺼내 줄게...(접시 세 개 꺼내 놓아주고 / 가볍게 손 씻는)

향기 (조심스럽게 쏟으면서) 집에서 두 번 만들어봤어요. 아빠가 어떤(강조) 호텔 샥스핀보다 맛있다 그러셨어요. 물론 격려차원이죠 후후..엄마는 첫 번째는 지린내 난다 그러시더니 두 번짼 비슷은 하다..엄만 냉혹하시잖아요 아줌마..

수정 엄마가 그랬으면 그건 아주 잘했다는 뜻이야..(스푼 두 개 꺼내 와 놓고 선 채로 먼저 따라진 수프 맛보는) 우우움..훌륭하다.

향기 정말요?

수정 정말..정말 훌륭해..

향기 으흣 좋아라..최근들어 제일 힘나는 칭찬이에요..

수정 (앉으며) 넌 안 먹어? (두 개만 담았다)

향기 전 아침 늦게 먹었어요..집에 좀 남았어요..나중에 먹음 돼요..(의자 조금 빼며) 이모님 왜 안 들어오세요?

수정 들어오겠지..앉어라..

향기 네 (앉는)

수정 여주 들어가지 왜..

향기 집에서 구박받는 것도 힘든데 따라다니면서까지요 뭐..

수정 (쓰게 조금 웃으며 천천히 먹는) …

이모 (들어오고)

향기 오세요 이모님..

이모 그래 어디 우리 향기 아가씨 솜씨 자랑 점수 좀 매겨봐야지..

향기 네에에.

수정 맛있어 백점이야..

이모 (맛보는) ….그러네 나는 삼백점이다..

향기 오호호호호호.. 만점이 얼만데요?

이모 백점 만점이 세 번 삼백점..

향기 으흐흐흐 감사합니다..감사합니다아아…(머리 굽히는 인사하며)

S# 고모의 방

지형 (고모 내외에게 절하고 일어나는 / 서연 재민 서 있고 / 일어나서) 찾아뵙지도 못하고 정말 죄송합니다 아버님 어머님..

고모 (감동으로 올려다보며 지형 한 손 잡아끌어 앉히며) 앉어 앉어앉어. 아니아니 편하게 앉어 응? 무슨 죄지었어? 편하게 해애..

지형 괜찮습니다. 어머님..

고모 (서연 손 잡아끌어 옆에 앉히면서) …..(울컥 차오른다) …..(고개 꺾고) …..

서연 ….고모..

고모 (대답처럼 두 사람 손 서로 합쳐주면서) 내가….얼마나 고마운지 ….얼마나 마음이 좋은지..문권이야 사내자식 / 아직 어리구 / 근석 걱정이야 지 누나가 할테니까 난 빠져두 되지만 이거는..여엉 그래 지지가 않어서 나이는 먹어가는데 도통 기미도 안보여..결혼에 결 짜만 꺼내도 도리질 해…짚신두 짝있다는데 태평한 척하면서두 이 것아 얼마나 신경이 쓰였는지 몰라.(서연 보며)

서연 …(눈물 흐르기 시작)

고모 애달고 애달프게 큰 거…그저 품 널찌익하고 편안한 사람 만나 뜨드읏하게 살어얄텐데에에…응응응응..장독대 정한수만 안떠놨지 내새끼덜하구 같이 밤낮으로 빌었는데 응응응응..

재민 어머니.. (앉으며)

고모 응응응

서연 (다가들어 고모 안고)

고모 없는 살림에 한푼이라도 벌어보탠다고 나가 뛰느라 어린 거 부려먹으면서 내가 / 얼마나 가슴이 찢어졌는지이이 응응응

고부 (못마땅) 좋은 날 무슨 짓이야.

고모 아구 이럴일이 아니지 참..이건 나중에 이불 쓰구 나혼자 해두 될일이네 으하하하하. (서연에게서 돌아앉으며) 나 워낙 주책끼 있는 거 너두 알지?

지형 네 어머니 정많으신 거 잘 압니다..얼마나 잘해주셨는데요.

재민 (슬그머니 휴지통 눈물 찍어내고 있는 서연에게 밀어주고)

고모 솔직히 말해서 잘해준 거는 없지이이..그냥 우리 먹는대로 밥 먹인거 밖에는 으응?

지형 그 밥이 얼마나 맛있었는데요.

고모 그래서 니가 아니 자네가 왜 왔다구?

재민 ??

고부 ??

지형 서연이 제가 데려가겠습니다‥저 주십시오 어머니. 아버님‥

고모 (입 꾹 물고 지형 보며…사이 두었다 새삼스레 또 울음이 터지는) 주구말구 주구말구우우우‥어젯밤에 당신 뭐 꿈꾼 거 있어? 이게 무슨 일이야 여보오. 응응 (징징징)

명희 (차 들고 들어오며) 구질구질하게 이제 그만 좀 징징거려어어!!

고모 알었어 알었어‥그만해 그만하께‥

명희 (방바닥에 찻잔 돌려놓는 / 아버지 / 엄마 / 지형이한테 놓으며) 그러니까 일년 넘게 사귀면서 너 우리 집에 한번도 안왔단 말야?

지형 그렇게 됐어요 누나.(재민 제 찻잔 들어내고)

명희 유유상종이라더라 너두 서연이랑 똑같은 으뭉단지냐?

고모 ?? 너 무슨 말을

지형 (오버랩) 괜찮습니다 어머니.

명희 (찻잔 서연에게 오버랩) 정말 못 당하겠다. 엇쩌면 그렇게 입도 뻥끗안하고 독하게 사기를 쳐어?

서연 ??

고모 야!! 무슨 말뽄새가 그 모양이야 / 사기라니 /

명희 사기지아니야? 지가 무슨 유명 탤런트야? 스캔들 관리했어? 우리 뒤통수 칠려구 쇼한 거야?

재민 누나.

명희 (상관없다) 그것도 우리 전혀 모르는 사람도 아니고 지형인데 / 박지형 앤데 시침 똑떼고 연극을 왜해 연극을.

서연 그게 아니라 언니

재민 (오버랩) 그만해요

명희 (오버랩) 너도 한 통속 사기꾼이야 이 자식아. 너 한 통속인건 옛날부터 알고 있는 사실이지만 야 기분 엄청 드럽다 엉?

고모 (오버랩) 아니 그런데 이 좋은 날 얘가 왜 이래!!

명희 우리 바보 다 만들었잖아!!

재민 그게 뭐가 중요해요 바보 좀 됐으면 어때요.

명희 징그럽고 무섭고 불쾌하단 말야..

지형 (오버랩) 저기 결혼하기로 한 게 최근이에요. 그래서 말할 수 없었을 거에요.

명희 (오버랩) 내 말은 재 시집까지 보내야 할 일 다하는 거라 생각하는 천진난만한 울 엄마 혼자 몸달아 여기저기 부탁하구 다니게 왜 했냐 그거야..사실은 사귀는 사람 있다 한마디만 했으면 헛고생할 필요 없었던 거잖아. 우리 다같이 감쪽같이 속았다? 수녀원 들어갈 생각하고 있는 애 아닌가 했다니까?

고모 (오버랩) 얘 사실은 내가 삼년 전에 암수술을 했거든.(지형에게 / 수습하려고) 그러고 나니까 아이고 저거 시집가는 거까지는 봐야하는데 그래져서 신경을 좀 쓰기는 썼었어. 그 얘기 하는 거야..자네가 이해해.

지형 네..

명희 앙큼발칙한 기집애 (모두 ?? / 쟁반 집어 들면서) 똥꼬로 호박씨 까는 재주 결정판이다 엉?(하며 일어나려는데)암튼 축하한다.

고모 (퍽 / 아무 데나 갈겨버린다)

모두 ??

명희 ?? 엄마아..

고모 (달려들어 마구 덤벼들며) 그게 축하야 이 기집애야? 그게 축하야? 축하야?

서연 고모 고모. 저 괜찮아요··이러지 마세요. 고모 고모.(말리며 / 지형은 민망하고 재민은 그저 보고 고부는 방바닥 보며)

명희 (오버랩) 야아 너 지금 때리는 시에미보다 말리는 시누야. 저리 비켜!!

서연 ??(멈칫)

고모 (오버랩 명희에 연결) 도대체 이눔으 기집애 누굴 닮어 입이 그렇게 드러워!! (불끈 일어나 명희 팔죽지 잡아끌며)나와 나와. 너랑 나랑 아예 오늘 구정을 내자. 엉? 구정을 내자구

명희 (오버랩 홱 뿌리쳐 엄마 떼어내며) 엄마 진짜 딴 사람 있는데서 이런 법이 어딨어!! 내가 애야? 나두 이제 자식까지 있는 어른이라구!!

고모 너 어른이면 나 니에미 아냐? 매가 튀어? 매맞을 짓을 왜해. 지 동생 신랑 앉혀놓고 그게 무슨 고약스런 험담이야.

명희 (울음 터지며 대거리) 엄마 단 한번이라두 내편 된 적 있으면 내가 성을 갈어어어.

고부 (오버랩) 그만해라.

명희 (오버랩) 아니 내 성질에 나 느낀대로 할말 했는데 왜 때려? 우리끼리두 아니구 엄마 진짜 이렇게 개망신 주는데가 어딨어!!

고부 그만 두라니까!!

명희 어흐으응응응응·· (불끈 일어나 나가면서) 어흐흐응응응응··어으으으으으 (멀어지며)

모두 ....

고부 (고모 보며) 쯧쯧쯧··

고모 .... (심했나) ....

고부 (일어나며) 그걸 왜 건드려..

고모 딱 당신 누이야..딱 그 심통이라구..

고부 (일어난 지형 재민 서연 / 지형에게) 나 가게 나가봐야 해서…

지형 네..아버님..

고부 (나가고)

두 남자 (따라 나가는)....

서연 .....(고모 보며 서 있다가 앉으며 한 손 고모 팔에) ....

고모 얘 어떡하냐..지형이 앞에서 내가 그만 (큰 실수했다) ..

서연 (보며) 괜찮아요 고모..

고모 아니이 저넌 저거저거 왜 매주매주 하구 자빠졌냐말야아

서연 결혼 안되는 거였어요 고모..

고모 그래 알어 나 이해해..그 집안이 어디 만만하겠냐구.. (머리 만져주며) 입 다물고 있으면서 혼자 얼마나 속이 아펐냐…

서연 .... (보며)

고모 괜찮어..얼른 아이부터 연년생으로 셋만 낳아.. 어쩔 수 없는 그 집안 자손이야..그때부턴 그 어른들두 녹을 수 밖에 없으니까 응? 아 그리구 아니면 또 어때. 늬 둘이만 확실하면 됐지..그런 건 신경 쓸 것도 없다?

서연 (보며 / 눈물 뚝뚝뚝)

고모 (손으로 눈물 닦아주며) 왜 울어. 뭣때매..든드은한 평생 울타리가 생겼는데 응?

서연 ......

S# 수정의 거실

수정 (돋보기 닦고 있는데)

이모 (물 한 컵 들고 나오면서) 어 언니 참 내가 들려줄 거 있어. (컵 놓아주고 보던 책갈피 안에 접어두었던 종이 꺼내면서 앉아 펴면서) 미국 시인 에머슨 알지 언니 알프 왈도 에머슨··

수정 (잠깐 보는) ··(그래서)

이모 (상관없이) 이즈 트루 썩세스. 무엇이 진정한 성공인가. 언니 피곤하니까 번역으로 읽어줄께요. 자주, 그리고 많이 웃는 것. 이거 요즘 언니한테 해당되는 말이야. 현명한 이에게 존경받고 아이에게서 사랑 받는 것. (향기 커피 들고 나와 놓기 시작) 정직한 비평가의 찬사를 듣고 거짓된 친구의 배반을 참아내는 것

수정 그만 해··

이모 듣기 싫어?

수정 피곤할 땐 새 노래소리도 소음이야.

이모 그럼 마지막으로 건너 뛸게 마지막.

수정 (오버랩) 칠보공방 간다 그러지 않았어?

이모 어 아직 시간 많아. 네시까진데 뭐·· (하며 향기 보며 웃고)

향기 (웃어주고)

수정 (돋보기 놓으며) 향기야 우리 산책가자··

향기 네 아줌마··

S# 편의점 앞

문권 (비질해서 쓰레받기에 담다가 문득 보면)

[서연 지형··손잡고 문권 보며 다가오고 있는 중··]

문권 ····형님··

지형 (손 내밀며) 오랜만이다··

문권 네···(시선 못 떼며)

지형 (손 내밀며) 길에서 스쳐도 모르겠는데?

문권 (빗자루 쓰레받기에서 그대로 손 놓고 두 손 바지에 문질러 닦으며) 네…형님도 많이 (손잡으며) 늙으셨네요.

지형 뭐야 임마?

서연 으흐흐흐흐 (옆에서)

S# 근처 산책길. 숲길

[천천히 걸어오고 있는 수정과 향기..]

[나무들 올려다보고 하면서.....사이 두었다가…]

수정 너하고 봄가을 여기 산책하는 것도 내 플랜에 들어있었단다..

향기 (잠깐 보고) 네에…

수정 이길이 참 좋거든..계절마다 흙이랑 나무에서 나는 냄새가 달라..봄은 달큰하고 여름은 시원하고 가을은 쓸쓸하고 겨울은 싸늘하게 건조하고…

향기 전 아줌마하고 있으면 편해져요…엄마한테는 비밀인데 쭈욱 우리 집보다 아줌마 집을 좋아했어요. 그래서.. 아줌마 며느리되는 게 좋았어요..

수정 고맙기도 하지.. (잠깐 봐주고 걷는)

향기 엄마는 저한테 불만이 많잖아요..엄마 마음에 안드는 딸 노릇하기도 만만치 않아요 아줌마..

수정 마음에 안들어서가 아니라 엄마 기준으로 너를 좀 더 뭐냐 그래 향상시켜 주고 싶어서야..

향기 엄마하구 전 취향도 다르고 성격도 다르고 다 다른데 어떻게 엄마를 따라가요..엄마가 그걸 좀 인정해줬으면 좋겠어요.

수정 (약간 한숨 같은 호흡) 글쎄 그게 그래선 안된다는 거 알면서도 부모가 되면 내 자식한테 좋은 거 이로운 거 / 그 욕심 없기가 힘들단다..

향기 엄마는 제가 그냥 모자라 보이기만 한가봐요.. (웃으며)

수정 그냥 엄마 버릇이라 생각해.

향기 네에…오빠는 어떻게 지낸대요?

수정 (걸으며 돌아보는) …

향기 아줌마한테는 자주 연락해요?

수정 (땅 보고 걸으며) 아니 별로…옷 가지러 한번 들리고….

향기 한번씩 전화하고 싶을 때 있는데..부담주는 거면 어쩌나 그래서요..

수정 (멈추고 보는)

향기 (멈추고 보는데 애달프다)

수정 향기야

향기 (오버랩) 전요 아줌마 그냥..오빠가 며칠에 한번씩 문자래도 보내줬으면 좋겠어요.. 잘 있니..괜찮니 세글자만이라도…

수정 …. (보며)

향기 오빠는 제가 이 세상에 있는 거 벌써 잊어버렸나봐요..

수정 너 위해서 그러는 거야 향기야..너 마음정리 빨리하라고..

향기 그래설까요?

수정 그럼..

향기 그런데 왜 쿠키가져갔을 때는

수정 (오버랩) 그냥 보내기 미안해서지..너 그랬지 동생 대하듯 하더라구..그 마음인 거야.

향기 그럼 동생한테 문자 보내는 것처럼 하면 되잖아요.

수정 너는 아직 동생이 아니잖아..

향기 ....네...

수정 남자로 지형이는 / 그만 잊어..

향기 .... (보며)

수정 지형이 마음에 니 자리 없어..이제 그만 해. 세상에서 제일 아픈 게 혼자 사랑이야..그거 하지 마..

향기 .... (보며)

수정 산뜻하게 정리해..보내버려..그래야 너한테 새 기회가 찾아와. 이러고 있으면 지형이가 명함도 못내밀게 더 멋지고 근사한 사람 다가와도 너 그거 못봐. 안 보여..그럼 안돼 알아?

향기 네 아줌마..

수정 ....그래...(보다가 다시 걷는)

향기 (따라 걷는)

수정 (문득 걸음 멈추고) ....

향기 (멈추고)???

수정 결혼할 모양이더라..

향기 .....(보는)

수정 나 찬성 안했고 아버진 몰라..

향기 어..언제요..

수정 그건 글쎄..빨리 하고싶은가봐.....

수정 엄마한테는 내가 말할게..

향기 (시선 내리며) 우리 엄마...(목이 메면서) 난리 나겠네요..

S# 여주 골프장 레스토랑의 조각상 앞

홍길 허허 나한테 복수한다구 갈빗대 부러지게 엄청난 돈 써가며 마구 사들였던 것들이 뜻밖에 효도해‥손님들이 아주 좋아해‥덕분에 골프장 격도 올라가는 거 같구‥요즘 다른 골프장두 신경쓰는 데가 더러 있나보더라구.

창주 현아씨가 안목이 대단한 거 같아‥

홍길 무슨 / 끼고 사는 화랑 원 그 누구야 대학 동창 엉 하미주 그 여인 안목이야. 집 사람은 아무 생각없이 그저 내 돈 깨먹어주는 쾌감으로 부르르르 떨면서 오케오케 좋아좋아 그러고 사들인 거라구.

창주 (웃으며) 뭐얼 우리 와이프도 미술품 선택하는 안목은 알아줘야한다 그러든데‥

홍길 라면집 개도 삼년이면 라면끓인다네‥그만큼 퍼썼으면 어느 정도 학습효관 나와야지 안 그래?

창주 흠흠흠흠‥

홍길 여자들은 암튼 안나오고 뭐하는 거야.(레스토랑 쪽 돌아보고 / 옆에 대기 중 사장에게) 이봐 우리 먼저 나갈테니까 모시구 나오게.

사장 네 회장님.

창주 금방 나올텐데 같이 나가자구.

창주 나가 스트레칭이나 하자구. 나와 나와.

사장 사모님나오십니다 회장님.

홍길 어‥어어‥ (아닌 척) 생각보다 빠르네에?

현아 먼저 나갈라 그랬지.

홍길 아‥한 참 더 걸릴 거 같아서 먼저 나가 몸 좀 풀까 했지.(사장 앞서 움직이고)

현아 박원장 오늘 수정이 코디 좋으네요.

창주 하하 그래요?

현아 수정이 없어도 우리끼리 즐겁게 보내요‥

창주 아 그럼 그래야죠‥

S# 플레이 광장

[건물에서 나오며 / 스타트로 움직이는 / 사장 안내]

현아 당신 볼터치 절대 안하기야.

홍길 알았어알았어.

현아 내 자존심때문에라도 절대적으로 그거 고쳐야 해. 오현아 남편 양아치 골프. 얼마나 챙피해

홍길 양아치 내가 양아치냐?

현아 하는 짓이 양아치면 양아친 거지 양아치 따로 있는 거 아냐‥

홍길 오는 말이 고와야 가는 말이 곱다 그래 박원장이 당신 조각품 고르는 안목이 대단히 높대서 그게 오현아 안목인줄 아냐. 하미주가 찍어주면 돈만 내고 사람들이 인사로 추어주면 지 안목인처억 폼잡는 거다 내가 그랬다 /

창주 (오버랩) 아니 그렇게 얘기 안했어요. 사들일 때는 몰랐는데 현아씨 덕에 골프장 격도 올라가고 좋다 그래놓구 엉뚱한 소리 하는 거에요.

현아 (상관없이 / 창주에게) 페르난도 보테로, 게리휼, 이불, 부르노 타우트 다 세계적인 작가들이에요. 작품값이 얼마나 올랐는지 나 투자로도 성공한 거에요 박원장.

창주 그렇겠어요

현아 저이는 백억 주고 산 회사 단돈 이억에 팔기도 하고 중간중간 말 안되는 짓 많이 했지만 난 단 한 껀도 손해본 거 없어요.

창주 허허허허

현아 아‥나 장갑 갖구 나가야는데‥ (뒤따르는 직원) 흰색 장갑 하나 갖구 와요. 빨리.

직원 네 사모님 (냅다 뛰는)

현아 이것봐요‥

직원 네 사모님.(다시 뛰어오는)

현아 몇혼지도 안 물어보고 그냥 가요?

직원 네 저

홍길 (오버랩) 당신 사이즈 샵에서 알구 있어. 한두번이야? (가라는 손짓)

직원 (꾸벅 / 다시 뛰는데)

현아 모르는 직원 나와 있으면

홍길 아 그럼 즈이끼리 수소문해서 알아 낼 거야.

현아 (오버랩) 십구호에요 십구호!!

직원 (잠깐 돌아보고) 네 알겠습니다 사모님.(하고 급히 되돌아서다 다리 꼬여 엎어질 듯)

현아 까르르르르르 왜 저래 저 청년? 깔깔깔깔. 깔갈깔깔

S# 수정 빌라 앞

수정 …. (기다리는)

[향기 자동차 주차장 쪽에서 나와 서고]

향기 (문 내리고 수정 보는) …..

수정 가…

향기 (고개 앞으로 / 조금 떨구고) …..

수정 샤스핀 고맙다‥

향기 ….

수정 향기야.

향기 네…갈께요 아줌마..

수정 그래..

향기 (출발하는) ·····

수정 ····(보며)·····

S# 수정 거실

[전자음 들리고]

수정 (들어오는)

이모 (책 보고 앉아 있다가) 향기는..

수정 갔어.. (그대로 침실로)

이모 너무 가엽지 언니이이..

수정 (그냥 들어가고)

S# 수정 침실

수정 (들어와 의자로 움직여 앉으며) ·······

S# 빌라 근처 이동 중 향기의 차

S# 차 안

향기 (운전하며 끅끅 흐느껴 울고 있는) ······

S# 서연의 거실

서연 (먼저 들어와 문 잡아주고) 들어와.

지형 (양손에 시장 본 것 들고 들어온다)····

서연 (시장 본 것 빼내며) 올라와.

지형 (들어오면서 둘러보는)

서연 (시장 봉투 싱크대로 옮겨놓고 꺼내면서 / 두부 두 모와 우유 큰 것 두 팩 / 명란젓 / 호박 하나 당근 세 개 / 양상추 작은 것 한 덩어리 / 토마토 대여섯 개 / 오이 세 개 / 샐러리 한 단 / 피망 한 팩 / 무말랭이 한 팩 / 녹차 한 팩 / 땅콩 호두 잣 한 봉지씩. 비타민 시 한 상자 / 귤 한 팩 / 사과 서너 알) 이사한 날 문권이랑 소주 먹고 취해서 같이 울었어. 너무 좋구 너무 슬퍼서.

지형 .... (보며)

서연 (등 보이는 채 계속 꺼내며) 너무 좋은 게 슬픈 거하고 통할 수도 있는 거 당신 모를 꺼야...우리 그날 밤 오개년계획 세웠었지..나 벌고 문권이 벌고 둘이 버는 거 칠십퍼센트씩 저축하면 변두리 서민 아파트 한 채 살 수 있을 거라구. (웃으며) 화이팅을 열 번도 더 외쳤었어. (다가드는 지형) 잘려고 내방에 들어가 내 침대에 누웠는데...그때까지 한번도 못느꼈던 편안함..그런 게 있었어..고모 거품 물고 쓰러지시겠지만 아아 그래 고모네는 고모네였을 뿐이구나. 신세진다 폐끼친다 그런 거 없는 게 이렇게 가벼운 거구나.

지형 (등 뒤에서 두 팔 들어 안으려는)

서연 건드리지 마.

지형 (멈칫하고)

서연 (돌아서 보며) 문권이 금방 들어와. 그리구 여긴 아냐.

지형 누가 뭐래? 그냥 한번 안아만 볼 참이었는데 그것도 안돼?

서연 건드리면 내가 그정도론 안될 거 같으니까 엉?(두 손바닥으로 조금 밀어내며)

지형 ??? 그래? 알았어. 그렇다면야 뭐 (느닷없이 잡아끌면서) 방 방이 어디야 방이 어디냐구.

서연 (오버랩) 왜 이래애.(놀라서)

지형 (오버랩) 어 저거겠다. 맞지 저방 맞지.

서연 (오버랩)(손 빼려 하면서) 왜이래 장난치지 마아아. 떠본 거야떠본 거야 떠본 거야아

지형 (멈추고) 그런 거였어?

서연 응 그런 거야.(하며 싱크대로 들어서는데)

지형 신호 안 받아주면 실망할거 같아 오바한 건데.(서연의 옆으로)

서연 우리 냉장고 터지겠다. 이렇게 많이 사본 적 없어. 가만 / (핸드백에서 쇼핑 리스트 종이 꺼내다 냉장고 문에 자석으로 붙이며) 이렇게 해 놓고 체크해 가면서 먹어야지. 난 치매거든. 그런데 우리 밥…먹었다 갈비탕.

지형 고모님, 재민이 같이.

서연 응..알어..이거 냉장고 들여보내야 해..내가 넣을 테니까 집어줘.

지형 그래..(상의 벗어 식탁 의자에)

서연 (냉장고 문 열다가) 잠깐 당신 커피 줘야해..우리 차 마시자..

지형 이거 해 놓구.

서연 아냐 차부터 마셔.. (컵 두 개 꺼내놓으며)인스턴트 밖에 없어.

지형 아무 거나.

서연 (커피 병에서 커피 잔 두 개에 작은 스푼 하나씩)

지형 (보고 있다가) 녹차 먹는다 그런 거 (같은데)

서연 아..맞어. 녹차.. (커피 컵 하나 집어 커피 병에 도로 쏟으며)나한테 커피는 자동이야. 여태까지 하루 몇 잔씩 먹던 거니까.

지형 나도 커피 줄이고 녹차로 바꿀까봐..

서연 당신은 많이 안 마시는데 뭘.

지형 그래도 최소 두잔은 마시거든.

서연 (저으면서) 너무 짙은 거 같아.

지형 괜찮아.. (머그잔 들며)녹차 만들어.

서연 어.. (아까 내놨던 컵 조금 당겨놓고 / 포트 뚜껑 열어놓고).....(손 띄우고 어디 뒀더라..어디지?)

지형 (새로 사온 녹차 상자 내놓으며) 여기 있네..

서연 그거 아냐..

지형 이거 녹차야.

서연 먹던 거 있어. (하고 찬장 열고) ....없네...(다른 장문 열고) ....여기도 없네...못찾겠다 꾀꼬리꾀꼬리...이게 요새 내가 하는 짓이야.

지형 같이 찾아 줄까?

서연 됐어. 이거 먼저 먹지 뭐. (새 갑 뜯다가) 찾았다.. (벽에 붙은 선반에서 녹차 병 집어 들어 뚜껑 열고 흔들어 녹차 넣고 물 부으려다)아 아직 녹차 온도 아냐. 좀 식혀야 해. (포트 집어 뚜껑 연 채 좀 흔들어주다가) 모르겠다..그냥 마시자 (붓는다 / 녹차 잎이 떠오르자 지형 돌아보며) 거름망 까먹었어..

지형 난 또 그게 이서연식인줄 알었지..

서연 괜찮아..천천히 마시면 돼.. (하고 컵 든 채 거실로 나오려 하다가 의자에 걸려버리고 들고 있던 차를 손에 흘리면서) 엇 뜨거 (찻잔 집어던져버리고)

지형 뎄어? 뎄어?(팔목 잡고 개수대로 / 물 틀어 흘려주면서) 대고 있어.. (냉동고 열어 조각판 얼음 용기 꺼내 비틀어 꺼내며 아직 처리 안 한 야채 비닐봉지 하나 벗겨 얼음 집어넣고 적당히 묶고 의자 양복 주머니에서 손수건 꺼내 확 털어 펴서 얼음 싸서 수돗물 흘리고 있는 손 당겨 대어주고 수돗물 잠그는) 병원 가자.

서연 (움직이는 남자 가만히 보고 있다가) <u>으흐흐흐흐</u>

지형 ?? 왜.

서연 쭈욱 이렇게 해줄 꺼야?

지형 쭈욱 날마다 뜨건 물에 손 튀길려구?

서연 까르르 깔깔 병원 안가도 돼. 괜찮아.

지형 니가 어떻게 알어. 끓는 물이었는데.

서연 완전 끓는 건 아니었어. 좀 식혔잖어. 그리구 금방 컵 날렸잖아. 그냥 오백원짜리 동전 만큼 흘렸어.

지형 (보며) …

서연 으흐흐흐흐 괜찮아.. 심각한 거 아니라니까?? 나 키스할 거야. 하고 싶어..

지형 그래…(하며 다가들어 허리 안고)

서연 (등 마주 안으며 가만히 키스하는 / 두 번 부드럽게 댔다 떼었다 하고 껴안는) 사랑해 고마워 미안해…

지형 (더 깊게 안으며) ….

서연 생각났을 때 할래..내일로 안 미룰래.. 내일은 생각 안날 수도 있으니까..사랑해 미안해 고마워..

지형 하지 마.. (울컥)

서연 이 말 다시 안하더라도…바보돼 그런 거다 이해해..내가 나아니더라도 / 내 심장은 당신을 기억할 거야. / 심장은 말로 만들어 내보낼 줄을 모를 뿐 / 다 느끼고 다 알 거야..

지형 (울음 터지며) 나 비겁했어 비겁해서 너 외면했었어. 정말 미안하다 나 용서하지 마. 용서 안해도 돼 안해도 돼..서연아.

서연 (입 꽈악 다물고 지형 뒷머리에 손이 올라가며 우는) ………

S# 서연 빌라 마당(밤)

S# 서연 거실

[식탁 / 상 차리는 중. 문권 거들고 지형 보며 서 있고]

서연 앉어 앉어. 다 됐어‥문권아 밥 퍼.

문권 퍼 놨어 누나‥이제 된장만

서연 (오버랩) 응 알아 된장만 가면 돼‥ (끓고 있는 된장찌개로 가려다 돌아보며) 물‥

문권 준비 됐어요.

서연 좋았어 그럼 완벽한 거지?

문권 (오버랩) 된장 내가 옮길게.

서연 아냐 저리 가. 내가 할 거야‥ (된장으로 다가가 맨손으로 그냥 집으려)

지형 (쭈욱 지켜보고 있다가) 안돼!

서연 ??

지형 (싱크대 꺼내 놓았던 장갑 두 짝 집어 끼며) 가 앉아 내가 할게.

서연 (장갑 벗기며) 문권아 니가 해‥이 사람 이런 거 안해봤어.

문권 네에‥ (다가오며)나도 내가 적임자라 생각하고 있었어요.(서연 장갑 문권에게 주고 지형 손잡아 식탁으로 / 무겁지 않습니다)

지형 (서연 하는 대로….둘 식탁에 앉고)

[된장이 와서 놓여지고 / 제육볶음과 고모네 잡채 / 전 / 김치 그 외 고모네 밑반찬 조금]

서연 아 생선 / 고등어 굴라 그랬는데‥

문권 (쿠커 불 끄며) 지금 고등어 굴라면 또 한참이야. 배고파 누나.

서연 알았어‥와. (문권 와서 앉고 / 된장 맛보는) …..(문권에게) 먹어봐‥

문권 (맛보고) 완벽해.

서연　진짜?

문권　진짜 /

서연　솔직히 말해서 나 맛 보는 감이 좀 둔해지고 있는 거 같아..

문권　아니 완벽하다니까?

서연　다행이야..드시죠 선생님..

지형　(웃으며 된장 조금 맛보고) 어어 우리 엄마 된장하고는 다른 맛으로 끝내주는데?

서연　고모표 된장찌개 / 난 외식할 때 된장찌겐 절대 안 먹어.

문권　흐흐 나두..

서연　(먹으며) 우리 이사하래 문권아..

문권　??

지형　여기서 얼마 안돼. 월요일에 스케줄 조정해 놓고 연락할게.

문권　전 그냥 여기 있는 게 좋겠는데요.

서연　안돼.

문권　신혼집에 끼어들어 훼방꾼 되기 싫어 누나.

서연　나 안아프면 나두 너 수퉁맞게 안 데려가.

문권　...(보는)

서연　설마 내가 귀찮아 이참에 이사람한테 떠넘겨 버리고싶은 건 아니겠지? (웃으며)

문권　누나 무슨 그런 말을

서연　굉장히 열심히 먹네? 맛있어? (지형 얼굴 아래서 올려다보는 것처럼)

지형　니가 이렇게 맛을 낼줄 안다고는 상상도 안했어.

서연　으흐흐흐 완전 정신줄 놓기 전엔 얻어먹을만 할 거야. 시래기

국 청국장 특히 그런구수한 서민음식 고모한테 전수 받아 나 잘해.

지형 머리 좋은 사람이 음식도 맛있다 그러더라 우리 어머니.

서연 나 머리 좋은가? 너무 좋아서 좋다 못해 망가지는 건가?

문권 누나.. (왜 그런 말을)

서연 괜찮아..현실은 현실로 응? (하는데)

[어딘가에서 서연의 알람 울리고]

문권 누나 약 먹으래.(일어나며)

서연 어..우리 저녁이 늦었어.. (전화로 가는 문권에게) 한시간 뒤로 다시 해놔..

문권 알았어요.

S# 고모네 안방(밤)

[작은 상에 케이크 올려놓고 초 준비하는]

고부 숟가락 놓은지 얼마나 됐다구...

고모 (지민 거드는) 에미 가게 나가야한대..식구 다 빠져 허전하지만 그래도 좌우간 촛불은 꺼야지..빠트리면 섭하잖어. 에미 들어오라 그래..

지민 (그 자리에서 고개만) 엄마아아아!!!

고모 삼촌두..

지민 삼초오오오오온!!

고모 (괜히 이뻐서) <u>으흐흐흐흐</u> 지에미 닮어 목청하나는 시워어어언하지..몇개꽂아줘.

고부 마음대로 해.

고모 있는 거 다 꽂는다..그러는 게 이쁘더라.. (지민과 함께 꽂는데)

재민 (산책 차림으로 들어오는)

고모 운동 가?

재민 과식했어요..잠깐 걸을려구요.

고모 얘는 뭐하는 거야..에미 불러.

지민 엄마아아아아아!!!

고모 .... (기다리다가)아 귀 먹었어??!!!

명희 (부어서 들어오는)

고모 부르면 대답을 해야지..

명희 (그냥 앉고 / 재민 앉았고 / 성냥 집어 케이크 초에 불붙이고 / 다 붙여가면서)

고모 지민아 노래해.

지민 (무릎걸음 좀 나서며) 네.

고모 (손뼉 딱 치고) 자 시이작 /

지민 생일 축하

명희 (쥐어박는) 생신축하지 이 밥통아..

지민 (쥐어박힌 머리 만지며 엄마 보고)

고모 밥통은 왜 밥통야.

명희 작년에두 재작년에두 한 걸 또 틀리니 밥통이지 뭐야.(대들지는 말고 풀풀거리는)

고모 새끼한테 아무 말이나 쯧 밥통밥통 진짜 밥통되면 어쩔 거야.

재민 지민아 다시 해.

지민 생신축하합니다아

고모 옳지 /

지민 생신 축하 합니다. 사랑하는 할아버지 생일 /

명희 ??(아들한테 도끼눈)

지민 (얼른) 생신 축하 (하는데)

[대문 소리 요란하게 /]

모두 ??

고모 이게 뭐야?

S# 마당

동철 (취해서 들어왔다) .. (비틀비틀 마루 쪽으로 가다 괜히 대야 집어 들어 패대기치며) 에이 에에에에이 /

명희 (놀라 튀어나오고)

동철 에이에이 에이이이잇!!!

재민 (나와 보고)

명희 (마루 내려서며) 핑계없어 못 튀어나가더니 얼싸 좋다 튀어나가 술 펐니?

동철 장명희!! 짐 싸..당장 짐싸 갖고 나가는 거야 우리. 여기 아니면 우리가 우리 세식구 길 바닥 잠 자겠냐? 짐싸 싸!! 싸라구.

명희 (갈기며) 다시는 안한다구 맹서한 게 얼마나 됐다구 또 주정이냐 / 들어가들어가.

동철 여보 이건 주정이 아냐. 참고참고 또참고 참다아아참다 한계점 뛰어넘어 폭발 / 폭발이야.(끌고 밀치고 / 들어가 들어가라니까?)

S# 고모 방

동철 E 어이 씨 비켜어!! 나 할말있어. 나 장모님한테 할말있다구..

고모 (불끈 일어나 나가는)

고부 (케이크에 촛불 끄고)

명희 E 아 왜 이래 정말아아알..본전도 못찾으면서 할말은 무슨 마알!!

동철 E 시끄러 기집애 너 닥쳐어??

고모　E 뭐야 할말이 뭐야 그래 할말 해봐 어디 /

S# 마루 마당

동철　아 장모님..안녕하십니까 장모님.

고모　할말이 뭐야..할말 해보랄 밖에 어엉?

동철　예 장모님.(일단 꿉벅하고 일어나면서) 장모님 경우바른 척 독판 하시면서 왜 그렇게 무식하세요.

고모　???

명희　이 인간 미쳤어 돌았어 들어가들어가들어가아아!!!

동철　(상관없이) 아니이 다른 자리도 아니고 사촌동서 될 사람 처엄 인사온 자리에서 어떻게 그러실 수가 있습니까 예? 그게 경웁니까? 장모님 깡패에요?

고모　그래서 지금 그거때매 술퍼마시구 들어와 나한테 시빈 거야?

동철　저 사람 장모님 소속 아닙니다아아..제 꺼에요. 제 관리물이라구요. 제꺼한테 왜 함부로 하십니까 / 누구 허락 받구요!!

재민　(내려서서 잡으며) 자형.

동철　(뿌리치며) 제 아냅니다 제 자식 엄맙니다.

고모　야 이눔 자식아. 나는 엄마야. 한번 엄마는 죽을 때까지 엄마야. 늬들은 살다 수틀리면 남남으로 갈라설 수 있지만 나랑 저것은 영원히 부모 자식이야. 너 어디 포크레인 앞에서 삽질야 /

동철　그래서 꼭 반드시 동서깜 앞에서 개패듯 그러셨어야 한단 말씀이세요?

고모　오죽했으면!!! 오죽 싸가지로 굴었으며언!!

동철　저 나갑니다 /

고모　오냐 나가라 당장 나가아!!

동철 즈이 엄마가 이 사실을 아시면 장모님 국물도 없습니다!!

고모 그만 안할래? 그만 안해?(부르르르 마루 뛰어내리는)

동철 ???

고모 (뭔가 무기 찾으며) 너까지 때려잡구 그래 어디 니어머니한테 국물한번 없어보자..어딨어 이거 여기 빗자루 어디 갔어

고부 E 그만 못둬?!!!(벼락같이)

고모 (찔끔하고)

동철 (방에 대고 꿉벅) 예 장인어른 알겠습니다 예..그런데요 장인어른(다시 시작하는데)

명희 (주먹으로 볼따구니를 갈겨버린다)

동철 ???

명희 (이 갈 듯) 말로 해서는 안되지 응? 그래 말로 해서는 안돼.

동철 지금 나 쳤냐?

명희 그래 쳤다..

동철 ....(보며)

명희 (노려보며 이 갈며) 들어가..들어가 빨리 /

동철 (다시 시작) 섭섭합니다 장모니임..무지무지 섭섭합니다아아아...

고모 술깨구 얘기해..어디서 픽 하면 주정이야 배워먹지 못한 거 같으니라구.

동철 어 지금 우리 엄마 욕하셨어요? 예? 우리 엄마 욕하셨어요?(다시 시작하는)

S# 서연 빌라 앞..

[현관에서 나와 주차된 곳으로 서연 지형]

지형 가기 싫다.. (리모컨으로 문 열며)

서연 보내기 싫다··

지형 (돌아서 서연 한 손 잡아 손등에 입 맞추는) ·····

서연 (입 맞추고 있는 것 내려다보다가) ····행복해·· (가만히)

지형 (몸 일으켜 가볍게 안아주는) 고마운 일이다··

서연 (마주 안고 하늘 보며) 춥다··

지형 (얼른 풀며) 어 그래 얼른 들어가··갈게 들어가··들어가 (어깨 안고 현관으로 가려)

서연 됐어 가아··

지형 (웃으며 볼 한번 만져주고 자동차로 오르는) ···· (유리 내리고)간다··

서연 잘가··

지형 (시동 걸고 벨트하고 출발하려는데)

서연 아 잠깐··

지형 왜··

서연 운전 조심해··

지형 별 걱정을 다·· (다시 출발하려 하며)

서연 아냐··알수 없어···나 지금 무지 행복하거든? 그런데 행복한 게 무서워···나한테 저주내린 악마가 화나서 당신 뺏어가면 어떡해.

지형 드라마 쓰지 마··그런 일 없어··

서연 운전하면서 전화하지 마. 도착해서 해··

지형 알았어.

서연 딴 생각하지 말고 운전만 해 신호 정확하게 보구··

지형 그래 하라는대로 할게 /

서연 (조금 물러서주고)

지형 (출발해 나가며 잠깐 창으로 왼손 내밀어주고)

서연 …. (손 흔들어주고 내리면서)

서연 E 다 가질 수 없는 인생이라지만 나는 부모부터 가질 수가 없었다. 선량한 고모조차 없는 부모없는 아이들보다는 그래도 복받았다 감사하면서 저사람을 사랑하게 되기 전까지 경제적인 자립 말고는 아무 것도 원하는 게 없었다‥악마가 저주내린 서른살 알츠하이머가 신이 보기에 너무 가혹했나‥아무리 원해도 가질수 없었던 그 사람이 (돌아서 현관으로) 나만의 남자가 되겠다고 내 손을 잡았다‥

S# 거실

서연 E (들어와 물 가지러 움직이면서) 많이 웃고 많이 즐거워하면서 나 때문에 망한 남자와 함께 나는….아직 나 이서연인 동안 나한테 허락된 시간을 힘껏맘껏 원없이 사랑하며 …..행복하고 싶다. (물 한 모금 마시고 컵 들고 불 끄고 제 방으로 들어가려 하는데)

문권 형님 가셨어? (제 방에서 나오며)

서연 응‥

문권 아‥깜박 졸았어‥ (화장실로) 누나 피곤하겠다‥

서연 정신차려‥

문권 그럴 거야.(화장실로)

S# 서연 침실

서연 E (들어와 침대 걸터앉아 비타민 시 병 열어 꺼내 먹는) ….이제부터 내가 할 일은 내 병을 늦출 수 있다는 모든 일을 하는 것‥할수있는 전부를 다하는 것‥약 먹고 두부 먹고 우유도 먹고 양배추즙도 먹고…..(멍하니 한 지점에 시선) 하루라도 더 내 남자 앞에 나로 머무르기 위해서…. (그 상태로 두었다가)

F.O

S# **서연의 사무실**

서연 ??(서연 책상 옆)

소희 표지를 씌워 제본하려는데 책등 두께가 차이가 많이 난대요. 책등이 1밀리 이상 넘어가서 그대로 제본하면 안 될 것 같다고 하는데요.

서연 미모(미색 모조) 80그램 쓴 거 아니었어?

소희 그렇게 발주했는데요?

유정 미모 100그램 아니었어요? 100그램으로 알고 책등 두께 잡았는데요.

서연 ??? 무슨 소리야. 처음에 100그램으로 할까 하다가 400페이지가 넘어가니까 100그램은 볼륨이 너무 나올 것 같다고 80그램 쓰기로 했었잖아.

유정 아!!! 맞다. 어떡하지.. 깜빡했어요. 그때 다른 책 마감할 때라 정신이 없어서. 죄송합니다..바로 책등 두께 수정해서 필름 다시 뽑을게요. 죄송합니다 죄송합니다.

서연 소희씨 제본소 전화넣으세요.

소희 네

서연 (서랍에서 칫솔 세트 꺼내며 일어나는) 지업사에 용지 발주하고, 인쇄소에 스케줄 잡아달라고 해요. 서둘러요.

유정 예 죄송합니다 죄송합니다.

S# **사무실에서 나오면서**

서연 E 하루에도 몇 번씩 철렁철렁 가슴이 발목으로 떨어진다. 커피포트에 커피가 떨어졌대도 순간 내 실수 아닌가 긴장한다. 얼마나 더 다닐 수 있을까··김박사님은 아직 그만둬야할 때 아니라고 하지만 / 긴장이 견디기 힘들다··퇴근무렵되면 두눈이 굴을 파고 들어가는 것 같다··

S# 미팅 중

[벽면 프로젝터 또는 LCD에 도면과 함께 그 안에 들어갈 이미지 그림이 같이 첨부된 화면]

지형 (화면 넘기고) 그리고 여기 주차장옆은 카페랑 편의시설, 상점들이 들어가야는데 아마 전체 프로그램의 입구역할이 될 거야.(화면 넘기고 / 전망대 그림) 그리고…. 우리가 얘기했던 전망대 부분을 야외공연도 할 수 있게 공연장도 넣어서 정리해봤어.

석호 어 괜찮은데? 우리가 처음부터 강조했던 부분이 축이니까 축선상에 사람들이 모일 수 있는 프로그램이 있는 건 좋다고 봐.

지형 (화면 넘기고 / 전체 그림) 제일 중요한 이 연결 부분인데 머릿속엔 있는데 좀 더 구체적으로 생각해야 할 것 같아. 너도 좀 생각해서 해결하자.

석호 아, 난 워싱턴 추모의벽 이미지로 생각하는데.

지형 나도 비슷해.(미팅 끝낼 참으로 일어나며) 나 오늘 이걸로 해방이다. 부탁해.

석호 (따라 일어나며) 야 웨딩드레스 말야. 우리 와이프가 자기꺼 빌려준다더라. 체격비슷하면 살짝만 손보면 된다구.

지형 (오버랩)상황종료다 야.(옷 챙기며)

석호 벌써?

지형 같이 일하는 직원 언니가 모 패션지 에디터래. 그쪽 소개로 한번도 안 입은 드레스 세탁비만 내란대. 어제 가봉했대.

석호 잘됐다 야..

지형 (시계 보며) 까딱하다 늦겠다..커텐 달러 와 / 문열어줘야 해.

석호 아 그래 빨리빨리 나가..너 때매 어수선해 죽겠다. 빨리 꺼져.

지형 하하 그래 잘 봐줘 고맙다.(나가려는데)

송이 (외출에서 들어오며) 대표님 홍석창 건물주 통화하셨어요?

지형 아니 통화하재?

송이 포스트 잇 못 보셨어요? 붙여놨는데..어머 어디 갔어?

석호 (오버랩) 내가 대신 통화했어.. (뭔가 책자 보며)

지형 뭐야.

석호 자금 동원에 차질 생겨서 좀 유보해야겠다고..본 설계 스톱하란다..

지형 ...(김새고)

석호 영감 가당찮게 쫀쫀한데 차라리 잘됐다 생각하자.

지형 처음부터 산뜻하지 않은 일엔 손대는 게 아냐..

석호 그래 미안해 찬밥더운밥 내가 그랬다.

송이 아아 대표님 참 제가 플로리스트 소개하면 안돼요? 우리 막내이모가 꽤 잘나가는 플로리스튼데요

지형 이미 다 결정봤는데 송이씨.

송이 어머 언제요?

지형 어제 식장 계약하면서. 수고.(석호도 간단히 대답하고 / 지형 나가고)

송이 모처럼 이쁜 조카딸 한번 돼볼라 그랬는데..난 왜 이렇게 항상 한발 늦는지 모르겠더라..일감 자꾸 줄어서 이모 울상이라든데.

석호 실력이 없는 거 아냐?

송이 네 나두 그 소리했다가 엄마한테 오방 터졌어요.

석호 하하하하

S# 사무실 계단

지형 (계단 내려와 현관으로 나가는데)

[전화벨…]

지형 (보고 움직이며) 네 저에요…

S# 수정의 침실‥

수정 (의자에 / 책 펼쳐진 채 무릎에) 어떡하고 있는 거야…… 폭탄맞은 엄마 어떡하구 있는지 어떻게 이렇게 안부 전화 한통이 없어…나름대로 이유가 안되는 건 아니다만 내 입장에서는 참 무심한 아들이다…니 일 말고는 별일 있을 거 아무 것도 없어…그래‥어떡하고 있는 거야‥

S# 사무실 주차장

지형 (차 옆에 서서) 사무실 일 잘하고 있구요‥결혼식은 이번주 토요일 한시에요‥

S# 수정의 방

수정 (눈 잠깐 감았다 뜨며) 어디서….몇사람이나 초대했는데…(울컥) 하객 오십명 놓구 그런 결혼식을 기어이 그렇게 해야 해?…..엄마는 혹시나 싶어서…그 아이한테는 참 비인간적인 모진 소리지만 나도 별수 없는 사람이라 / 내 아들 위해서 결혼식은 하지 말고 그냥 같이 살어보는 건 어떤가…꼭 결혼식을 해야하나 (지형 끼어들고) 그래 비인간적이라고 했잖아.

S# 주차장

지형 엄마가 그런 말씀을 하실수 있다는 게 정말 놀랍습니다……제 마음 그렇게 가볍게도 우습게도 보지 마세요..저 지금 무슨 착한남자 놀이하는 거 아니에요. 안 들은 걸로 하겠어요.

S# 수정의 방..

수정 가볍게 우습게 봐서가 아니라 내 이기심이야.....알았어...그래 알았어 내가 실망만 시켰구나...통장에 돈 좀 넣었다..너 가진 거 없잖아...어떻게 내가 할 일이 아무 것도 없는 이런 결혼을 해 이녀석아.. 어떻게 기뻐할 수도 축복할 수도 없는 결혼을...죄송하다는 말 더 한심해..너는 죄송한데 나는 니가 밉다..그만 끊자.. (끊는) .....

S# 주차장...

지형 .... (무겁게 전화 끊고 자동차로)

S# 차 안

지형 (타고 벨트 매고 전화) ...어 서연아 난데..나 지금 출발해..길사정에 따라 오분에서 십분 정도 늦을 거 같은데 너 커텐 집 전화해서 이십분만 늦춰..커텐집 전화 나 없어.

서연 F 안와도 돼. 고모 가 계실 거야.. (소리 죽여 /)

지형 아 그랬으면 나한테 얘길 해 줘야지..

서연 F 까먹었어. 나 치매 환자잖아.

S# 사무실

모두 ??? (서연 보고)

서연 으흐흐흐흐 누구도 치맨가부다. 나 치맨 거 까먹는 거 보면.

지형 F 거기 어디야.

서연 어딘어디 사무실이지..

지형 F 사무실에서 그렇게 그런 소리 막 해두 돼?

서연 무슨 소리..

지형 F 치매소리.

서연 어 아아아..(한 바퀴 돌아보면 모두 자기 일) 괜찮어 농담인 거 다 알어.

소희 (몸 뒤로 빼고) 여기 다 치매라 그러세요.

서연 으흐흐흐흐 여기 다 치매라고 전해달래.

S# 이동 중 지형

지형 그 말 그렇게 농담소재로 쓰는 거 아니야..암튼 나 출발했어

서연 F 알았어 서둘지 마..사고치지 말고 응?

S# 지형 부부 아파트 거실

명희 (이 방 저 방 문 열고 구경하는 중이다 / 뿌우)

고모 (간단히 시장 봐 온 것 꺼내 갈무리하면서) 신혼살림 냄새 팍팍 나지?

명희 사람팔자 시간문제라더니 진짜..이 서연 출세했다..유학까지 갔다온 엘리트 신랑에 사십평 아파트에 돈 냄새 나는 가구에 살림살이에 그것도 지돈 한푼도 안 들이고 순전히 날로 다 자셨으니 에지간하면 쌀쌀 배 아프다 말겠는데 에지간을 뛰어넘으니까 화통터져 분통터져 눈알 튀어나올라 그러네..

고모 에이그으으 (한숨) 대신 시부모가 몰라라하는 혼인이잖어어어..

명희 여기다 시부모까지 오케바리면 나 진짜 분해서 죽게?

고모 (그릇 보자기 풀며) 쯔쯔쯔쯔 너는 그 입방아로 복날리는 물건야..

명희 (아) 시짜 안 보구 살면 신경쓸일 없구 좋지이 뭐..그래봤자 외아들외며린데 노인네들 재산 어디로 갈 거야..그게 뭐야?

고모 니꺼랑 같이 사둔 그릇 세트으으..

명희 아 엄마 풀지마.. (도로 싸면서)유치한 싸구려를 어디다 그걸 풀어놀라구 들어어..

고모 얘 그래두 그때 제법 주구 샀어어

명희 여기다 풀 꺼 아니라니까 글쎄? 괜히 망신당하지 말라구.

고모 일단 서연이한테 보여보고

명희 앙큼발칙해야 남자 복이 있나?

고모 또오오

명희 솔직히 톡깨놓고 뭐 볼거 있어 걔..엄마두 그랬잖어. 황새 늦새끼마냥 비쩍 말러 기이이이다랗기만 하다구.

고모 그건 어렸을 때지이이이!!

S# 출판사 화장실

서연 (칸막이에서 나와 칫솔 세트 꺼내다가 문득 옆구리에서 메모 꺼내본다) …(바를 정 자 표시가 여섯까지..칫솔 그냥 핸드백에 넣고 콤팩트 꺼내 얼굴 만지는데)

인영 (들어오고)

서연 (잠깐 보고 다시 얼굴)

인영 E (서연이가 막 나왔던 칸막이로 들어가서) 팀장님 플러쉬(Flush) 안했어요?

서연 ??? 응..어 나 거기 안썼어요..

인영 E 누구야아아!!(플러시 팍) …(하고 나와 다른 칸으로)

서연 나 아니라니까요?!!

인영 E 호호 알았어요 왜 그러세요?

서연 ....

제13회

S# 출판사 전경

S# 편집실

[점심 먹고 들어와서 소희 커피포트에서 커피 차례로 따라 돌리고 있는 참. 선주는 이미 받았고]

선주 누구 시집가는데 왜 내가 이렇게 께름이 나지? 일하기 싫어 돌아뻔지겠다.(다들 조금 웃는)

인영 인생 최대실수가 결혼이라면서요.(커피 받으며)

선주 글쎄 그런데 일년에 한번씩은 그 실수를 한번 해볼까나 그러거든요? 그게 딱 지금인 거 같네.

유정 요타이밍 안 놓치고 누가 프러포즈하면 결혼 하나요?(소희가 주는 커피 받으며)

선주 최유정씨 프러포즈할래?

유정 아으 김선배 제 타입 아니에요.

선주 나도 아니거든?

소희 팀장님 녹차요?

서연 (혼자 책상 정리하고 있는 중)

소희 팀장님.

서연 ??

소희 녹차 드실거냐구요.

서연 어 내가 할께요.(일어나 모두 있는 곳으로)

소희 제가 해요.. (녹차 준비하며) 그런데 커피 끊고 녹차로 갈아탄 이유가 뭐에요?

서연 어 건강에 좋대서요. 오래 살아볼려구..

인영 부모하고 절연하면서까지 결혼해준 남자가 몇 년 살다 바람나면 진짜 황당하겠다.

선주 ??(소희, 유정??)

인영 뭐요..그럴 수도 있잖아요. 안 그래요?(서연 보며)

서연 (웃으며) 뭐 그럴 수도. 반대로 내가 바람이 날수도 있고요.

소희 깔깔 팀장님이 바람나면 부모님하고 절연까지 했던 그분 진짜 황당하겠다..

선주 그분 기절한 다음에 우리가 한꺼번에 쓰러지는 거지 뭐.(모두 적당히 웃고)

[서연 메시지 / 책상 핸드폰 울리고]

소희 팀장님 전화요

서연 아.(녹차 잔 집어 들고 책상으로)

[전화 확인]

서연 응 문권아.(조용히)

S# 새 아파트 거실

고모 (청소하고 있는데)

문권 (냉장고 앞에서 냉수 컵 들고 씩씩하게) 한시간 전에 도착해서 누나 옷이랑 책 대충 집어넣었구 정린 누나가 해. 지금부터 고모랑 청소 끝내면 되구 나 먼저 집으로 가 새 임자들 와서 우리 살림 나눠가는 것 보고 대충 치워주면 돼. 어 누나 우리 짐 뺄때 참 주인 아주머니 잠깐 들리셨어.. 전세 금방 나갈테니까 걱정도 말라구..

고모 (청소하면서) 얘 동네 할머니가 혼인 날짜 기막히게 뽑았다 소리 해애

문권 앗참 누나 고모가 옛날에 뭐 보셨던 동네 할머니한테 물어봤는데 결혼식 날 기차게 뽑았대..아아무 풍파없이 둘이 똑같이 아흔 살까지 백년해로 한 대요..

S# 편집실

서연 (씁쓸하게 웃으며) 기왕이면 백살채우지 왜.. 응 알았어..청소 내가 천천히 해도 된다고 고모 그만하시라 그래 힘드셔..응 수고했어 끊어.. (하는데 들어오는 편집장 / 그동안 모두 제자리에)

편집장 (들어오며) 어 이팀장 아직 안 나갔군.

서연 들어오시는 거 뵙구 나갈려구요.

편집 잘했어요 사장님 오후 비행기로 일본가신다네. 결혼식 못가 미안하시다고요..이거 사장님 축의금..

서연 감사합니다..

편집 이 방 나서는 순간 일 싹 다 잊어버리고 평생 두 번 다시 없는 허니문 추억 많이 만들고 와요..

서연 고맙습니다 편집장님.

편집 허니문 베이비 제작해오면 더 좋고

모두 (소리들 내주고)

편집 그러니까 일주일 뒤엔 누구의 어부인으로 출근하는 건가?

모두 (적당히) 그렇죠오오 / 신분이 달라지는 거죠오오 /

선주 괜히 빼친다구 뻰치는대로 하셨다가 팀장님 남편한테 혼나지 마시구 조심하세요오.

편집 에에이 조폭 출신 아닌데 설마아아..

모두 (적당히 웃고)

서연 (그냥 웃고) …

S# 출판사에서 나오고 있는 서연

서연 E 결혼식까지 스물 두시간 남았다..이사도 마쳤고 나는 오늘 새 아파트로 퇴근해 들어간다..어제 그저께 생전 처음 스킨케어라는 것도 했고 손톱 발톱 손질도 했다..웨딩드레스는 시간에 맞춰 미용실로 갖고 오기로 했고 화장은 절대 짙어지지 않도록 부탁해 놓았다..약은 꼬박꼬박 먹고 이롭다는 식품도 열심히 챙겨 먹고 있다.

S# 근처 택시 스톱

서연 E (택시 기다리며) 어제 자서전 대필 의뢰가 들어왔는데 파격적인 원고료는 탐이 났지만 이제부터 내 글을 써볼 참이라고 말도 안되는 핑계를 대고 사양했다..그래놓고 기가막혀 화장실에 가서 세수하다가 울어버렸다..

[빈 택시가 와서 서고]

서연 (택시로 움직여 타고)

[움직이는 택시]

S# 택시 안

서연 E 나는 이제 그 사람이 원하는대로 셔틀도 시내버스도 지하철도 타지 않는다. 교통비 아까워 싫다니까 그 사람이 소리쳤다. 나한테 아까운 건 너 말고 아무것도 없어 이 바보야. 바보 돼가는 사람한테 바보소리가 하고 싶냐 화내는 척하고 사과받고 / (고개 창밖으로) 그리고 나는 택시를 타면서 돈이 아까와 속이 쓰리다..

S# **아파트 광장으로 들어오는 택시**

[현관 앞에 대어지고 서연 내리는데]

고모 E 서연아!!

서연 (돌아보면 / 고모 현관에서 나오다 보고 반갑게 서둘러 서연에게)

고모 왜 이렇게 일찍 들어와?

서연 조퇴했어요 아직까지 계셨어요?

고모 문 활딱 열어제끼고 먼지 대강 털고 바닥 걸레질만 했어.(들고 있는 가방 들어 보이며) 지금부터 찜질방. 땀 좀 시워언하게 빼구 때 밀구 온몸에 로션 바르구 응? 호호호호. 그러구 가 한복 다려 걸어 놓구 니 고모부 이발하구 곧장 들어온다는데 저녁 밥 해놨다 얼른 대령해야지. 내가 아주 너 때문에 날아갈 거 같어..걸음이 어찌나 가벼운지 발에 엔진 단 거 같다구. 으호호호호호. 사람이 확실히 기분에 동물이다 엉?

서연 네에..

고모 나 간다.

서연 네..

고모 밑반찬 몇가지랑 소고기 무국 갖다 놨으니까 밥해 먹구 그리구 애 여섯시 지나서는 뭐 먹지 마..얼굴 부면 어떡해..신부가 이뻐야지 평생에 제엘 이뻐야하는 날인데 응?

서연 네 고모.

고모 간다..

서연 안녕히 가세요.

고모 오냐 낼 보자. (하고 돌아서다 되돌아서며) 으흐흐흐흐 얘 니 고모부 주책맞게 울어 결혼식장 초상집 만들지 말라구 그으 말수 없는 양반이 한소리 또하구 한 소리 또하구 야단났다 깔깔깔‥간다아‥ (돌아서 몇 걸음 가다 다시 멈추며)아구구구 내 정신머리‥

서연 왜요 고모‥

고모 ‥‥‥(서연 앞으로 와서) 저기 말이다‥ (서연 보다가) 필요없겠지?

서연 뭐가요.

고모 저기 / 니 엄마한테 소식만이라도

서연 (오버랩) 필요없어요 고모‥

고모 그렇지?

서연 (웃으며) 네.

고모 그래 나두 너랑 똑같은 생각인데 그래두 혹시 싶어서 한번 물어보는 거야‥

서연 신경쓰지 마세요‥필요없어요.

고모 알었다 그래‥이제 진짜 간다‥으흐흐흐흐

서연 (그냥 웃고)

고모 ‥‥‥(빠른 걸음으로 가고)

서연 ‥‥(보다가 돌아서는)

S# 아파트 거실

[전자음 소리 들리고 들어서는]

서연 ‥‥‥(들어와 상의 벗어 핸드백과 소파에 놓고 거실 커튼 여는데)

[핸드백 속에서 전화벨]

서연 ??(문득 느끼고 서둘러 움직여 전화 꺼내 보고) 웅 나야‥ 엉 집. 지금 금방 들어왔어. 이발소 갔다왔어? (갔다 왔지) 표안나게 끝만 살짝 다듬어 달라고 했어? (그랬어) 어디야?

S# 오피스텔 주차장

지형 (가방 실은 차 트렁크) 지금 출발해‥이십분에서 이십오분‥그래‥좀 있다 보자. 응.(끊고 차에)

S# 차 안

지형 (안전벨트 뽑는데)

[메시지 들어오는]

지형 (체크)

향기 E 오빠 일찍 퇴근했다며. 나 지금 오빠 회사근처. 나한테 십분만 줄 수 없어? 어디있어? 내가 갈께

지형 ….(전화 보며 잠시 있다가 통화 버튼 누르는)

[벨 가는]

S# 아파트 침실

서연 (외출복에서 상의만 벗은 채‥화장품 상자 새 것 열어놓고 화장품들 꺼내 진열하고 있는 중‥ 화장품 기타 잡동사니들 들어가 있던 작은 가방 열려 있고 침대에는 신혼여행 가방 텅 빈 채 열려 있고 / 화장대 진열하다 말고 가방에서 여행용 화장 주머니 꺼내서 잠시 내려다보다가 침대 위 가방에 넣고 화장대에 메모 집어 보고 뭔가 두리번거리며 찾는 / 화장대 옆에 봉해져 있는 쇼핑백 / 집어다 뜯어보면 지형의 속옷들, 남녀 잠옷 / 양말 / 와이셔츠 세 벌 / 티셔츠 / 청바지 / 등등 꺼내 침대로 옮기는)

고모 E 저기 니 엄마한테 소식만이라두

서연 E 필요없어요 고모.

서연 (움직이면서) 필요없어요 필요없어요.

S# 빵 가게 안

동철 (계산기 찍으면서 손님들 차례로 처리하는 중 /) 만오천 오백원입니다 손님.(이만 원 받고) 이만원 받았습니다…여기 사천 오백원 있습니다아..안녕히 가십시오오.. (다음 손님 / 다음 손님 상황에 맞게)

고모 (커피 한 잔 들고 서서 빵 고르는 손님 참견하는 중) 예예 그거 맛있어요. 우리 집에서 제일 인기있는 게 그거에요 으흐흐.. (슬금슬금. 큰 목소리 아닌)

손님 (할머니 / 잠깐 보고 웃고 옆에 단팥빵 집어넣기 시작 대여섯 개)

고모 아이고오 단팥빵 좋아하시는구나아..그렇죠 단팥빵이 여엉원한 향수에 맛이죠오오 저도 단팥빵 좋아해요 할머니 으흐흐흐.

손님 하나 드실라우?

고모 아우아우 아니에요..우리 가겐데요 뭐..이게 우리 사위 가게에요..

손님 어어 난 또 손님인줄 알었지이..

고모 으흐흐흐 아니에요..으흐흐

동철 장모님..

고모 어 왜..

동철 (방해하지 말고 빠지라는 눈짓)

고모 어 알았어알았어 (하며 물러서면서) 그런데 얘는 약속을 했으면 시간을 지켜야지 왜 시간을 안 지켜어어어.

동철 가게 바빠서 나가는 게 좀 늦었어요..팔천원입니다..만원 받았습니다..이천원 여깃습니다아.. (하는데 명희 들어오며)

명희 (오버랩) 나 늦었다구 뭐라지마 엄마.. (동철 양복 본인 양장 / 백화점 수선 맡겼던 것 찾아오는 중 / 큰 쇼핑백에 옷걸이에 걸린 남녀 옷 두 벌 / 옷걸이 꼬다리 두 개가 쇼핑백 거죽에 걸쳐져 아가리는 딱딱 붙여

져 있고)당신 암말 마.(너무 큰 소리는 아니다 / 손님들 때문에)

고모 뭔 사연있으시길래 입에 자꾸 먼저 채워?

명희 이따 얘기해. 여보 (짐 적당히 구석에 놓으며) 이거 목욕하구 들구가께..

동철 삼천오백원입니다.. (카드 받아 그으면서)제대로 나왔어?

명희 백화점수선이 제대로 안나오면 어떡해. 갑시다.

고모 (손으로 이리 내라는 시늉)

명희 뭐.

고모 이리 내.. 저기 양품점에 잠깐 걸어놔달라 그러자구 / 새옷을 콱 처박으면 어떡해 구겨지게.

명희 (쇼핑백 들고 나오며)옷걸이 걸었는데 머.

S# 빵 가게 앞

[모녀 나오면서]

고모 그래서 무슨 사연이야?

명희 아 강남 아파트 사십평 기집애 만나서 커피숍 끌려가 자랑질 들어주느라 혈압 터질 뻔 했어어.

고모 (같이 움직이면서) 약속했었어?

명희 아니이이 우연히 만났다니까? 시어머니가 사준 숄 교환하러 나왔다나 뭐라나.

고모 원래 웬수 외나무 다리서 만난다구 미운 친구 그렇게 만나는 거야..

명희 으하하하 눈에는 눈이라구 자랑질은 자랑질로 처부셨지.

고모 ??

명희 내 사촌 동생은 결혼하면서 오카라트 다이아반지에 백평 아파트 신혼 살림 차린다 뺑쳤지. 시부모 두분이 다 의사고 신랑도 건축학 박사에 외아들이고 유산이 최소한 수백억일 거다 /

고모 사기꾼 따로 없다. 그래서 기죽대?

명희 (멈추고 보며) 근데 기집애가 결정적으로 사람 뒤집어지게 만드는 거 있지

고모 뭐라구.

명희 우리 집 밥 얻어먹고 큰 사촌동생이 그렇게 굉장한 결혼하는데 김새 안하구 좋아라 하는 거 보니 나 인간 아니라 천사래.

고모 으하하하 뜨끔했겠다.

명희 그렇게 재밌어요? 아주 고소해?

고모 으하하하하. 천사들 야 촛불집회 하겠다 아하하하

S# 오피스텔 근처 어느 카페..

향기 …(시선 내리고 가만히) …

지형 …. (보며)

[마실 것은 와 있고]

향기 …..

지형 ….향기야..

향기 (오버랩) 응 오빠.. (그대로)

지형 …..(보며)

향기 금방 결혼한다면서..아줌마가 그러셨어..

지형 ..내일이야..

향기 ??? (멍하니) ….. 정말..정말 금방이구나..

지형 (찻잔 들어 잠깐 마시고 내려놓으며) 너한테 도리가 아닌 거 알아 ..그런데 그렇게 됐어.. 아니 그렇게 했다.. (하며 보는)

향기 (끄덕이는) 그분 / 빨리 하고 싶겠지..아마 나래도 그랬을 거야..

지형 .... (보며)

향기 오빠 결혼 전에 향기의 넋두리같은 거 잠깐 하고 싶어서 그쯤은 들어주겠지 그래서 나왔어. (웃으며) 까딱했으면 영원히 못하고 말뻔 했다. 결혼한 사람한테 이런 얘기 이상하니까..

지형 무슨 얘긴데..

향기 (오버랩) 우리 결혼식날..그날 마지막 순간까지도 나 오빠 기다렸었어..

지형 .... (보는)

향기 그렇게 오빠가 갔는데도 나는 / 어느 날 오후 갑자기 우리 결혼 그만두자 그런 것처럼..오빠가 그렇게 갑자기 돌아올 수도 있다 생각하고 있었어. (시선 내리며) 그런데 아줌마한테 금방 결혼할 거 같단 얘기 듣고..오빠가 떠났다는 실감이 처음 제대로 들었어..

지형 .....(보며)

향기 있잖아 오빠.. 난 지금까지 누구든 뭐든 별로 부러워본 적이 없었어..뛰어나고 싶은 욕심도 목표같은 것도 없었고 엄마는 내가 못마땅해 죽지만 나는 그냥. 좋아하는 사람하구 같이 아이들 키우며 평화롭고 따듯하게 / 조용히 살고 싶었어..그런 내가 난 마음에 들었었구..그런데...나 오빠 그분 / 너무너무 부러워..부러워 죽겠어..

지형 미안하다.. 상처 안 줄려고 노력했었는데 결과는 이거야...너한테 잘못한 거 평생 안 잊어...

향기 응 이해해

지형 정말 좋은 사람 만나 다시 투명한 너로 돌아가 향기야. 진심으로 그러길 바래. 나에 대한 잡념은 빨리 쫓아버려..부탁이야.

향기 (시선 내리며) 그런데 오빠‥새끼오리는 태어나 눈뜨면서 맨처음에 본 존재를 엄만줄 알고 졸졸졸 따라다닌대‥나 오빠 쫓아다니는 새끼오리였어.

지형 ….(보며)

향기 (고개 들고 보며 웃는) 엄마도 아빠도 까짓 별일 아니다 결혼인연은 따로 있다 빨리 털어버리라는데‥ 아마 그렇게 빨리는 어려울거 같아‥왜냐면 난 멍청한 새끼오리니까

지형 너 멍청하지 않아‥

향기 결혼 전에 한번만 더 보고 싶었어‥

지형 그래‥

향기 혹시 어디선가 나 만나게 되더라도‥으응‥레스토랑이나 쇼핑센터나 뭐 그런데서 만나져도…그분하고 같이 있더라도 모른 척 하지 말아줘‥

지형 …안 그래.

향기 혹시 오빠 집에서 보게 되더라도 아니면 아빠 병원 개원 기념파티라든가 그런데서 보더라도‥

지형 파티같은데 참석할 일은 없을 거 같다 향기야‥ (좀 웃으며) 아버지한테 완전 퇴출당한 자식인데 뭐‥

향기 그래도 되면 그분한테 축하한다 전해줘.(보며)

지형 …. (보다가) 그래 전할게‥

향기 오빠 고단한가봐‥그래 보인다‥

지형 응 좀 그래‥회사 일도 그렇고…

향기 회사는 괜찮아?

지형 흠흠‥가까스로 버티고 있어‥

향기 어떡해 빨리 좋아져야할텐데…

지형 …. (보며)

S# 카페에서 나오는 두 사람…

[차 나올 때 기다리는]

지형 아직 집에만 있니?

향기 갈데도 없는데 뭐..

지형 운동도 안하구?

향기 그냥..집에서 요가 한번씩..엄마가 피트니스 바꿔준대.. 엄마 때문에 나 / 나름 꽤 유명한데 바꾼다고 뭐 모르나?

지형 친구들은..

향기 조용히 기다려주구 있어..지들끼리 만나서 내 얘기하겠지 뭐..

[자동차 같이 나오는 / 향기 차 앞에]

지형 (문 열어주고)

향기 오빠한테도 축하…해야겠지?

지형 안해도 돼..

향기 아니 할게..축하해 오빠…오빠 행복하지 않은 건 싫어 행복해..

지형 그래..

향기 내일 잠에서 깨면 나도 새끼오리에서 어미 오리로 변해야지..

지형 (웃으며 어깨 가볍게 한 번 잡아주고)

향기 (타고 / 손 인사하고 출발) ….

지형 (잠깐 보다가 자동차로)

S# 이동 중인 향기 / 차 안..

향기 …… (운전하다가 눈물 넘치자 옆자리의 커다란 선글라스 쓰는) ….

S# 이동 중인 지형의 차..

S# 차 안

지형 (운전하면서) .....

S# 아파트 침실..

서연 (침대에 풀어놓은 옷들..마지막 한두 벌 옷장에 걸고 스타킹 브래지어 팬티 등 잡동사니 일단 바구니에 쓸어 담아놓고 메모 들고 나간다)

S# 거실

서연 (나와서 물 따라 들고 보면 약을 안 갖고 나왔다 / 컵 들고 방으로)

S# 침실

서연 (컵 화장대에 놓고 핸드백 꺼내 약병 찾는데 오늘 들었던 백이 아니다) ....(다른 백 꺼내 약병 / 약 넘기는데)

[알람 우는 소리..]

서연 (체크)

[화면에 / 쌀 담거라 이서연(시간은5시 반)]

서연 (거실로 나가는)

S# 거실

서연 (나와서 냉장고에서 쌀 봉지 꺼내 놓고 컵으로 계량하려다 문득 / 전화 꺼낸다)

S# 아파트로 들어와 주차하고 있는 지형의 자동차..

[전화벨 울리고]

지형 (받으며 내린다) 어 다왔어 서연아..

서연 F 쫌 늦은 거 아냐?

지형 어 그렇게 됐어..금방 올라가. 끊어. 짐 내려야 해. (트렁크 열며) 응 도착했다구 트렁크 열고 있는 중야.

S# 서연의 거실

서연 (전화 끊으며 후닥닥 화장실로)

S# 화장실

서연 (치약 짜서 칫솔질 시작….빠르게 열 번쯤 칫솔질하고 헹궈내고 후닥닥 밖으로)

S# 제 아파트에서 나와 승강기 앞으로 움직이는 서연

서연 (승강기 앞에 팔짱 끼고 기다리는) …. (숫자판 올려다보며)

[신호음 들리고 승강기 문 열리면 얼른 양 손가락 눈 옆 잡아 얼굴 찌그러트리며]

서연 깍꾸우웅

지형 ??(같이 타고 있는 할머니 잠깐 돌아보고) 죄송합니다 할머님. 제 집사람이에요..

노파 네에에 행복하세요오오

지형 감사합니다아.(가방 두 개 밀어내고 / 네 바퀴짜리 / 대형과 중형.. 하드 케이스 요즘 것 /)

서연 (큰 가방에 손 대고)

지형 놔둬.

서연 잘 구르는데 뭐.

지형 말 들으세요..

서연 네에..그럼 이거.. (작은 가방 굴려 앞서고)

지형 난데없는 웬 깍꿍이야.(웃으며 따르는)

서연 신선하지 않았어?

지형 깍꿍새댁으로 금방 유명해지겠다..난 자동적으로 깍궁 남편 되는 거구.

서연 으흐흐흐 까르르르르르

S# 현관 앞..

서연 (먼저 와서 다이얼 찍으려 손 띄워놓고) ....

지형 (보고) .....어떻게 들어갔어..

서연 열고 들어갔지? (아무렇지도 않게) ..

지형 그럼 열어.

서연 ...시작이 뭐지? 힌트.

지형 칠.

서연 칠......응 됐어.. (다이얼 찍고 문 열리는 / 문 활짝 열면서) 들어가 들어가

지형 (웃으며 들어가고)

S# 현관 안 거실

지형 (들어와 가방 거실 입구에 올려놓고 서연이 밀고 들어오는 작은 가방도 올려놓는데)

서연 (손가락 끝으로 지형 등을 콕콕 찌르는)

지형 ??

서연 이 닦았어.(입 뾰족 내밀고)

지형 (웃으며 가볍게 쪽 해주고) 난 안 닦았어.

서연 (잡으며) 괜찮아. (제 편에서 쪽 쪽 하고 올라서면서) 이게 다 옷이야?

지형 (가방 두 개 굴리면서) 하나는 책..오피스텔 거 거의 뺐어..앗참 바닥 흠집내면 안된다. 우리 집 아냐..곱게 써줘야지.

서연 전혀 아무렇지도 않은데? (잠깐 굴렸던 곳 보면서)

지형 정말? ...(체크하고)그러네..야 이 트렁크 좋다아아..그거 (작은 거)서재로 쓸 방에 넣어줘. 정리는 내가 해..

서연 (가방에 손대며) 우리 이사했어.

지형 처남 전화 받았어.

서연 (서재로 밀며) 고모가 바닥 청소해주고 가셨어.

지형 (침실로 밀며) 고모 안계셨으면 어쩔뻔했니.

서연 아 쌀 담궈야 해. (싱크대로) 당신이 해··

지형 알았어. (큰 가방 침실로 굴려 집어넣고 / 서재로 들어가려던 가방도 밀어 넣고 서연에게 움직이며) 출발 직전에 메시지가 들어왔어··

서연 (잠깐 돌아보고 쌀)

지형 (옆에 와 서며) 향기가 십분만 보자구··회사 근처에 나와 있더라구.

서연 쏘오?

지형 잠깐 봤어··

서연 (쌀에 물 틀며) 쏘오.

지형 우리 애기 엄마가 해주셨대··

서연 …(그냥 쌀 헹구는)

지형 당신 부럽대··

서연 (웃으며)그럼 내 알츠하이머도 가져가라 그래··그럼 당신 덤으로 준다구

지형 축하한다 전하래…

서연 그 말 믿어도 되나? (돌아보며)

지형 착한 아이야.

서연 응 나 미안해야 하는구나··그래생각하면 쫌 미안하기도 해··그런데 당신 원래 내꺼였거든?

지형 우리 나중에 혹시 어디서 부딪히게 되더라도 모르는 척 하지 말아달래.

서연 아 그러엄. (물 틀며) 나 그 아가씨한테 아무 유감 없는데 뭐.(돌

아보며) 유감 있대도 설마 촌스럽게 굴까. 내가 얼마나 쿨한데.(넘쳐버리는 물)

지형 (얼른 수전 잠그며) 아아아..

서연 ....(그릇 치우며) 쌀 줍자 우리..

지형 괜찮아 조금인데 뭐.

서연 안돼. 농부의 땀. 결식 아동 / 아프리카 어린이 / 북한 꽃제비 / 벌받아..

지형 (벌써 쌀 집으며) 알았어알았어 벌써 줍고 있잖아요 선생님.

[전자음 소리 들리고]

문권 (책 서너 권 들고 들어온다) 들어오셨어요?

지형 (손 들어 보이며) 어..방금.

서연 다 끝냈어?

문권 끝냈어요 근데 누나 나 지금부터 내일 열시까지 열일곱시간 일해야해요.

서연 뭐?

문권 사장님 어머님 돌아가셨대요.

서연 다섯시간 이상 안한댔잖아.

문권 그런데 어떡해요. 사장님 지금 열 두시간째에요..전화한통 없이 펑크내기 일쑤구요 스탭 문제 때문에 사장님 아주 돌아가실라그래요.

서연 그러다 성적 안나와 미끄러질라 그러지.

문권 며칠만요. 밤시간 한가해서 오히려 좋아요.(제 방으로 움직이며)

서연 잠잘 시간에 잠을 자야지. 밤새워 들이파도 어떻게 될지 모르는데 다 그만두라니까 왜 말 안들어.(야단치는)

문권 엄마 잔소리 좀 그만 해 누나. (들어가려다 돌아보며) 고 스타일 고대로 쭈욱하면 형님 금방 팍 싫증내신다?

서연 그러고 결혼식장에서 졸라구?

문권 하하하 설마아.. (방으로 아웃)

서연 정말 말 안들어. 당신이 재 알바 때려치라 그래.

지형 (어깨 안으며) 알았어 / 여행갔다와서 진지하게 얘기해 볼게..흠흠

S# 거실 주방

[마주 앉아 밥 먹는 두 사람]

서연 ...(뿌우) ....

지형 왜..

서연 밥이 왜 이렇게 질어졌는지 모르겠어. /

지형 뭐 괜찮은데..무국도 맛있고..

서연 요샌 밥 솥 눈금 정확해서 바보도 밥은 잘하게 돼 있는데..

지형 됐어 난 진밥도 된밥도 아무 상관없어.

서연 (오버랩) 나 / ....어머님께 죄송하다는 말씀...전화로라도 드려야 하는 거 아냐?

지형 .....그래야 할 거 같아?

서연 너무 분명하게 저는 아닙니다 해 놓고 시침 뚝 따고 있는 거... 불쾌하실 거야. 내 손도 잡아주셨는데...

지형 나중에 해..여행가서..

서연 ....(보다가 웃는다) 어머님 이제 어쩔 수 없습니다??

지형 움...

서연 잔머리 대마왕.

지형 야 그건 좀 심하다..

서연 으흐흐흐흐.

S# 거실 주방

[나란히 서서 설거지하는 두 사람]

[알람 울고]

지형 약 먹어.(물 한 잔 따라주고)

서연 응…(옆에 작은 접시에 준비해 놓았던 약 집어 들어 넘기는)‥

[현관 벨‥]

지형 (인터폰 보고) 어 / (문 열어주며) 재민이 왔다.

서연 어 그래? (현관으로)

재민 (들어오는데 꽤 큰 보따리 / 세제, 휴지 / 다른 손에는 샴페인 한 병)

지형 그게 뭐야. /

재민 이사한 집 첫 방문 선물 기본이 휴지랑 세제라더라‥

지형 많이도 샀다. 일년 너끈하겠다

재민 (서연에게 내밀며) 이건 샴페인. 여행에서 돌아와 첫 날 둘이 뻥 터뜨리라구 월급쟁이 출혈 좀 했다‥꽤 알아주는 샴페인이야…

서연 오빠 고마워.

지형 와 앉아. 우리 막 저녁 먹었는데

재민 (오버랩) 어 아냐‥집에 가 먹어‥(소파로 움직이며) 야아아 분위기 좋은데? …어떻게 새로 시작한 집 같질 않고 전부터 살았던 집 같냐.

지형 우리 인테리어 팀 실력있어 하하‥괜찮지?

재민 어 아주 뭐랄까 품위 있으면서도 올드한 건 아니고 좋다.(서연 돌아보며) 서연아 너하고 딱 어울린다‥딱 니집이야.

서연 (샴페인 꺼내 냉장고에 넣느라 못 듣고)

지형 이서연‥

서연 엉..

지형 재민이가 이집이 너랑 딱 어울린대.

서연 엉 나 출세했어 오빠..

S# 수정의 거실

S# 주방

[와인 디켄터에 따라놓고 안주 준비하는 이모와 수정]

이모 ...(괜히 눈치 보는) 괜찮아 언니. 속 거북할 땐 약보다 가볍게 술 한잔이 더 날 수도 있어..

수정 .....

이모 그런데 형부 왜 일찍 들어오시라 그런 거야?

수정 (한숨 섞어) 해야 할 얘기가 있어서..

이모 .... (보다가) 지형이 그만 용서해주라구?

수정 .....

이모 빠르지 않아? 형부 성격에 아직은 어림없을텐데..

창주 E 와인줘.. (방문 여닫히는 소리 난 뒤에)

이모 네에에..네 형부우..

S# 거실

창주 (씻고 나온 / 수건으로 머리 뒤 목 부분 닦으며 소파로) .....

[수정 이모 안주와 술 각각 들고 나와... 탁자에 놓고]

이모 제가 따르까요 형부?

창주 음 좋지 처제..

이모 (디켄터 들려 하는데)

수정 내가 하께... (디켄터 들고) 너도 앉아..잔 들고 나와..

이모 웅? 응 언니.. (주방으로 바쁘게)

수정 (따르고 제 잔에 따르려는데)

창주 내가 하지..

수정 놔둬.. (제가 따르고 디켄터 놓는)

창주 (잔 들고) 모처럼 편안하게 좀 마시자구..들어.. (이모 글라스 들고 달려 나오듯) 그거 줘.. (수정 디켄터 창주 앞으로)

창주 (이모에게 따라주고 놓고 자기 글라스 들며) 나 그놈 아직 보고 싶지 않아.(그거 때매 일찍 들어오랬지?)

수정 (남편 보고)

이모 (언니 보는 / 내 뭐랬어)

창주 보고 싶으면 당신 혼자 나가서 봐 그거까지 뭐라 그러진 않을테니까.. (마시고 내리는)

수정 ... (보다가 한 모금 마시고 내리면서) 지형이 내일 결혼식 올려..

창주 ???

이모 ???

수정 말 안할 수 없잖아..

창주 .... (보며)

이모 ?? (형부 봤다 언니 보며) 내내내일? 그렇게 빨리?

수정 향기 일 저지르면서 / 예정돼 있던 수순이야.

창주 (째려보며 조용히) 구경만 하고 있었단 거야?

수정 말렸어.

창주 어떻게 얼만큼 말렸는데 어느새 뭐? 결혼식? 그 자식 날 뭘로 보는 거야. 그눔자식한테 나 그렇게 유명무실한 존재야?

수정 말릴만큼 말렸어.

창주 (침착해서 더 차가운) 도대체가 무슨 개차반 짓꺼리야. 호적에서 아예 파내버릴려다 당신 때문에 내버려뒀더니 거꾸로 지가 날처내?

수정 그런 거 아냐

창주 (조금 오르는) 아니면 / 지 애비 아무 상관없단 거잖아 이거. 노이사장한테 뭐라 그래‥현아씨 어떻게 나올 거 같아. 이 자식 지 애빌 이렇게 조롱해?!!!

수정 진정해.

창주 (화가 터지기 시작) 어디 근본없는 기집애에 돌아 있을 수도 없는 일 저질러 지 애비 사십년 우정까지 위태롭게 만들어놓고 / 얼마나 됐다고 벌써 결혼이야 결혼이.

수정 여보.

창주 당신 그 거 허락한 거야? 동조했어?

수정 아냐.

창주 그럼 왜 이제야 말해. 꿍꿍이가 도대체 뭐야‥

수정 (오버랩) 우리 지형이 막을 수 없었어 여보.(울컥)

창주 왜 이제야!! 지금 얘기하는 거냔 말야!!

수정 그 아이가 알츠하이머야 여보.

창주 ??

이모 ??(입 딱 벌어지고) …???

수정 그 아이 아픈 거 알고 일 저지른 거야. 우리 아들한테는 지금 그 아이밖에 없어. 당신도 나도 누구도 관심 밖이야‥날더러 절 노래‥놔버려 달래‥

창주 미친놈‥ 완전히 미쳐버렸군 그 놈. 어디서 미칠 여자가 없어 그런 계집애한테 미쳐서

수정 (오버랩) 여보 우리 환자 보는 의사야.

창주 .... (보는)

수정 알츠하이머 ...치료가 불가능한 걸로는 암보다 끔직한 병이야.

창주 나한테 지금 무슨 강월하는 거야.

수정 우리도 겪게 될 수 있어..누구도 장담못해.

창주 이제 삼십 막 넘은 놈이 / 알츠하이머 치매환자한테 제 인생을 내던진다는 게 그게 제 정신이야?

수정 사랑이야..

창주 .... (보는)

수정 우리 아들은 계산안해..그 녀석은 그 아이 옆에 지가 있어야한다는 / 그게 저 할 일이라는 / 그 소망 외에 아무 것도 없어. 향기랑 결혼하려 하면서 불행했대..지금 편안하고 행복하기까지 하대..나는 포기했어..당신도 포기해..

창주 .....(노려보듯 쏘아보며)

수정 우리 마음에 아무리 안들어도 어떡해..내 자식이 가는 길인데

창주 .... (쏘아보며)

이모 (괜히 벌컥벌컥 잔 비우고 내려놓는) ...

수정 우리 손 떠났어..받아들여..

창주 이런 정신빠진 자식을 어떻게 받아들여!!!!

수정 지 인생이야. 선택도 감당도 지 몫이야!!

창주 강의 하지 마 나한테 강의하지 마.

이모 (시선 내린 채 침착하게) 지형이를 형부 악세사리로 생각하지 마세요.

창주 ???(이모 보는)

이모 지형이는 독립된 개체 인격이에요.

창주 처제에

이모 우리나라 부모들은 마지막까지 자식을 자기 소유물로 생각하죠. 동물들이 보여주는 교훈에서도 배우는 게 없어요.

수정 가만 있어..

이모 (일어나 제 방으로 빠지는) ....

창주 .....

수정 .... (시선 내리고)

S# 서연의 침실..

[서연 / 지형의 가방 열어놓고 양복 하나씩 꺼내주면 지형은 받아서 장에 걸고 하면서]

서연 겨울 옷들 언제 갖구 와?

지형 여행 갔다 와서..

서연 내가 옷이 안 많으니까 장 널널해서 누구는 좋겠다.

지형 뼈있는 말 목에 걸린다..옷 많이 사줄게..

서연 부자도 아니면서.(웃으며)

지형 니가 생각하는 것보다는 있어.

서연 그래?

지형 엄마가 좀 주셨어..통장 너 줄게. 그거 너 다 옷 사.

서연 좋았어..딴 소리 없기. 진짜 몽땅 다 옷사구 빽사구 구두 살 거야..그동안 사고 싶었던 거 다 사야지. 지금 꺼 다 내버리고 전부다 바꾼다?

지형 좋으실대로.

서연 그렇게 못할 거 아니까 그러는 거지.

지형 아냐 정말야. 니 마음대로 써··정말이라니까?

서연 미안하지만 지금 현재 나는 거의 거지야.

지형 니 돈 노리고 결혼하는 거 아냐.

서연 저쪽 집 전세 빠지면 반은 오빠네 회사에 문권이 앞으로 보험 들어놀 거구 반은 내 병원비 쓸 거야.

지형 (서연 앞으로 와 눈높이 맞추고) 내가 니 병원비야··니꺼 일원도 필요없어. 다 문권이한테 돌려놔줘··

서연 나 빨리 안 죽으면 간병인도 필요하게 될텐데?

지형 내가 해··내가 다 해··

서연 오늘보다 내일 더 사랑한다고 약속해.

지형 아침에 했잖아··문자 못 받았어?

서연 생각 안나. 한번 더 해··

지형 오늘보다 내일은 더 사랑할게 오늘보다 내일은 열배 더 사랑한다··내일보다 모레는 스무배 더 사랑할 거구.

서연 으흐흐흐흐 (코 잡아 잠깐 흔들며) 그냥 더더더만 해. 열배 스무배 그러다 백만배 천만배까지 가겠다.

지형 샤워할래?

서연 응 자기 전에.

지형 첫날 밤이다.

서연 응 우리는 날마다 첫날밤·· 내일은 없을지도 모르니까··

지형 (가볍게 안아주고)

S# 수정 거실

[앞의 씬 그대로 /]

창주 ....(어금니 꽈악 물고)

수정 ....

[시간 경과…다시 한번]

창주 .....(어금니에서 힘이 빠지고 허탈한) ......

수정 .... (여전히 담담한) .....

[시간 경과]

창주 (서성거리고 있고) .....

수정 .... (그대로 석상이 된 듯) ....

S# 빌라를 빠져나오고 있는 창주의 자동차…

S# 차 안..

창주 (운전하면서).... (입 꾸욱 다물고) ....

수정 (옆자리에 앉아서 시선 내리고) ....

창주 뻔뻔하고 몰염치한 것.. 하잔다고 해?

수정 그런 아이 아니야..

창주 (돌아보고)??

수정 두 번 만나봤어..사리분별 깔끔하고 예의 깍듯하고 이지적이고 염치알고 나무랄 데 없어..

창주 염치를 아는데 결혼을 해? (고개 앞으로)

수정 알츠하이머환자라는 거 결혼할 수 없다면서 그 아이가 실토한 거야....

창주 ???(돌아보고)

수정 .....

창주 (고개 앞으로) 어쨌든 지가 진심으로 녀석을 애낀다면 어디 멀리 행방불명이 돼서라도 피했어야지..

수정 그랬으면 우리 자식 모든 거 작파하고 그 아이 찾으러 헤매고 다니며 폐인돼갈 거야.....

창주 (앞 보는 채) 어떻게 그렇게 단정해…그 정돈 거 같으면 향길 진작 떼어냈어야지..

수정 그 아일 그만큼 사랑하는 줄 몰랐었대…

창주 (잠깐 돌아보고 앞으로) 멍청한 자식..

수정 당신은 내가 치매였으면 도망갔을 거야 아냐?

창주 ....

수정 나는 도망 못갔을 거 같아…애가 나 닮았나봐..

창주 그걸 이제 알아?

수정 ....

S# 거실

[음악 흐르고 있고 / 새로 들여놓아진 오디오]

서연 (소파에 옆으로 두 다리 뻗고 상체 돌려 등받이에 팔 대고 / 냉장고로 가고 있는 지형) 나 그거 하고 싶었는데 그거.

지형 뭐..

서연 쿨타리 먹은 고물 오픈카에 져스트 메리드 써붙이고 출바알 하면 으흐흐 와장창창 녹쓸고 찌그러진 깡통 소리 나는 거..누런 먼지 누우렇게 날리면서..

지형 (냉장고에서 우유 팩 꺼내 컵에 따르며) 그거 서부 영화에서 본 장면 아냐?

서연 아하하하 맞어. 그거 한번 해보고 싶었어.

지형 (우유 냉장고에 / 서연 쪽으로) 미리 애길하지이..오픈 카 렌트하면 되고 찌그러진 깡통 만들어 달면 되고..

서연 으흐흐흐흐 웃기겠다.. (우유 받아 한 모금 마시고 내리며) 나 그

거도 한번 해보고 싶었는데··

지형 또 뭐.

서연 챙 너얼븐 모자 쓰고 한손으로 모자 누르고 목에 기이이다란 시폰 스카프 날리며 오픈 카 타고 달리는 거.

지형 흠 오픈카를 좋아하시는구만?

서연 스카프 오픈카 바퀴에 휘감겨 죽은 발레리나…………또 하나 사라졌다.

지형 (탁자의 전자 패드 들며) 찾아볼게··스카프 발레리나 그럼 나오겠지?

서연 (그냥 우유 마시면서) ·····

지형 이사도라 던컨 /

서연 나랑 무슨 상관·· (컵 탁자에 놓고 남자 다리 베고 누우며) 그딴 건 사라져도 상관없어.

지형 상관없어.

서연 방귀꾸지 마아? 지금 꾸면 나 질식해 죽어.

지형 하하하 완전 화생방이지 뭐.

S# 향기네 거실

[막 들어선 창주 부부]

창주 이거 쉬는 시간에 불쑥 나타나서

현아 (오버랩) 괜찮아요 전화했잖아요. 오세요·· 와··

수정 향기 아빠는

현아 나올 거야··런닝머신··다 했을 거야··뭐 주까··와인 할래요 박원장?

창주 아니 차 갖고 왔어요··그냥··물이면 돼요··

현아 너는··

수정 난 아무 것도..

현아 정미 엄마 과일 좀 내세요.

정모 네에..

수정 괜찮다니까..

현아 앉으세요 앉어어어.. (두 사람 어정쩡하고 / 운동실로 가 두드리며) 안 나와?

홍길 E 나가 나가..

현아 박원장 오셨다구..

홍길 (땀 닦으며 나오는) 알았다구..나오잖아.. (목례하는 수정) 아 아.. 오랜만이에요 수정씨..여주 초대도 거절하고 섭섭합니다아아...유감이 있으면 터놓고 말로 하십시다 우리..

수정 그런 게 어딨어요.

홍길 그래 컨디션은 좀 회복이 됐습니까?

수정 네..뭐..

현아 (앉아서) 앉으라니까아..

[세 사람 적당히 앉으며]

홍길 (앉으며) 그게 나이 비켜갈 장사 없단 말이 딱이에요.. 중간중간 한번씩 괘앤스리 공여어언히 추욱 쳐질 때가 있더라구요..아아무 그럴 이유가 없는데 말입니다..

수정 네에..

홍길 나는 이 사람 심기만 편안하면 아무 문제 없어요..이 사람 눈꼬리만 순하면 돼요..이사람 눈꼬리 치켜올라가면 영락없이 혈압오르고 당 올라가고 맥살 좌아악 풀리면서

현아 (오버랩) 웬 아줌마 수다야아..

홍길 알았어 그만해.

현아 이 시간에 뭔가 용건있는 방문 일 거 아냐.(남편 구박)

홍길 다 했다니까?··응 우리 둘이 얘기했는데 뭐 무슨 일야··

창주 어··저기·· 양해를 구할 일이 있어서··그냥 넘어갈 수 있는 일이 아니라··

홍길 (오버랩) 병원 그만둔다구?

창주 아니 그거 아니야 그건 아니구··

홍길 내 뭐랬어 그건 아닐 거라니까···오바는 암튼··

현아 그럼 무슨 일이에요?

수정 내가 하께··

창주 (아내 보고)

수정 (잠깐 끄덕이고) ··지형이가··내일·· (그러다 문득) 향기는 없어?

현아 내가 속상해 까무러치겠다 진짜·· 잠깐 바람쐰다구 나갔다 들어오더니 방문 걸어 잠그고 리브미얼론이야. 괜찮아지는듯 하더니 도돌이표야···성질대로면 그냥 먼지나게 두들겨 패버렸으면 좋겠는데 / 향기는 왜··

수정 아니 향기도 같이 들었으면 해서··

현아 (오버랩) 얘 설마···· 니 아들··반성하고 돌아온 거야? (웃겨 안 받어 얘)

수정 ···· (보는)

창주 ···(고개 좀 내리고)

홍길 그렇습니까?

수정 그게에···

현아 그거 곤란하지이이 팔푼이들 만우절 쇼도 아니구

수정 (오버랩) 지형이 내일 결혼해··

현아 ??

홍길 ??

창주 …

수정 …

현아 부부 ???

수정 E (곧 이어서) 향기한테 도리가 아닌 거 아는데

현아 야아!! 도리 아니면 그따위 짓을 안해야지이!! 뭐야? 뭐를 해? 느이 정말 떡해먹을 집구석이구나!!

수정 향기엄마.

현아 (오버랩 상관없다) 내 뭐랬어·· (남편에게) 내 뭐랬냐구. 틀림없이 딴 기집애 있는 거랬지··그 자식 바람든 거 맞다 그랬지. 나 깔보지마 나 귀신이야. 왜 이래.

홍길 (불쾌해져서 오버랩) 박원장 뭐야. 그랬던 거야?

창주 우리도 몰랐던 일인데

수정 (오버랩) 일년 전 쯤부터 사귀는 아이가 있었던 모양이고 결혼 취소하면서 향기한테도 말했나봐요··

현아 (오버랩) 형편없는 자식··납뿐 자식. 더어러운 자식. 그래서 그렇게 내 신경을 긁고 오장을 뒤집었던 거야 그래. 그래애··뭔지 모르게 불쾌해서 결혼 때려치우자 난리쳤던 거야내가. 감이 있어서 / 쿠린 냄새가 나서어··아니 이렇게 옴팡 당할 수가 있는 거니? 우리가 저를 얼마나 여겨주고 잘해줬는데 은혜를 원수로 갚아아아!!!(정모 과일 들고 주방 앞에서 어째야 좋을지)

수정 향기엄마.

현아 (연결) 야아아 참 대애단하다. 대단해 응?

수정 얘기 더 들어줘.

현아 야 필요없어. 우리 집 스캔들 김도 안 빠졌는데 뭐? 결혼? 내일?

창주 이 사람 얘기 더 들어 (남아 있는데)

현아 (오버랩)박원장 사표 내요.

홍길 (아내 돌아보고)

현아 이 모욕에도 그냥 넘어갈 순 없어요. 세상이 뭐라겠어요. 사실은 병원이 박원장꺼라 그러잖겠어요? 더 이상은 못 참아요.

홍길 (오버랩) 그 문젠 당신이 터치할 게 아냐.(흥분 말고)

현아 당신 밸 없어? 다리 걸어 엎어뜨려 코깨놓고 인분까지 끼얹는데 또 그냥 넘어가?

수정 (오버랩) 그래 그러는 거 당연해 향기엄마. 그런데 아직 얘기 남아있어.

현아 (오버랩) 필요없어.. (불끈 일어나며) 필요없다 응? 더 무슨 얘길 할게 있구 들을 게 있어. 그래우리 완전 새됐다. 고맙다 친구야..이 순간부터 너 친구 아냐..끝났어.(나가려)

수정 (오버랩) 그 아이가 알츠하이머야..

현아 ...(멈칫)

홍길 ???(수정 보는)

수정 지형이는 그 아이 보호자로 결심했고

수정 E (돌아보는 현아 위에) 그래서 서두는 거야..아니었으면 설마..향기에 대한 최소한의 도리로래도 이렇게 금방 그러겠니..상황이

현아 (오버랩) 얘 그러니까 치매환자한테 우리 향기가 까였다는 거니?(더 기가 차다)

수정 ·····(보며)

현아 세상에 기막혀··기가 막혀서 정말··치매환자 때문에 우릴 개떡을 만들었다는 거야?

창주 나는 바로 좀 전에 두 시간 전에 알았어요 향기엄마··

현아 그런다고 달라질 거 없어요 박원장.

수정 ??(현아 보는)

현아 우리 관계 더 이상 지속할 이유가 없어요. 사표내라구요.

홍길 그건 당신 소관아니라니까 이 사람 왜 이래

수정 (오버랩 일어나면서 차분하게) 병원장 유지하게 해달라고 온 거아니야··어떻게 그렇게 사람을 치사하게 만들어.(핸드백 챙기며)

현아 치사? 얘··겨우 치매환자한테 뺨따귀 맞고 주저앉게 했으면서 그래도 얼렁덜렁 넘어가야 안 치사한 거냐?

수정 (오버랩) 일어나요··

창주 (일어나며) 후임자 물색해 이사장··

홍길 ·····(뿌우우우)

수정 (홍길에게 목례하며) 가겠습니다

홍길 (얼른 일어나는) 예···예 강박사··

S# 향기네 대문 앞··

[나오는 부부 / 사용인 둘쯤 따라 나오고]

S# 향기의 방

향기 (반 글라스 이상의 와인 벌컥벌컥 마시고 다시 따르는)

[노크와 함께]

현아 E 야 문 열어···· (향기 그냥 와인 따르는 / 현아 다시 두드리며) 문열어 이 등신아··그 벼락맞을 자식 낼 결혼한댄다 치매환자랑.(아까 홍

분은 가라앉고 / 그러나 분하다)

향기 ??(치매 환자에서)

현아 E 문 안열어? 안 열거야?

향기 (후닥닥 뛰어내려 문 열고)???

현아 (들어오며) 얘 그놈 미친 놈이야..치매랑 살려구 두 집안 난장판 만든 놈이 성한 놈이야? 완전 또라이지.

향기 ?? 치..매?

현아 그래 알츠하이머.

향기 (멍하고) …

현아 그 또라이랑 그냥했으면 어쩔 뻔 했냐구 엉? 완전 정신 나간 놈 / 결혼했어도 너 껍데기하고 살 뻔 했어. 차라리 잘 됐어 우리가 운틴 거야.

현아 E 하느님 감사합니다 깨끗이 털어내. 알았어?

향기 엄마 그거 어디서 들었어.

현아 그눔 아버지 엄마 왔다 지금 갔어. 세에상에 돌아도돌아도 어떻게 그렇게 한심하게 도니? 치매가 뭐야 치매가..

향기 (오버랩 눈물 후두둑)(돌아서 침대로 걸터앉는) ….

현아 얘 눈물 애껴..분할 것도 없어..용케 피했다 생각해.

향기 (가만히 오버랩) 두 사람 …..가여워 어떡해…

현아 ???

향기 …….

현아 저런 빙충이 /

향기 …..

현아 향기야

향기 내가 왜 오빨 그렇게 좋아했는지 이제야 알 거 같아.. (고개 꺾고)

현아 ??

향기 어쩌면 오빠랑 나는 …닮은 꼴일 수 있겠다..

현아 야.

향기 나도 그런 사랑할 수 있는데…나도 할수 있는데에…

현아 …. (아연)???

향기 ……

현아 (두 주먹 쥐고) 야아아아아!!!

S# 이동 중 창주의 차 안

수정 (뜨거운 눈물 흘리고 있는) ……

창주 …. (운전하면서 잠깐씩 신경이 쓰이고) ….그럴 거 없어..자식 아니다 치면 돼..

수정 (손수건으로 눈물 닦으며 고개 창밖으로) ….

창주 난 관심 끊을 거야.. 없었던 셈 치면 돼..

수정 (오버랩) 어쩌면…아버지라는 사람이…그렇게 냉혹할 수 있는지…신기해..

창주 ….

수정 이제부터 내 자식이 가야할 길이 얼마나 고달프고 아플텐데…

창주 지가 선택한 지 팔짜야..

수정 (오버랩) 참…부질없다…사십년 친구도…오직 저만 대단하구…

창주 원래 그런 사람인데 뭘..

수정 사표 내..

창주 내라면 내야지..

수정 내라잖어..

창주 .....

수정 싫어?

창주 후임자 물색하랬잖아..못 들었어?

수정 ......

창주 .....

S# 고모 마당(밤)

명희 (화장실에서 웅크리고 뛰어나와 제 방으로)

S# 명희 방

명희 (들어오며) 엇춰. 어느 새 이렇게 추면 어떡해.

동철 (지폐 다리미질) 출 때 됐어. 이제 금방 크리스마스 금방 새해..

명희 (자는 지민 이불 만져주면서 오버랩) 어머님 전화드렸어?

동철 어.. 지민이 얼굴 잊어버리겠다구 약간 불쾌하셔. 대한민국 다 먹여살리냐구..

명희 끄으응

동철 알바 더 불러놓고 오후에 잠깐이라도 다녀오자..

명희 너무 멀어서 말야..왕복 차 타는 것만 세시간 잡어야니까..

동철 돌아가신 뒤에 무덤 앞에서 꺼이꺼이 왕복 세시간 너무 멀어 자주 못 뵈었습니다 어머니꺼이꺼이만들지 말아줘

명희 (다려놓은 돈 간추리면서) 갑자기 왜 불쌍한 폼이야? 나때문인 거처럼?

동철 좀 불쌍해 보였어?

명희 식만 보고 달려오는 거야..

동철 밥 준다는데 밥 안 먹구?

명희 아 가게 봐야지. 알바들한테만 맡겨놓고 불안해서 안돼.

동철 뭐가 불안해.(불안할 거 없어)

명희 아 암튼 안돼..가게 / 주인 비우면 안돼. 눈이오나 바람이부나 언제나 항상 주인이 꽉 자릴 지키구 있어야 믿음이가고 신뢰가 가는 거지

동철 믿음이나 신뢰나 그게 그거 같은 말이야 여보.

명희 누가 모르냐?

동철 같은 말을 왜 길게 해. 당신하구 장모님은 말이 좀 경제적일 필요가 있어. 모전여전 두 아주머니 기이이이일잖어..

명희 당신 어디 아퍼?

동철 내가 어디가..

명희 그럼 물렸어?

동철 응??

명희 연하 남편 별볼일 없잖아 야.

동철 아아 우리 딸하나 더 낳기로 했지 참.

명희 (이불 들치고 들어가며) 당신 낼 꼭두새벽에 일어나야해. 빨리 들어와.

동철 좀 더 무드있게 꼬실 수 없냐?

S# 고모의 방

[불 끄고 누워서 / 고부는 자고 /]

고모 .... (이리 뒤척였다 저리 뒤척였다) ...아이고 미치겠네.......... (일어나 앉으며) 아이고 환장하겠네. 이러다 날밤 새지 응.....응 십상이야..

고부 머리를 비워어어..

고모 나때매 깼나부네..

고부 아무 생각도 하지 말라구 (등 돌려대는)

고모 아무래두 그냥은 안되겠어.. (일어나며) 어이 주무슈..

S# 마루

고모 (나와서 주방으로)

S# 주방

고모 (들어오며 불 켜고 / 냉장고에서 먹던 소주병 꺼내 컵에 따르며 의자에 앉으며 홀쩍 마시고) 카아아.... (잠시 생각하다 다시 따라 단숨에 비우고 잔 내리면서) 한수야..니 새끼 시집간다아.... (생각하다가) 내가 ....능력이 없어서..힘이 없어서 호의호식은 못 시켰다만 ..그래두 어쨌거나 크게 험한 일 없이..어느 새 서연이가 서른..문권이가 여덟 그렇게 됐단다...(목이 찢어지면서) 응 잠이 안와서...괘앤스리 잠이 안오네.. (따르면서) ..아니아니 (한숨과 함께) 괜스리가 아니지..이이 상하다.. 벌써 예엣날에 백골 진토됐을 니가 왜 이렇게 보고 싶냐..

S# 재민의 방

재민 (침대에 / 책 보다 내려놓고 생각에 빠져 우두커니) ......

서연 E 서른살 짜리 치매 / 어처구니없잖아?

S# 9회 둔치

재민 (돌아보는)

서연 어처구니없을 때 우린 웃잖아.. 야들아아아 나 희귀희귀 케이스래애..대단하지 않냐? 나 굉장한 사람이야아 호호호호...그냥 치매야 반갑다 나랑 같이 놀자..

재민 .... (보며)

서연 (재민 돌아보며) 무슨 말 들은 거 없어?

재민 ..뭐..

서연 (잠깐 위로 턱 치켜들며) 으흐흐흐흐 결혼하재..

재민 …그래서.

서연 (돌아보며) 할까?

재민 …(보며)

서연 (일어나 엉덩이 털며) 멋도 모르고 까불다 어떻게 되는지 체험으로 알게 해 줄까?

재민 (일어나는 / 안 보는 채 제 엉덩이 좀 터는) …

서연 유치한 객기의 끝이 어떤가 맛보여줘?

재민 객기로 선택할 수 있는 일은 아냐‥그렇게 매도할 건 아냐…

서연 …. (보며)

재민 하고 싶어?

서연 …. (보며)

재민 진심이 뭐야‥

서연 나 아직 그 분별력까지 망가지진 않았어‥ (움직이며) 가자 오빠‥

S# 현재 재민의 방

재민 …

재민 E 니 초심이 얼마나 유지될까

S# 12회 카페

재민 서연이는 너에 대한 부채감을 어떻게 다스릴까. 난 무슨 일이 있어도 니가 (서연 보며) 포기시킬줄 알었다.

서연 응 (웃으며 지형 돌아보며) 그랬는데 거꾸로 내가 투항하고 말았어. (지형 서연에게 웃어 보이고 / 지형 귀에 대고 속삭이듯) 한번쯤 머리 아닌 마음을 쫓아가 / 까짓 자기 팔짜지 알게 뭐야‥너도 행복할 권리가 있어. (거의 장난처럼) 너만 좋으면 됐지 주제넘지마‥ (재민 돌아보며) 악마가 달콤하게 속삭였어.

S# 현재 재민 방

서연 E 그래서 악마와 손을 잡았지..

재민 (침대 내려서 나가는)

S# 주방

고모 (두 손으로 눈 가리고 작은 소리 우는) 잉잉잉 죽으면 아무 것도 없는 게 아니거든 잉잉 혼백이 있다면 한수야..니 새끼 잘 살게 보살펴주고 빌어주면서 잉잉..이제라두 두 다리 쭈욱 뻗구 잉잉 왕생극락하거라 잉잉잉...

재민 (들어오며 보고)

고모 잉잉잉 잉잉잉..

재민 어머니.

고모 아이고..아이고 우리 아들한테 들켰네. 으하하하하 내일 울 거 미리 우는 거야 하하 예식장에서 울면 추접스럽다구 니 아버지가 하두 침을 줘서 미리 울구 갈라구 (일어나며) 왜 뭐 뭐 주까 뭐 필요해..

재민 저두 한잔 하구 잘려구요..

고모 엉 그래.. (새 잔 꺼내면서) 그렇게 해..그렇게 하자..너랑 나랑 축하주 한잔씩 하자..서연이 행복하라구 기원축수하면서 응? (따라 아들에게 내밀고)

재민 (받아놓고 병 집어 엄마 잔에 따르며) 어머닌 이것만 드시구 들어가세요..

고모 오냐 그래그래.. (술잔 들며) 들어.. (잔 드는 재민 / 짱 부딪치고)

[둘 같이 마시고]

고모 (잔 내리며) 나는...사둔 집이 우리 서연이 싫대두 아아무 상관없다..그냥 즈들만 확실하면 아아무 상관없는 일이야..지집에서 그렇게 나오는데도 불구하고 지형이 녀석이 저렇게 화악실한데 무슨 걱정이야 아니야?

재민 네‥

고모 하기는 뭐‥시부모 환영 받으며 혼인하는 거보다야 쪼오끔 섭섭한 일이기는 하지만…그렇게 생각하자면 우리 서연이가 확실히 부모복은 못 타구 난 거 같아‥그게 애처롭구 딱해애‥

재민 (술병) 저 한잔 더해요‥

고모 응 그래 누가 말려‥

재민 (따라 마시고 잔 두 개 싱크대에) 그만 들어가세요‥

고모 걱정마 더 안 마셔 으흐흐흐

재민 (나가고)

고모 (수전 튼다) ….

S# **재민의 방**

재민 (들어와 침대로 올라 책 집어 들고 기대면서)

서연 E 제일 미안하고 죄스러운 건 고모야.

S# **공원(최근 어느 날 밤)**

[그네 옆에서 팔짱 끼고]

서연 (땅 내려다보며) ‥그렇게 열심히 챙겨 키워주셨는데…(보며 좀 웃는) 달걀부침 사건 기억하지.

재민 두쪽 세쪽.

서연 응‥언니 두쪽 넣고 나한텐 세쪽 넣었었다 들통나 언니 충격받아 울고불고 악쓰다 매맞고…언니 나랑 한달동안 말 안하고‥ (고개 내리며) 이제부터‥효도해 드려야 하는데 으흐흐 참 지랄같은 운명의 장난이야‥

재민 너도 어머니한테 잘했어 쭈욱…많이 도와드렸잖아…

서연 나는 고모 대장암 수술하게 됐을 때 오빠…우리 남매 때문에 너무 애달아하셔서 그게 병된거 아닌가 그런 생각 들었었어..

재민 미장원일에 식사 평생 불규칙하고 과로하시구 그런 탓이야..

서연 그래서 어쨌든…지금 내가 바라는 건…앞으로 이년.. 고모 재발 걱정 떨쳐도 될 때까지는 고모 모르셨으면 그래..

재민 …(보며)

서연 나 그때까지 가능할까? 나 벌써 길도 두 번이나 잃어버렸는데..

S# 서연의 침대

지형 (서연에게 팔베개해주고 한 팔 얹고 잠들어 있는)

서연 …. (눈 감고 자는 듯이) ……..(있다가 눈 뜨며 가만히 보는) ……..

서연 (가만가만… 빠져나오기 시작하는) ……

S# 서연 거실

서연 (나와서 소파 있는 곳으로 / 앉으면서)

서연 E 인생 별거 아닌 무대극 한편 우리는 모두 배우일 뿐이라고 누가 그랬었나…나는 지금 알츠하이머 환자..내가 불쌍해서 한 남자가 나와 결혼을 하고..그 남자 때문에 나는 행복해야 한다….잠깐씩 행복한 순간 / 나는 놓치지 않고 엄청 많이 행복한 연기를 한다. 그런데…. 그러면서 나는 생각한다..내가 지금 이 남자한테 무슨 짓을 하고 있는 건가…..

지형 E 깼어?

서연 …… (멍하니 보는)

지형 (다가와 옆에 앉으며) 나 모르게 혼자 무슨 생각..

서연 어디서 무엇이 되어 만나리…

지형 그게 궁금해?

서연 아무래도 어머님께 전화드려야겠어‥

지형 …. (보는)

서연 당신 전화 줘…

지형 …. (보다가) 그래‥하고 싶은대로 (방으로)

서연 …..

S# 수정의 침실

수정 (쟁반에 물 갖고 들어와 창주에게)

창주 (기대어 앉아 기다리다가 마시고)

수정 (쟁반 들고 나가는데)

[수정 쪽 나이트 테이블에서 전화 울리는]

수정 (돌아서고)

창주 (몸 뻗어 집어서 보고 / 불쾌해져서 발치로 전화 던지듯 하고 누워버리는)

수정 (집어서 보고 받아) 잠깐 있어.

서연 F 네에‥

수정 ?? (잠깐 남편 보고 서둘러 나간다)

S# 주방

수정 (들어와 쟁반 놓고) 여보세요‥

서연 F 저 서연입니다…

수정 …그래…

서연 F 어머님께 드린 약속…지키지 못했습니다. 죄송합니다.

수정 내 자식 선택인데.

S# 서연 거실

수정 F 어쩌겠어‥서연이한테 섭섭한 마음 없어…불편하게 생각 안 해도 돼‥

서연 정말 죄송합니다 어머님‥

수정 F 지형이 같이 있는 모양인데 잠깐 바꿔줄래?

서연 네‥ (바꿔주는)

지형 네 엄마‥

수정 F 준비는 제대로 다 갖춘 거야?

지형 네‥

수정 F 아버지하구 향기네 다녀왔어‥

S# 주방

수정 사실대로 다 얘기하고 왔고… 더 이상 미련둘 게 없으니 한결 가볍구나…니가 원해서 하는 결혼이니…그래도 축하한다 소린 해야겠는데…쉽지가 않다‥그렇지만‥너 끝까지 최선을 다해‥지금 마음 그대로 변치 말고 그 아이 슬프게 만들지 마‥ 담당의사 지시 철저히 따르게 하고 약 정확한 시간에 먹게 하고…

S# 서연 거실

수정 F 같이 시간 많이 보내주고…사랑하고…또 사랑하고…끝없이 사랑해. 그마음이 아니면 너도 그 아이도… 힘들어서 안돼…

지형 네 엄마…알고 있어요‥

수정 F 그럼 잘 마치고…여행 잘 다녀오구…그만 끊자‥

지형 …..(입 꾸욱 다물고 / 전화 내리며 서연 끌어안는데 눈물)

서연 (마주 안고) 사랑해 고마워 미안해…..

F.O

S# 오십 명쯤 들어가는 어느 호텔 홀‥디너 테이블‥실내악단 / 오중주쯤

[손님들··웅성거리면서 기다리고 있는데 / 서연 가족 / 출판사 식구 / 지형 사무실 식구 / 기타 지형 친구 몇 명 / 등등]

석호 (밖에서 들어와 사회석으로) ·· (마이크 톡톡 건드리고) 그럼 지금부터 신랑 박지형군과 신부 이서연 양의 결혼식을 시작하겠습니다·· 에에 시작하기 전에 미리 말씀드립니다. 오늘 결혼식에는 주례선생님을 모시지 않았습니다. 따라서 지루한 주례사도 없습니다. 또한 신랑 먼저 입장해서 기다리면 아버님이나 삼촌이나 집안 어른이 신부 데리고 들어와 인수인계하는 것 같은 형식도 채택하지 않았습니다··신랑 신부 입장해 주세요오오!!

[웨딩 마치 시작되고]

[두 사람 손잡고 입장 시작하는]

[감독 재량에 완전히 맡깁니다 /]

[반지 나누어 끼는 두 사람]

S# 마주 서서

지형 당신을 사랑합니다··나를 받아주어 고맙습니다··

서연 당신을 사랑합니다··나를 받아주어 고맙습니다.

[가만히 입 맞추는···두 사람····]

제14회

S# 향기의 욕실

향기 (욕조에 들어앉아) …… (가만히‥생각에 빠진 / 담담한) …..(그러고 있다가 문득 가장자리에 놓아두었던 전화 집어 들고 잠시 있다가 메시지로 / 받는 사람 오빠 / 내용 입력하기 전에 화면 보다가 그만둬버리는) …..

S# 향기의 방

향기 (가운 걸치고 나와 전화 화장대에 놓고 헤어드라이어 꺼내 놓고 외출복 골라 꺼내서 옷걸이째 침대에 눕혀두고 다시 화장대로 / 서랍 열어 작은 보석 상자 꺼내 열어서 이어링 하나 귀에 대고 거울 보고 다른 걸로 바꿔 대어보는) …. (머리는 타월로 싸고)

S# 거실

정모 (가구 닦고 있고)

도우미 (종량제 쓰레기봉투 두 덩어리 들고 현관으로)

정모 제대로 했어?

도우미 (부어서) 네에에

정모 여태 그거하나도 제대로 못하면 어떡해‥못하는 게 아니라 안

하는 거라 좀 지껄였어

도우미 (그냥 나가고)

정모 확 잘라버리든지 비우안맞어서 정말 (중얼거리는)

향기 (계단 내려오는)

정모 나가시게요?

향기 네에.. (웃으며) 엄마 뭐하세요?

정모 운동실에..

향기 (운동실로)

S# 운동실

홍길 (팔 근력 운동 하고 있고 /)

현아 (요가 중) ....

[노크]

홍길 예에에..

향기 (문 열고 들여다보듯)

홍길 어 향기야 들어와들어와.

향기 (들어서면서) 나 좀 나갔다 올려구.

현아 (운동하며) 어디.

향기 그냥 잠깐...

현아 잠깐 나갔다 들어와 리브미얼론 할려면 나가지 마. 복장터져..

홍길 (오버랩) 나가 나갔다 와..나가나가.

현아 (오버랩) 어디가 무슨 청승 떨러. 뭐 그놈하구 다녔던 추억의 까페 가 혼자 커피 시켜놓고 쫄쫄 짤려구?

향기 그런 거 아냐..

현아 그럴 거 없어 운수대통한 거라니까아. 결혼 엎어준 거 내가 아주 그눔 자식한테 절하구 싶은 심정이야.. 그런채로 결혼했다 쳐봐. 보나마나 쭈욱 그 치매 기집애랑 더블플레이 할 거 아냐..모자란 너는 그것도 모르고 오빠오빠 하느님하느님 떠받들며 살겠지. 생각만으로도 내가 치가 떨려.

향기 (오버랩) 이럴 때 엄마는 참 나쁜 사람이야.

현아 ?? 뭐?(운동하면서 딸 보는 홍길??)

향기 어떻게 그런 생각밖에 할 수가 없어?

현아 용케 피했다 하늘이 도왔다가 뭐 틀린 말야?

향기 엄마 말이 맞을 수 있어..그냥 했으면 오빠 불행했을 거고 나혼자 행복하면서 멍청한 바보됐을 거구 그건 맞어.(홍길 운동 멈추고)

현아 그런데

향기 아줌마 엄마 친구야..친구 사십주년 파티하자 그런 친구야.

현아 그래서

향기 아줌마 얼마나 충격일지 얼마나 마음 아플지 그런 생각은 할 수 없어? 엄마 아줌마 친구 아니야. 너무 이상해..나쁜 사람같아. 엄마가 나쁜 사람이면 나 부끄러워.

현아 이게 어디서 건방이야. 야 나도 사람이야. 물론 수정이 아줌마 너무 끔찍하겠다 알아. 그렇지만 너 너두고 바람질한 놈 바람질도 뭐 그럴듯한 상대도 아니고 치매환자라는데 기통이 안막혀? 자존심 안 상해?

향기 엄마 자존심이 친구 불행보다 중요해?

현아 ???

향기 엄마 그러고 있어요..

현아 야아

홍길 (주스 잔 집으며)그만하지.

현아 어디서 에밀 비판해. 아무 생각없이 띠이잉 머어어엉하게 굴다 옴팡 당해놓구서 무슨 자격으로 잘난 척이야. 건방지게 누구한테 / 뭐? 내가 부끄러워?

홍길 (향기 대꾸하려 달싹하는데 오버랩) 그만하고 나가라향기야.

현아 (불끈 일어나며) 어딜 나가..나가지 마. 못 나가!!

홍길 (향기 몰아내듯) 어서..나가나가..

향기 (입 다물고 나가는데)

현아 (덤벼들 태세로) 너 못나가.(남편한테 잡혀서) 금방 올라갈 테니까 니방 가 기다려. 알았어?!!

[조용히 문 닫히고]

현아 (기막혀) 어으어으어으…대가리 컸다 그거지?

홍길 (주스 잔 주며) 큰지가 벌써 언젠데 /

현아 (주스 밀어내며) 내가 당하게 만들었어? 치매기집애 내가 붙여줬어? 왜 나한테 들이대? 저거 아주 작심했네? 쟤 왜 저래?

홍길 (빙글빙글 느낌만) 당신 긴장해야겠다.. 당신 밥이 쉬기 시작한 거 같아.

현아 ?? …(보며) ….아니 저 바보가 어떻게 저런 말을 (믿기 어렵다)

홍길 왜 바보야..이악스럽지 않아서 바보야? 맑아서 바보야? 그런게 바본 거야? 난 단 한번도 향기가 바보라는 생각 해본 적 없어..당신 밥 노릇 그거 바보라서가 아니야. 당신을 대접해서야..엄마기 때문에. 내가 왜 당신 밥 노릇하는 줄 알어? 당신 대접해서야 아내기 때문에

현아 그래서 살림 차려준 기집애가 열둘이냐?

홍길 일곱에서 언제 다섯이나 늘었어?

S# 수정의 거실

수정 (이모와 함께 욕실에서 물 흠뻑 줘서 뺀 큰 화분 들어내 문 앞에 깔아 놓은 큰 타월에 놓고)

이모 (타월 줄줄 끌어 원래 화분 자리로) 언니 커피 만들어..

수정 (그래) .... (움직여 서재로 가 노크)

S# 서재

창주 (책 보고 있는) ....

수정 (문 열고) 커피 줄까?

창주 아냐...

수정 (문 닫고)

창주 (책장 넘기고 문득 테이블 탁상시계 본다)

[시계 / 오후4시가 조금 넘어 있다]

창주 (책으로) .....

S# 주방

수정 (들어와 커피 드립으로 내릴 준비해놓고 / 원두 그라인더에 넣어 갈면서) .....

S# 이동 중인 지형의 자동차

S# 차 안

지형 (자고 있는 서연 돌아보는) .....

서연 ......

[틀어놓았던 음악 멈춘다]

서연 (깨서 자세 바꾸며) 나 잤나봐..

지형 더 잘자라고 껐는데

서연 졸려 (다시 기대며 눈 감고)

지형 그래 자··

서연 .....

지형 ....

[서연과 지형]

S# 수정의 주방

수정 (커피 내리고 있는데)

이모 (들어오며 중얼거리듯) 아무리 생각하고 또 생각해도 언니까지 나 모르네는 아니었네···

수정 ....

이모 (투덜투덜) 나래도 갔어야하는 건데 에이 내가 형부 눈치보지 말구··딴 데 가는 척하구 나갈 걸.

수정 ....

이모 애가 얼마나 서글펐겠어. 언니는 왜 말려 언니는 /

수정 (새 컵에 고깔 옮기고 / 필터 들어내놓고 새 필터 넣고 그라인더 가루 커피 한 스푼 듬뿍 넣고 천천히 물 붓고를 하면서 대사 진행하세요) 형부에 대한 예의야··그 심정 모른다할수 없고··같이 가주는게 도린거 같아서··

이모 나는 상관없잖아.

수정 ....

이모 나라도 가줬어야

수정 (오버랩) 하나마나 소리 뭐하러 해··너도 형부 존중해.

이모 .....(보며)

수정 안됐잖어.... 자기 일에 바빠 부자지간 시간 같이 보낼 기횐 별로 없었어도 하나 자식 그 녀석을 / … 의대안가고 공대 간달 때도 실망 표 안내고 흔쾌하게 니뜻대로 해라 얼마나 믿어주고 지지해 줬는데..

이모 (쥐어박듯) 에그 그냥 큰속 작은 속 번갈아 썩이고 이런 대형사고는 치지 말지..내도록 한결같았던 모범답안이 하루아침에 후쿠시마 쓰나미로 덮칠지 누가 알었어. 그러니 충격이 더 엄청나지..

수정 .....

이모 언니 유전자야..큰아버지 큰엄마 펄펄 뛰는데 언니 맨발로 뛰쳐나가 형부 하숙방에서 살기부터 했잖어..

수정 ....

이모 사랑에 살고 사랑에 죽고가 신소설 돼버린 시대에 오히려 신선하지 뭐야..나는 그렇게 생각해.

수정 .... (커피 들고 나가는)

S# 침실..

수정 (들어와 화장대 의자에 앉으며 마시는) .....

[수정 전화벨]

수정 (보고 받는) 응 손대표..

석호 F 지형이 잘 마치고 출발했습니다 어머니..

수정 그래..

S# 이동 중인 석호 차..

석호 전화 드리래서요. 네 전 지금 뒷마무리하고 집에 가는 길이에요..신부가 아주 우아하고 아름다웠어요. 어머님 아버님도 보셨으면 했는데 아쉬웠어요. 네 그럼요. 이해합니다....아무래도 그렇죠 뭐..부모님 허락 못받고 치르는 예식이 완벽할 순 없잖아요..지형이 잠깐 눈물 비쳤어요. 신부도 그랬구요..마음 안 좋았어요 어머니..

S# 수정의 침실

수정 그래. 전화 넣어줘서고마워....응..아니 괜찮아..이제 뭐 어쩔수 없잖아..응 아버지도 괜찮으셔..그래..응 그래 고맙다.. (끊으며) ...

S# 어느 휴게소

지형 (캔 음료 사들고 오는)

S# 차 안

서연 (기대어 눈 뜨고) ....

지형 (창 두드리고)

서연 (열어주고)

지형 (음료 넣어주고 운전대로) ...(타면서) 피곤하지?

서연 응...(웃는)

지형 나도 그런데 뭐..눈 감고 쉬어..바다는 내일부터도 실컨 볼수 있어..호텔 앞이 바로 바다기도 하고..저녁바단 볼수 있어..

서연 아냐 볼래..내일은 없을지도 모르니까..

지형 (좀 뚝뚝) 바다 틀림없이 내일도 모레도 그대로 있어. 어디 안 도망가.

서연 알았어..듣기 싫다 그거지.(가볍게)

지형 (벨트 매며)좀 잊어버렸으면 해서 그래.

서연 (기대며) 잊어버릴 날 오겠지..

지형 (잠깐 보고 그만두고) ...... (출발)

서연 미안해..뭔지 모르게 기분이 나빠..

지형 피곤해서 그런 거야.

서연 맞어. 스트레스 보통 아니었나봐.. (하며 보고 웃으며 가볍게 빰에

입 맞춰주고)

지형 (돌아보며 좀 웃고)

서연 E (고개 앞으로 하며) 그게 아냐..아까아까서부터 갑자기 어디 머리 박고 죽어버리고 싶을 만큼 화가 나....왜 나야...왜 내가 이런 덫에 걸렸어야 해..누구한테나 일어날 수 있는 일이라면서 왜 하필 그게 나라야 하냐구.....지금 내가 하고 있는 짓은 뭐야..이 남자는 나와 무슨 짓을 하고 있는 거야.. (말은 독한데 얼굴은 덤덤)

지형 E 딱 일년만이다..

서연 ??(돌아보고)

지형 작년 11월 셋째주 주말에 왔었잖아..

서연 (웃으며) 그래..혹시 누구한테 들킬까봐 거의 호텔방에서만 이 박삼일 했었어. 남의 남자 훔친다는 거 아주 굴욕적이었지..

지형 경치도 필요없고 사진도 필요없고 시야에 다른 거 끼어드는 아무 것도 다 귀찮으니까 방에만 있자 그런 거 너였어..그리구 어두워지면 나갔었어 간첩들처럼

서연 으흐흐흐

지형 너한테 많이 미안했었지.

서연 으흐흐흐 방에서는 욕실 쓸 때 밥 먹을 때 빼고 우리 거의 침대에서 보냈어.

지형 우리 미쳤었으니까..

서연 속으로....죽어도 좋아 백번도 더 했었는데..

지형 어어 하하 웃긴다..난 이걸 그냥 죽여버리고 말까 백번쯤 했었는데..

서연 이걸? 이거어얼?

지형 하하하하

S# 해안도로를 달리는 렌터카…바다……

S# 갓길에 세워지는 렌터카

지형 (내려서 서연 쪽 문 열고 시트를 눕혀준다)

서연 (잠 폭 들어 있는) ……

지형 …. (보며) ……(있다가 상의 벗어 덮어주는)

S# 수정의 침실

수정 (빈 커피 잔 무릎에 얹듯 내리고 앉아) ….

[노크와 함께]

이모 E 언니 나와봐요..

수정 (고개 틀며) 왜.

이모 (문 열고 들여다보며) 향기가 왔네..

수정 ?? (일어나는)

S# 거실

수정 (나오는) 향기야 (웬일야)

향기 (똑같이 길게 자른 주황이거나 희거나 노란 장미 백 송이 꽃다발 들고 있다가 수정 앞으로 와 두 손으로 내밀며) 이거요 아줌마한테 꽃 향기 위로가 필요할 것 같아서요..

수정 ……(보며)

이모 (아으) 세상에넌 도대체 어떻게 생겨먹은 애니 으응?

향기 으흐흐 아줌마.. (받으세요)

수정 (받으면서) 고맙다..정말 많은 위로가 되는구나..

향기 으흐 성공이다…(꽃 뺏듯이 빼내 이모에게 안겨주고 수정 폭 안는다) ..아줌마한테 저 동지애 느껴요..

수정 (안아주며) 무슨 뜻인지 알어..

향기 (몸 떼며) 날씨 좋아요 아줌마..

수정 그래 (웃어 보이며)

S# 빌라 산책길..

향기 (같이 걸으며) 있죠 아줌마..무지무지 큰 무쇠 솥에 지은 밥 뒤집는 무지무지 큰 밥주걱요.. (아무렇지도 않게 / 가볍게)

수정 응.

향기 결혼 못하겠다 그럴 때 뺑 / …꼭 그걸로 얻어맞고 저마안큼 백 미터쯤 날아가 처박힌 거 같았었어요..그리구 금방 결혼한다 소리 듣고는 다리에서 맥이 쭉 빠져 주저 앉을 것 같았구요?

수정 (돌아보며 다음 말 기다리는)

향기 (멈추고 서 보면서) 어제 그분 아프다는 거 알았을 땐…가슴 한 복판 여기 주먹으로 퍽맞은 거 같았어요..그러면서 아줌마는 내가 처음 무지막지 큰 주걱에 뺑 맞아 피융 날아가 쳐박혔을 때…그때 마음 같겠다 그랬어요.

수정 (좀 웃으며) 내가 디딘 자리만 남고 온통 다 와르르 무서운 소리를 내면서 무너지는 거같은.

향기 …. (보며 알거 같아요)

수정 (걸음 떼어놓으며) 알고 있는 말이 이걸 어쩌나 밖에 없는 거 같았단다..

향기 네에……그런데 아줌마..저는…이상하게 편안해졌어요..그분은 절대 내가 경쟁할 수 없었던 상대였던 거 알았구요 또…오빠가 하는 사랑이 어떤 건지도 보였어요..

수정 ….

향기 (웃으며) 제 사랑은요 아줌마..으흐흐 그늘에 피어있는 패랭이 꽃 한 줄기 같아요..나혼자 마악 이뻐요 나혼자 마악...진실해요.. 좀 챙피해졌어요.

수정 아냐..너 아주 이뻤어.

향기 그분... 너무 안됐어요..언니였으면 좋겠어요..

수정 (멈추고 보는)

수정 으흐흐흐흐 엉뚱하죠 아줌마.. 이래서 엄마가 멍청이라 그러는 걸 거에요 그쵸..

S# 제주도 호텔 스위트룸..

[종업원..커튼 열어주는]

서연 (방 둘러보고 있고) ....

지형 (서연 손잡고 보며 어때 근사하지?)

종업원 (목례) 편히 쉬십시오

지형 감사합니다.. (웨이터 나가고 / 상의 벗어 장으로) 잠깐 쉬었다 저녁 먹으러 내려가자..

서연 (걸음 옮기는)

지형 (돌아보며) 여기서 먹고 싶으면 룸서비스 받고.

서연 과다 출혈로 사망입니다.

지형 뭐?

서연 이렇게 큰 방이 무슨 소용있어..공간낭비 돈 낭비지.

지형 손대표 와이프 결혼선물이야.. (장에 옷 걸며) 이모부가 본사 전무시래. 밥값만 내고 체크아웃하면 돼.

서연 (침대로 가면서) 과다출혈 잡았습니다. 생명에 지장 없겠습니다.

지형 으흐흐흐흐 옷 갈아 입어.

서연 나중에.(침대 / 걸터앉는 듯하더니 그대로 쓰러지듯 눕는다)

지형 ??....(잠시 보다가 다가가 무릎 굽히고 신발 벗기며) 많이 힘들구나.

서연 응..

지형 이렇게 해 내 벗겨줄게...

서연 (일어나며) 됐어 내가 할게.

지형 해줄께에.

서연 (침대에서 바닥으로) 잠깐 나가 있던지 손을 씻던지 해.(옷 벗으려 하며)

지형 새삼스럽다.(안으려 다가들며)

서연 (밀어내며)뭐야 헌신부다 그거지. 그래도 보고 있는 건 싫어.

지형 알았어..고모님께 전화먼저 드리는 게 어때.

서연 아 맞다..전화.

지형 주께 (침대의 핸드백 여는)

S# 고모의 마당

고모 (마당 치우면서) 아이구 됐네 이사람아..두구 보라 그래. 결국엔 복덩어리 몰라봐 미안하다 굽히구 들어올테니까 아니면 내손에 장을 지진다 응?

[고모 전화벨..]

고모 ??

[전화벨 계속]

고모 (마루로 올라 주방으로 향하다가 소리가 방인 것 같다. 방으로)

S# 고모 방

[벌써 얇고 작은 이불 나와 있는데 적당히 구겨져 있고 베개도 하나 / 배게 옆에서 울리는 전화 엎어질 듯 보고]

고모 아이구 얘 서연아 그래 나야. 안 그래두 이제나저제나 기다렸다..잘 도착했어? 거기 날씨는 어때....어어 그래..서울은 얘 늬들 떠날 때도 말짱하던 하늘이 밥 먹구 나서니까 글쎄 잔뜩 흐렸어..바람도 쌀쌀해지고. 춰 얘...어 얘 너 뭐 좀 먹었어? (이제 먹을 거예요) 배 안고파? 도착하자마자 먹기부터 하잖구 왜애..

S# 호텔 객실

지형 (옷 갈아입고 있고 /)

서연 (가방에서 옷걸이에 걸린 채 / 비닐 씌운 옷 꺼내면서) 이제부터 먹으면 돼요. 걱정 마세요..네..네 그럴께요. 그럴 거에요 고모

S# 고모의 방

고모 얘 그런데 늬들 여행에서 오는 길로 늬 시집에 인사드리러는 가라. 문전박댈 당하더라도 그건 하는 게 예법이야..오냐 그래..어련히 알아 할텐데 내가 말이 많다...(고모 안 고단하세요?) 어..으흐흐흐흐 얘 나 들어오자 마자 한시간 넘게 뻗었다 일어났다. 옷 빼쳐입구 나가 앉어 밥 먹은 거밖에 한 일 아무 것도 없는데 뭐가 그렇게 고단했는지 몰라..혹시나 박시나 그래두 그건 아니지 시아버지까진 몰라도 시어머니는 와주잖을까아아 그 신경을 너머 썼나봐 하하하하.. (명희 배에 손대고 인상 쓰면서 들어오는) 명희 들어왔다. 얘 서연이서연이

명희 아 됐어어어..배 아파 죽겠어 약먹게 물이나 줘.. (이불 안으로 다리)

고모 배가 왜 아퍼.

명희 아 몰라아아..아으으으으으...

고모 설사배야?

명희 아니야..

고모 (전화) 한 마디 해애..

명희 야 너 드레스 후졌어.

고모 (인상 벅 쓰며) 후지기는 너 그걸 눈이라구 달고 다니는 거야?

S# 호텔 객실..

서연 (전화로 모녀 다투는 소리 조금 듣다가) 고모 / 고모고모 / 네 잘 지내고 갈께요..네..네..고모 끊어요.(끊는데)

지형 (본인은 옷 다 갈아입고 서연 옷 비닐 벗겨 들고 있다 내밀며) 입어.

서연 응.. (받으며)

S# 고모의 방

명희 (웅크리고 옆으로 누워) 아으으으으 아으으으으으

고모 (물 한 컵 들고 들어와 내밀고)

명희 (일어나 주머니 약 은박지 속에서 빼 넘기고 도로 누우려는데)

고모 벌 받아 그런 거야아아..

명희 ??

고모 결혼식 내애애 주둥이 열대앳발 내밀고 드레스가 촌스러우니 화장빨 덕도 못보느니 신랑이 마흔은 돼보이느니 계에속 대패질 했잖어.

명희 느낀대로 솔직했을 뿐이야.

고모 어째 심성이 고모양일까아. 동생 시집 잘가는 걸 그렇게 배아파하니 마음따라 몸이라구 진짜 배가 아픈 거란 말야.

명희 (불끈 일어나며) 아이구 참 아시는 말씀 좀 그만 하셔어..시집 식구 개미새끼 한 마리 없는 결혼이 뭐가 부러워. 난 그런 결혼식 안했네.

고모 늙은 게 순진한 차서방 꼬셨다구 니 시어머니 너 좋아라 안 했어.

명희 (인상 버억)

고모 나두 솔직할 뿐이야..우리 모녀 장점 솔직한 거 빼면 뭐 있어 으하하하하

명희 어으 어으어으

고모 얼마나 좋은 일이야. 배 안 아플라면 맘을 곱게 써..

명희 그배가 아니라니까아아??

고모 .... (입 좀 벌리고) 그눔으 한약방..걱정두 말라더니 두재나 먹였는데 왜 안 듣는 거야아..약값 물러준다 큰소리 땅땅쳤는데에

명희 엄마 수입 잡었네....아으으으으

고모 아니 왜 그런 건 날 안 닮구 무슨 달거릴 애낳는 거보다 더 죽어가며 해애애..

명희 내가 그러고 싶어 그래??

S# 호텔 레스토랑으로 움직이고 있는 두 사람. 손잡고 /

[지형 말끔한 정장 서연 심플한 롱 드레스]

[서로 눈 맞추고 웃으며]

지형 (귀에 속삭이는) 니가 이렇게 멋있는 줄 몰랐어.

서연 옷이 날개.

지형 아니 돼지한테 날개 달아봤자 돼지야.

서연 으흐흐흐. 당신 보여줄려고 작정하고 시도한 거야.

지형 진짜 근사해..

서연 응 난 근사해. 한번 보여주기 위해 눈 튀어나오는 거금썼어..난 배짱도 좋아..

지형 우흐흐흐흐흐

서연 그러니까 오늘 밤 내모습··잘 기억해둬··잊어버리면 허무해··

지형 (잠깐 / 웃음기 사라지며 보는)

서연 (웨이터 안내받아 두어 걸음 앞서고 있는 / 지형 카메라 들고)

S# 양식 레스토랑(시간 경과)

[서연 사진 찍는 지형. 찍고 찍고 찍고 / 그때마다 서연은 마치 모델처럼 표정과 포즈를 바꿔주고 / 카메라 서연에게 넘어와 지형을 찍는 서연 / 지형 역시 서연 흉내 내듯 포즈와 표정 보여주고 / 레스토랑 책임자가 다가와 카메라 달라고 해서 두 사람 같이 넣어 찍는 /]

S# 레스토랑(시간 경과)

서연 으흐흐흐흐흐 (썰면서) 진짜 우리 둘다 완전 바보같았어··그게 뭐니. 자기 하는대로 복창하면 된대서 난 아무 생각없이 나갔는데 겨우 당신을 사랑합니다 나를 받아주어 고맙습니다 끄읕.

지형 더 이상 무슨 말이 필요있어.(썰며)

서연 나 다음 말 기다렸잖아. 그런데 얼굴이 다가오는 거야. 웃음 참느라 얼마나 애썼는줄 알어?(포크 나이프 팔목 대고 든 채)

지형 더 길게 했어야 했나?

서연 몰라 아니 암튼 하다 만 거 같았어··하객들이 뭐야 쟤들 그랬을 거 같아··

지형 사실은 당신을 사랑합니다를 세 번 되풀이할까 했었다·· (찍어 들며)

지형 E 그거밖에는 다른 어떤 말들도 다 군더더기였어.(안 보여도 입에 넣으세요)

서연 그편이 더 나았을지도 모르겠다.

지형 그래? 그렇지 그게 나왔겠지..

서연 (포크 나이프 놓고 와인 잔 들어 보이며 가만히) 당신을 사랑합니다.

지형 (급히 씹어 삼키고) 나를 받아주어 고맙습니다.(가볍게 부딪히고 마시는)

서연 (글라스 내려놓고 주변 휘이) 으흐흐흐흐 불륜하다가 결혼하니까 이게 좋구나..

지형 너 불륜단얼 좋아하는 거 같아.(먹는)

서연 누구 아는 사람 부딪힐까봐 들어가고 나올 때도 따로따로 / 굴 파고 동면하는 짐승들처럼 아니다 밥은 시켜 먹었으니까

지형 (씹으며 보는)

서연 E 동면은 아니다 그럼 빨치산들처럼..으흐흐흐 짧은 시간 아까워 일단 안는 거 먼저 / 당신 다음 스케줄 늦을까봐 몇 번씩 시간 체크하면서 /

서연 그러다 당신 먼저 보내고 혼자 남아 느꼈던 자괴감..허탈감..내가 나를 존중할 수 없는 자멸감..감이 여러 개네. 감 따 담아야겠다.

지형 (포크 놓으며) 미안해. 미안합니다. 내 잘못입니다. 제발 용서해 주십시오.

서연 (보며) 이젠 아아무 상관없어. 스물네시간 내꺼 / 손잡고 어디든 갈 수 있어. 못갈데가 없어. 오피스텔에 아님 호텔방에 혼자 남겨져 씁쓸해할 필요도 없어. 그게 어디야..이런 횡재가 어딨어. 빙고오오!!! 으흐흐흐흐

지형 (일어난다)

서연 ??

지형 (옆자리로 앉으며 어깨 안고 귀에 대고) 널 사랑해..내일은 오늘보

다 백배 더 사랑할게.(속삭이는)

서연 (속삭이듯) 응 그런데 아까 손님들한테 인사 돌면서 했어.

지형 하루 두 번은 안돼?

서연 돼. 그런데 빨리 먹고 올라가··

지형 빨리 올라가 뭐하자구··

서연 토하고 싶어.

지형 ???

서연 속이 뒤집힐려구 해··

S# 객실 화장실 앞

지형 …(서 있고)

서연 E 왜애애액….왝…왜애애액··

지형 들어가면 안돼?

서연 E 안돼.

S# 화장실

서연 (변기에 토하다 돌아보며) 들어오면 죽어어어 (물 내리는) …(솨아)

지형 E 두드려주면 좀 나아아

서연 필요없다니까·· (세면기에서 물 받아 입 헹궈내며 제 얼굴 보는)

S# 객실

지형 (전화로) 아 여기 우유 한컵 데워다 주세요··약간 따끈하다 할 정도로요…예··부탁합니다.(끊는데)

서연 (나오면서) 나 진짜 피곤한가봐··많이 피곤하면 메슥거리거든·· 아까 서울서부터 느글느글 메슥메슥 그랬었어··

지형 그래서 아무 것도 안 먹었던 거야?

서연 먹기가 싫었어·· (침대로) 당신 씻어 나 좀 잠깐 누워 있을게··

지형 우유 뎁혀 오랬어…

서연 알았어.. (침대로 기어오르듯)

지형 잠옷 꺼내 놀게..

서연 으으응 (엎어지는)

지형 (옷장에서 잠옷 두 벌과 자신의 속옷 한꺼번에 꺼내 서연이 것 침대에 놓고 잠시 보다가) …..(욕실로)

서연 (엎드린 채 한동안 눈 뜨고 있는데)

[차임벨]

서연 ??(몸 일으킨다) …. (출입구로) 네에..

종업원 죄송합니다 손님..식당에 백을 놓고 오신 것 같아서요..

서연 ?? (뒤 한번 돌아보고 문 연다)

종업 (서연의 드레스용 백 내밀며) 손님 것 맞으시죠.

서연 아 네..네 맞아요..미안합니다. 감사합니다.

종업 아닙니다손님. 편안한 밤 되십시오..

서연 네.. (문 닫고 화장대 쪽으로 / 화장대 의자에 앉으며 김이 빠지고) ….

[전화 알람]

서연 (일어나 전화 찾다가 백 속에서 우는 것 알아채고 전화 꺼내 보고 알람 끄고 또 두리번거리며 찾다가 장문 열고 들고 왔던 핸드백에서 며칠분 약상자 꺼내 한 칸 약 손바닥에 쏟고 두리번거려 비치용 생수 찾아 비틀어 여는데 / 왼손에 쥐고 있던 약 두 알이 바닥으로 떨어지고) …. (잠깐 내려다보다가 남아 있던 약 몇 알 입안에 넣고 병 마저 열어 물 마시고 바닥의 알약은 그냥 둔 채) …..(화장대 전화 집어 들고 침대로)

S# 집으로 올라가는 중 재민(밤)

[전화벨]

재민 (꺼내 보고) 어 서연아··웬일야.

서연 F 웬일이냐니 내가 귀찮아?

재민 허니문중인 애가 나 찾을 일이 뭔가 싶어서.

서연 F 허니문 중에 오빠 생각이 나네.

재민 뭐 그 녀석이 잘 안해줘?

S# 객실

서연 해고해 버릴까봐.

재민 F ?? 왜.

서연 나 식당에 백 두고 나오는 것도 모르고 덜렁덜렁 따라올라와 전혀 아무 생각없이 샤워하러 들어갔어. 보호자가 나랑 똑같이 치매면 어떡해.

S# 동네 길

서연 F 한심하지 않어?

재민 (조금 쓴웃음) 약속이 틀리잖아 그 녀석··서울 오면 내가 군기 잡아줄게··

서연 F 응 바싹 얼게 만들어줘.

재민 알았어 너 괜찮지?

서연 F 응 괜찮아. 괜찮을 거야.

재민 …

서연 F 이 사람 나온다··잘 지내 오빠.

재민 그래 너도·· (전화 내리며) ····

S# 객실

지형 (가운 차림) 재민이?

서연 응·· (엎드린 채)

지형　우유 왔어?

서연　아니. 젖소가 계모임 나가 아직 안들어와서 젖을 못짰대.

지형　우유가 없다는 거야?

서연　(일어나며) 으윽..으윽

지형　왜그래.

서연　(황급히 침대 내려서며) 우유 오면 마셔..나 생각없어.. (욕실로 들어가려다가 아뜩하게 어지러워 문 잡고 쭈욱 주저앉아 버리는)

지형　???(후닥닥) 왜 그래……왜 그러는거야..

서연　아냐 잠깐 팽 돌았어..됐어 끝났어.. (일어나 욕실로) 우후후 덕분에 구역질은 진정됐네..씻을게.. (들어가고)

지형　…. (들어가는 여자 보며) ….

S#　시간 경과 객실..

지형　(노트북 꺼내 놓고 메일 답장 쓰는 중) …(잠깐 돌아보면)

서연　(조용히 잠들어 있는) …..

지형　(흔들리지 않도록 신경 쓰면서 노트북 들고 빠져나와 화장대에 노트북 놓고 바로 가 물병 집어 마시고 / 우유 뚜껑 덮여 그대로 놓아져 있고 / 병 놓고 돌아서다 문득 바닥의 알약 발견하고) …… (집어 들며 서연 쪽 보는) …..

F.O

S#　해변…꽤 쌀쌀하지 않을까..

[커플룩에 / 서연은 스카프 둘둘 감아 매고]

서연　(두 팔 벌려 비행기 날개 흔들 듯하면서 내달리는 / 아이처럼) 우우 ~~우우우우 우우우우우우우우우~~

지형　아하하하하 (보며 웃다가 흉내 내 달리는) ~~우우우우우우우~~

서연　깔깔깔깔

지형 하하하하하하

[같은 바다]

서연 (두 팔 벌리고 보폭 아주 크게 / 일자 걸음으로 걸으며 /)(한 발 디디고) 고래 등에 / (두 발째)빨간 천막을 치고 (세 발째) 동해바다 한 바퀴 (빙빙빙 돌며) 돌아 봤으면 / (한 발짝) 밀려오는 파도머리에 올라서서 / (두 발째) 우쭐거리며 한 바퀴 (빙빙빙 돌며) 둘러 봤으면.

지형 (지켜보며 웃고 있는)

[같은 바다]

서연 (나란히 바다를 향해 서서) 바다에 오는 이유….누군가를 만나러 온 것이 아니다‥모두 버리러 왔다…..

지형 …..(다음 구절 나올 때 기다리다 돌아보면)

서연 빌어먹을 지워졌네 / 내 나이와 이름을 버리고 나도 물처럼 떠 있고싶어서 왔다‥이위에 더있는데‥이빠졌다‥시인선생 화내시겠네‥ (지형에게 와 팔 끼며) 아 몰라몰라. 숙제도 아닌데 뭐‥

지형 그 많은 시들을 언제 어떻게 그리 많이 외워두었는지 진짜 신기해‥

서연 (걷기 시작하며) 나는 시외우기와 소설 읽기를 좋아하는 문학소녀였습니다.(하며 지형 보고)

지형 알고 있어 마누라.

서연 머리 속에 수다가 많아 시보다는 소설을 쓰겠다고 생각했었습니다.

지형 당선도 했습니다. 두 번이나.

서연 으으으 (눈 감으며 팔 잡은 채 주저앉는) ……

지형 …..(같이 앉으며 보는) ….

서연 원래 약간 빈혈이야 / 걱정마 (일어나며)

지형 (일어나며) 그럼 치료했어야지.

서연 빈혈치료제 소화장애 변비 장난 아냐.. (걷기 시작하면서) 좀 나아졌었는데…

지형 (따르는)

S# 풍광 좋은 곳이나 관광지

[삼각대에 카메라 조작하고 냅다 뛰어 서연 옆에 붙고 / 찰칵]

지형 (달려가 삼각대 위치 바꾸면서) 저쪽으로 한 장만 더 찍자..저쪽 그림 놓치기 아까워.

서연 이제 그만하면 안될까? 오늘 백장 넘게 찍지 않았어?

지형 그 정도는 아냐 한 칠팔십장?

서연 피곤해애..

지형 어 알았어. 그럼 그만해 그만하자.. (삼각대 키 줄이면서) 석호가 말 안해 줬으면 우리도 독사진만 디립다 찍어가는 거였어.

서연 무슨 소리야?

지형 신혼여행 / 신부는 놓고 가더라도 삼각댄 반드시 챙기라구. 걔들 신혼여행 와이프가 석호찍고 석호가 와이프 찍고 거의 전부가 다 독사진이래.. 지나가는 사람한테 부탁해 둘이 찍힌 거 열장도 안된대..

서연 하하하 정말?

S# 수정의 거실

현아 (서 있고) …..

수정 (이 층에서 내려오는)

현아 나 왔어..

수정 어……(내려서며) 웬일이야‥

현아 이모 나 커피 한잔 부탁해.

이모 (수정 따라 내려온) 언니도?

수정 탄산수 줘.

이모 네에‥ (주방으로)

현아 위에서 뭐했어?

수정 앉아‥한번씩 올라가‥환기도 시켜주고 청소도 하고‥

현아 (앉으며) 마음이 여엉 괴롭지?

수정 …뭐…즐겁진 않아‥

현아 너 어떡하니 / 정말 걱정돼애애

수정 (보는)

현아 내가 흥분하면 앞뒤 안가리구 원래 향기아빠가 나 미친 경운기래.

수정 …

현아 푸푸 털털 드드드드 깔깔 스톱 절대로 안 걸리는 고장난 경운기.

수정 (조용히 탁자 위 책 바로 놓는)

현아 우리 집 사기 당한 거만 분해서 피가 거꾸로 솟구쳐 있는대로 다 퍼붰는데 너 보내놓고 정신드니까 우리보다 니집일이 더 난감하겠구나 싶더라‥얼마나 기가막히고 끔찍하니 수정아 세상에 치매 며느리가 웬말야‥너 죽고 싶을 거 같아‥나였으면 죽는다구 목매달았을 거야‥

수정 뭐‥그 정도는 아니야‥ (차 나와 놓여지고)

현아 어떻게 그정도가 아니겠어 더하면 더했지이. 얘 짱짱한 시어머니 앞에 새며느리가 치매라니 니 아들 그놈 제정신이니?

수정 치매도 질환중에 하나야..

현아 아 그래 우리 연령대 제일 겁나하는 게 치매잖아..

이모 우리나라 65세 이상 노인인구 8.3퍼센트가 치매래요. 고령화 돼가면서 점점 늘어나 2050년에는 세배까지 증가할 거라고

수정 (오버랩) 그 얘기 지금 필요해?

이모 아니 말하자면 치매가 노상 남의 일만은 아니라는

수정 (오버랩) 됐어 그만해애애?

이모 커피 드세요..자메이카 원두에요..

현아 (커피 잔 들며) 미안해..내가 좀 경솔했던 거 같아..섭섭했지?

수정 그 생각할 여유 없었어..

현아 그랬을 거야. 자식한테 기함해 넘어졌는데 친구 섭섭한 게 무슨 대수야. 친구야 간단히 풀어버리면 그만이지만 그일은 풀수도 없는 거고 자식 인생이 완전히 망한 건데…(마시는)

수정 …(가만히 보며)

현아 내가 잘할게 수정아.. (컵 놓으며) 딴 친구들은 그저 이름이 친구지 그래도 서로 진심 나누는 형제같은 친구는 우리 둘 뿐이잖아 ..정말 무슨 소릴해야 눈곱만한 위로라도 될지 떠오르는 말이 없어..진심으로 안됐어..이거 진심이야..수정아..

수정 그래 고마워..

현아 그리구..박원장 사표 소리는 / 얘 나한테 그런 권한이 어딨어.. 신경도 쓰지 말고 염두에도 두지 마..응?

수정 결정은 애 아버지가 하겠지. 그런데 나는.. 이번에 그이 그만두기 바래.

현아 왜애애?

수정 이사장 고용 병원장 관계 / 한계 분명해..그리고 노이사장보다 니가 더 우릴 상하관계로 다루려 하는 거 나 더 이상은 싫어..

현아 얘좀봐...얘 내가 언제!!

수정 그이아직 더 일할 수 있고 강의만 나가도 웬만큼 꾸려져..

현아 얘 내가 언제!!

수정 난 그이가 늬병원 그만두고 늬부부랑 우리가 대등한 관계로 돌아갔으면 해.

현아 너 어폐있어 얘..내가 마음으로 널 얼마나 의지하고 믿는데

수정 (오버랩) 니 입에서 사표내라 소리 튀어나오는데 그 순간 / ... 나 너 두 번다시 안본다 생각했었어..

현아 .....????

수정 생색 좀 내자 나 너 많이 이해하고 많이 참았어...장점만 보는 게 친구다..얼마나 깊은 인연이면 사십년 친굴까..인연 망가뜨리지 말자

현아 (오버랩) 야 사과하러 왔잖아..잘못했다고 빌잖아. 사과는 밤낮 내가 하잖아 넌 나한테 사과한 적 한번도 없어. 그런데 뭐가 상하관계야..너 진짜 이상하다? 나는 너 안 참는줄 아니? 니가 참었으면 나도 참았어. 내 위에서 나 내려다보면서 어으 속무우울 너 그러는 거 다 보여..

수정 얘 내가 언제

현아 (오버랩) 너 얼마나 이상한 앤데에에..

S# 어느 호텔 피트니스 사우나에 들어 있는 창주와 홍길

창주 .... (무릎에 두 팔꿈치 대고)

홍길 .... (같은 자세로 고개 틀어 보며) .... (있다가) 박원장.

창주 (돌아보며) 아무래도 그만둬야할 땐 거 같아….지난 번에 그만 뒀어야 했던 거 아닌가 싶은 생각도 들고.

홍길 늬부부 간 뒤에 한시간 디리 / 오현아 죽여놨어. 카드 긁구 돌아다니는 거밖에 아무 것도 할줄 아는 거 없는 여편네가 어디서 까부냐. 여편네는 마지못해 살수도 있지만 마지못해 친구는 없다. 우리 병원 누가 그만큼 만들었냐 박창주다 그 자리 대체할 인물이 없다 너 어떡할래‥ (해놓고 창주 보는)

창주 …..

홍길 꼬랑지 팍 내리더라‥저도 모르게 튀어나간 거지 먹은 맘있었던 건 절대 아니라구.

창주 후보자 서넛 추천할테니까 같이 검토해 보자구.

홍길 왜 이래애. 이 친구‥

창주 나혼자 당한 일이면 그냥 덮고 넘어갈 수 있어. 현아씨 성격 모르는 바 아니고 어쨌든 근거제공은 우리 쪽이니까. 그럴 정도로 분노했다는 뜻이겠지 이해할 수 있어.

홍길 ???(그런데)

창주 집 사람 있는 자리에서‥그건 좀 힘들드군‥수정이 앞에서 그런 수몰 당한 거 / 그건 수정이도 같이 당한 거고‥이러고도 내가 병원 자리 유지하겠다 그럼‥ 그 사람 나한테 실망할 거야‥

홍길 (알아듣겠다) …. (입맛이 쓰고)

창주 물론 그리 썩 훌륭한 남편은 아니지만 그래도 집사람 아직까지는 날 인정해주는 부분이 있어‥그걸 까먹고 싶지는 않아.

홍길 그래 무슨 얘긴지 아는데 야 나는 어떡하냐 엉? 나는 어떡하냐구 이 사람아‥

창주 내 판단으로는 서울대학병원 신호균 박사가 제일 적임자지 싶은데..

홍길 야 창주야아아!!!

창주 검토해보고 오케이하면 접촉은 내가 해볼게. 난 그만 나가.(일어나 나가는)

홍길 (일어나며) 하아아 이 마귀여편네 정마알..

S# 이동 중인 지형의 자동차..호텔로 들어와 서고 / 종업원 다가서는데

지형 (내리면서) 잠깐 잠깐요.. (운전석 옆자리로 가 문 열고) 서연아… 서연아..

서연 (지형 겉옷 덮고 잠들어 있다가 눈 뜨고) 어…알았어.. (내리려)

지형 가만 / (벨트 풀어주고 서연 내리고)

[호텔로 움직이며]

지형 (서연 어깨 안고) 웬 잠을 그렇게 많이 자..어제도 자고 오늘도 자고 / 차만 탔다하면 오분도 안돼 곯아떨어지고

서연 (오버랩) 몰라 끝도없이 졸려. 그동안 샤글쓰느라 못잔거 한꺼번에 보충할 작정인가봐.

지형 오후 스케줄 취소하고 밥먹고 올라가자.

S# 호텔 로비

서연 (들어오며) 나 또 잘거 같은데 자기 뭐하구.

지형 메일 검색하고 답 써 보내고 책 갖고 왔잖어..책 보지 뭐..

서연 아냐..밥 먹고 움직여..다시 없을 여행을 잠으로 탕진하고 갈 수 없어.

지형 나 괜찮아.

서연 내가 안 괜찮아..잠자는 시간은 죽어있는 시간이나 마찬가지

야. 바보같은 짓이야.

지형 컨디션 회복이 우선이야..일단 쉬어주자구.

서연 싫다니까?

S# 일식집

지형 수영복 갖구 왔지.

서연 (차 마시다가)??

지형 괜찮아 사면 돼.

서연 수영복 왜?

지형 …(보며)

서연 아 맞어 여기 거기지..당신 물속은 어떤가 장난친데..

지형 그래.. (웃으며)

서연 메모했던 거 같은데.. (뿌우)

지형 상관없어..필요하면 사자구.

[노크]

지형 네에..

[회 접시가 들어와 놓여진다]

종업 (세팅하면서) 윤전무님 지시로 주방장님이 특별히 신경쓰셨답니다.

지형 손대표 와이프 이모부

서연 …(회 보며 느글느글하다가) 어 서울가면 인사 (하면서 입 틀어막고) 으윽….으으윽 (방 뛰쳐나가고)

지형 ……???(일어나 나가는)

종업 (잠깐 돌아보고 세팅 계속하며 빙글빙글)

S# 여자 화장실 앞

지형 ……(기다리고 있는) …… (카메라 가방 / 서연 백 같이 메고)

서연 (나오다 보고) 왜애‥뭐하러어‥

지형 (손 잡아끌며) 병원가자.

서연 (손 빼려 하며) 병원은 왜애‥

지형 너 탈났어‥ 병원가야 한다구.(끌고 나가는)

서연 ???(황당한 채 끌려 나가는)

S# 호텔 현관 한 귀퉁이 /

[지형의 자동차 약간 비켜 세워져 있는]

지형 (조금 올라서) 토하구 어지럽고 늘어져 자구 너 열도 좀 있잖아. 어딘가 고장나 그런 거란 말야.

서연 어디 찢어져 꿰매야하니? 맹장 터지기 직전이라 응급실 가? 내가 눈 뒤집고 발작해? 어디 마비 왔어? 거기 나같은사람 가는 데 아냐.

지형 어쨌든 지금 정상 아니잖아. 할수 있는 검사하고 영양주사라도 맞잔 말야.

서연 나 데리고 응급실 가면 우리 둘 개콘이야‥호들갑 좀 떨지 마. 나 괜찮아.(돌아서려)

지형 (팔목 잡으며) 괜찮은 게 아니면 어떡할 거야. 문제 있는 거면 (남아 있는데)

서연 (오버랩) 내가 먹고 있는 약 부작용이야‥모든 게 다 해당돼.

지형 …..

서연 됐지‥들어가 배고파.

지형 (다시 잡으며) 약 부작용인지 다른 원인인지 암튼 병원 가자구.

서연 (오버랩) 병원가면 틀림없이 먹고 있는 약 있냐 물을 거란 말야. 나 치매 밝혀야해. 그거 하게 하구 싶어?

지형 말 안하면 될 거 아냐··그럼 되잖아.

서연 거짓말하라구? 그게 환자의 자세야?

지형 말좀 들으면 안되니?!! 가서 영양제라도 맞잔말야. 그게 도움 될지 누가 알아. 해로운 짓 하자는 거 아닌데 무슨 똥고집야. 입 틀어 막고 튀쳐나가고 푹 주저 앉고 잠깐 차타는 동안에도 까라져 잠이나 자구 내가 불안하단 말야!!

서연 약 부작용이라니까!!

지형 니가 어떻게 알아. 니가 의사야? 잘난체 좀 그만해. 너 의사 아냐 그거 아닐 수도 있잖아!!

서연 .....(보며)

지형 내말 안들으면 나 지금부터 너하고 한마디도 안해.

서연 ....

지형 석호가 첫날부터 꽉 잡으라 그랬어. 결혼 선배 말 들을 거야.

서연 (고개 돌리고 픽 웃어버린다)

S# 근처 종합병원 전경

S# 응급실로 손잡고 걸으면서

서연 별거 아닌 걸로 응급실 왔다고 닥터들이 불쾌해하거나 웃긴다 그럴 거야.

지형 무슨 상관야.

서연 난 그렇게 뻔뻔하지 않아.

지형 난 뻔뻔해··

S# 응급실

레지던트 .... (기록하면서) 마지막 생리가 언제였습니까··

서연 ....(머엉)...

지형 서연아.

서연 글쎄요..그게…

레지 (웃으며) 증세로 봐선 임신이신 거 같은데요..

서연 ???

지형 ??

레지 마침 제가 산부인괍니다 하하 올라가 누우시죠..

서연 (오버랩) 아닌데요..저 치매약 먹고 있어요..

레지 ??

서연 약부작용에 모두 해당돼요..임신은 아닐 거에요..

레지 (웃음 사라져서) 알겠습니다..일단 올라가시죠..제가 좀 보겠습니다.

S# 병원에서 빠른 걸음으로 나오고 있는 서연

지형 (조금 있다가 뛰어나와 옆에) 그냥 나오면 어떡해.

서연 저 닥터 엉터리야..먼저 복용중인 약 체크 먼저 했어야지 그것도 안하고 임신이라니. 무슨 임신을 / 우리 헤어진 게 언젠데..성령으로 잉태했니? 바로 어제 하고 벌써 입덧해? 돌팔이한테 나 만지게 해? 나는 아직 이서연이야..

지형 이서연 아니란 사람 없어..

서연 아직은 바보 아니란 말야.

지형 알아아 (그 소린줄 알아) .....그런데 생리 질문에 왜 대답

서연 (오버랩) 했어. 정상적으로 했어..엉뚱한 다리 긁는다 그래서 대답 안 했어..

지형 알았어 그래..비위 맞추기 참 힘들다..

서연 약국에 잠깐 들려..소화제랑 구역질 약 살래.

지형 알았어.

S# 수정의 거실

수정 앉으세요..차 뭘로 드릴까요..

홍길 (막 들어선 참이다 / 소파 옆 / 창주는 옷 갈아입으러 들어갔고) 강박..나 강박한테 하소연 좀 할 참으로 왔어요..

수정 (조금 웃으며) 무슨...

홍길 내가 그렇게 천지분간 모르는 사람하고 삽니다..수정씨는 내가 여자 문제로 집 사람 속 마안이 썩이는 걸로 알겠지만 그건 뭐 그건 사실이죠. 아니라고는 못해요. 그런데 나나하니까 아직 그 사람하고 살고있고 끝까지 살어낼 거고 그래요.

수정 (오버랩) 앉으세요.

홍길 저 친구가 이번에 결심 독하게 한 모양인데 박원장 아니면 병원 대단히 곤란해요. 여태 그 얘기하다 들어오는 거에요. 내 말 안 먹히네요. 수정씨가 좀 도와주세요..

수정 본인이 알아서 할 문제에요.

홍길 아니 그렇게 냉정하게 그러지 마시고 우리가 어디 한해두햅니까? 집 사람 대신 내가 백배사죄해요. (깊게 목례하며) 사죄합니다 강박..

창주 (침실에서 나오며) 처제는 없어?

홍길 (아닌 척)

수정 영화 보는 모임.. (돌아보며)

S# 호텔 전경(오후)

S# 객실..

[룸서비스 차려지고 있는 중]

[다 차리자 지형 사인해주고 인사 주고받고 종업원 나가고]

지형 (화장실 앞으로) 식사 왔는데 서연아..

서연 E 어엉..

[수전 트는 소리]

S# 화장실

서연 (물 틀어놓고 임신 진단 키트 내려다보며) .....

[선명한 붉은 줄 두 개]

서연 ..... (내려다보며) .....

S# 객실

지형 (침대에 펼쳐진 노트북 접어 화장대로 옮겨놓고 화장실 쪽 보며 잠시 더 기다리다가) .... (신문 집어 들고 화장대 의자에 앉으며 펼치는) ....

S# 화장실

서연 (화장지에 키트 꽁꽁 싸서 변기 옆 휴지통에 넣고 나간다)

S# 객실..

서연 (나오고)

지형 어..(일어나 신문 놓고 트레이로 / 의자 빼 앉게 하고 제자리로 가다가 문득 물소리 듣고 화장실로)

서연 (상관없이 냅킨 펴 무릎에)

S# 화장실

지형 (수전 잠그고 나가는)

S# 객실

서연 (샐러리 주스 마시는 중) ..... (머엉) .. (우유도 한 컵)

지형 (마주 앉아 냅킨 펴며)괜찮아?

서연 ??

지형 음식 냄새..

서연 어…괜찮으네.. (샐러드 건드리며) 나 때문에 엄청 배고프겠다. (웃어 보이고)

지형 고플 때 지나서 아프다 아퍼.(먹기 시작하며)

서연 미안해.. (먹으려다) 이방 추워..

지형 추워?

서연 안 추워?

지형 (일어나며) 뭐 목욕가운 줄까?

서연 부탁해..

지형 (가운 갖다 둘러주고 / 이마 만져보며) 혹시 감기 시작하는 거 아냐?

서연 내 감기는 일단 콧물 줄줄로 시작하는데?

지형 여러 타입이잖아. 목으로 오는 것 두통으로 오는 것

서연 난 재채기 열두번 / 콧물 줄줄이야.

지형 (웃으며) 그래 재채기 끝내주지..열두번 그거 작년 겨울에 내가 세어준 숫자다..

서연 밥 먹고 산책하자..

지형 춥다면서..

서연 또 자면 또 병원끌고 갈 거 아냐.

지형 아냐. 나 책보면 돼..얼마나 자고 정상으로 돌아오나 한번 보자구..

서연 우리… 내일 서울 가면 안돼?

지형 ?? 왜..

서연 그냥..

지형 지루해?

서연 문권이 보고싶 / 나 문권이랑 통화했어?

지형 고모님 통화하고 한다 그러지 않았어?

서연 ....모르겠어...

지형 밥 먹고 해..또 하면 어때. 뭐..

S# 편의점

문권 (손님에게서 카드 받으며) 선불 천원입니다.. (카드 내미는) 아니 카드는 안돼요.(돈 받으며) 천원 받았습니다. 삼십분 걸립니다 손님..

학생 네에..

문권 (급속 충전기 조작해서 충전으로)

노인 (우유 들고 신문 매대에서 주간신문 보고 있고)

[남학생 셋 자기들끼리 시시덕거리면서 컵라면 먹고 있는 /]

동철 (들어오면서) 김밥 남았어?

문권 예...(김밥 꺼내다 바코드 찍고 주는)

동철 (받으며 / 라면 먹는 학생들 보며) 조오오오을 때다아아..

문권 흐흐흐 (동감)

동철 장사 어때..

문권 사장님이 좀 걱정인데요..더 떨어지지는 않는데 오르질 않아요.

동철 우리도 며칠째 재미없네..계속이러면 맥빠져 일하기 싫은데에..내 탓인가아아 누나 깡깡거리지 날씨 음산 스산하지..이럴 때 회 한 접시에 따끈은한 정종 뒤잔 먹을 수 있으면 아주 행복하겠는데 / 처남은 장가가지 마라. 장가가 좋은 건 여자 그립지 않은 거 딱 그거 밖에 없어.

문권 김밥 값 주세요 /

동철 야 치사하다..그거 떼먹고 날를까봐?

문권 하하..지난 번 맥주 외상도 주세요.(두 손 내밀며)

동철 여깃다여깃어 여깃어.(만 원짜리 한 장 손바닥에 탁)

문권 만원 받았습니다…(거스름 챙기면서) 김밥 / ***원 맥주***원 (하는데)

[문권 전화벨]

문권 잠깐요. (전화 보고) 어 누나..난 누나 나 있는 거 까먹은 줄 알았지….아니 그런 뜻 아냐 오해하지 마..

동철 (전화에 얼굴 들이대며) 처제 해피해?

문권 어 자형 와계셔.. (동철에게) 해피하대요.. 거긴 어때 여기 꽤 춰 누나 어느새 겨울 같아..

S# 객실

서연 (화장대 앞에서) 그 정돈 아니지만 여기도 바다 나가면 꽤 춰. 어 많이 찍었어..응. 좋아.. (지형 돌아보며) 응 잘해줘. 여왕처럼 떠 받들어줘.. (지형 / 자기 전화받냐는 손짓) 바꿔주래?…응 알았어. 일해 끊어.. (끊고 전화 내리며 눈물 투둑) …..

지형 …. (보는)

서연 (트레이로 가며) 기가 막혀..얘를 까먹었어. 말돼? 아무래도 약이 나한테는 별론가봐. 오히려 더 멍해지게 만드는 거 같아. (그냥 두 눈 가리며 쪼그리고 주저앉는다) ….

지형 (서연에게 / 일으켜 세워 안아주는) …

서연 (마주 안으며) …..

S# 호텔 전경(밤)

S# 객실

[어둠 속에서]

지형 (잠들어 있는) ….

S# 화장실

서연 (진단 키트 보고 있는) …… (천천히 휴지 두어 장 뽑아 꽁꽁 싸서 휴지통에 넣고 나간다)

S# 객실

서연 (침대 위로 오르면)

지형 (잠결에 안아주려 하고)

서연 …(앉은 채 내려다보다가) …… (가만가만 머리 만져주는) …..

지형 (깬다 / 상체 일으키며) 어디 불편해?

서연 아니..

지형 (스탠드 켜고) 그런데 왜..안 잤어? 자는 거 같았는데..언제 깼어.

서연 나…임신 맞나봐..

지형 ??? (아예 일어나 앉으며) ….

서연 임신진단 키트…아까 약국에서 사왔었어..두번다 양성으로 나와..

지형 …. (보며)

서연 그런 얼굴로 보지 마..내병 / 훨씬 옛날부터였던 거같아..피임약 언제부터 안 먹었는지 모르겠어..생각 안나..생리 한참 안했던 거 같아..

지형 …..

서연 다른 신혼커플 같으면 당연히 얼싸안고 좋아하겠지?

지형 (서연 얼굴에 손대면서) 난 좋아 서연아. 좋아하면 안돼? 왜 / 넌 안 좋은 거야? 우리 아이가 넌 반갑지 않아?

서연 으흐흐흐흐 (울음 같은 웃음) 진짜라면 날더러 낳으라구?

지형 안 낳아? …왜.

서연 나 치매야. 잊어버리지 마. 아이 낳아 어떻게 케어하라구 어떻게 키워.

지형 도우미 쓰면 돼.

서연 내 도우미 아기 도우미 당신 갑부야?

지형 서연아.

서연 (울음 터지며) 아이 베란다에서 집어 던지면 어떡해. 목욕물에 빠트려 죽이면 어떡해.

지형 왜 그런 최악의 상상을 해.

서연 나는 최악으로 가고 있는 사람이니까··나는 집에 불도 낼수 있고 가스도 터지게 할 수 있으니까··

지형 (안으려 하며) 서연아서연아.

서연 (밀어내면서) 최악은 피해서 사고없이 키울수 있대도 그래 좋아. 그런데 걔가 누군지도 모르는 / 대소변도 못가리는 내가 엄마인 게 아이한테 할 짓이야? 무슨 생각으로 낳으라는 거야··나하나 감당하는 것도 지옥일텐데 어떡할려구.

지형 내가 다 감당해 서연아.

서연 내일 서울 가··진찰 받고 사실이면 늦기 전에 조치하자··그래야 해.(등 돌리고 눕는다 / 다부지게) ····

지형 …… (보며)

서연 미안해··나는 당신의 악몽이야··미안해·· (차분하게) ···불꺼줘··잘래··

지형 (불 꺼주는)

[그대로 앉아 서연 쪽 보며]

F.O

S# 서울 김박사 병원··

S# 산부인과 초음파 대기실의 지형

S# 초음파실

[초음파 검진 중인 서연]

[화면의 8주짜리 태아]

서연 (고개 틀어 화면 보고 있는) ....

의사 (이어폰 서연에게 끼워주는)

[심장박동 소리]

의사 심장박동 소리 들리시죠?

서연 이게....심장인가요?

의사 네에에..축하합니다. 8주 되셨어요.. (활달한)

서연 .....(이어폰 낀 채 화면에 눈) .... (골똘하게 보는)

[심장박동 소리 규칙적으로]

지형 E 나는 네 분신을...포기하기가 쉽지 않아..또 하나의 너를 갖고 싶어..그렇지만 결정은 니몫이야..니 결정에 따를게..

[심장박동 소리와 서연]

S# 대기실

서연 ...(나온다)

지형 (앞으로) ....

서연 .....(보며) ...

지형 .... (보는)

서연 맞어.. (시선 피하며 움직이는)

지형 (따르는) ....

S# 신경내과 복도 /

S# 진찰실

김 우우움...두분 생각은 어떠신데요..

지형 저는 낳았으면 하는데 이 사람은 안낳겠답니다 선생님..

김 예에 이런 경우…참 어렵습니다만…우선 임신기간 거쳐 출산까지 과정도 환자한테 부담이고 출산후 아기를 보살피는 게 또 예삿일이 아니기 때문에 / 개인적으로는 나는 출산에 동의하지 않는 사람이에요.. 이서연씨 판단이 옳아요

지형 네에..

김 만약. 아기를 낳겠다면 지금 복용하는 약은 전부 중단해야 하구요.

지형 ?? 약 먹으면 안됩니까? (서연도 닥터 보고)

김 기형아 출산 위험 때문에 약은 끊어야 해요..

지형 알겠습니다. 약을 끊어야하는 것 같으면 포기합니다..제가 괜한 욕심이었어요..

서연 (시선 내리며) 낳을래..

지형 ?? (보는)

서연 낳겠어요 선생님..

지형 안돼. 내 얘기 없었던 걸로 해.

서연 낳을래.

지형 약 중단해야한다잖아.

서연 어차피 별로 듣는 거 같지도 않아.

지형 벌써 먹은 약은 어떡하고

서연 얼마 안됐으니까 괜찮을 거야.

지형 왜 이랬다 저랬다 해. 너 싫댔잖아.

서연 결정은 내몫이래놓고 왜 그래.

지형 …. (보는)

S# 병원 주차장에 지형의 차 옆에서

지형 (답답해서) 약을 못 먹는다 그러잖아!!

서연 심장이 뛰고 있었어!!! 규칙적으로 / 그러면서 나한테 말하고 있는 거 같았어. 안돼요 안돼요 그러지 말아요!!!

지형 (끔찍해 고개 옆으로 돌리며)…

서연 E 그걸 어떻게 없애. 심장이 뛰고 있는데!! 살아 있는데!!

지형 약을 못먹어. 약을 중단해야한대..약 먹으면 안된대!!!

서연 귀먹었니?!! 심장이 뛰고 있다니까아!!!

지형 서연아

서연 (오버랩) 왜 이랬다저랬다 해. 아까 바로 전까지도 낳았으면 했잖아.

지형 약을 끊어야하는 거 몰랐으니까!!

서연 약 그거 안 들어.

지형 너보다 더 중요한 거 천지에 아아무 것도 없어. 나는 니가 하루라도 더 내 앞에 있어주는 게 중요해. 말도 안되는 소리 하지 마!!

서연 집에 가. 나 추워.. (자동차로 올라 문 탕 닫고)

지형 (홱 돌아보는)

S# 이동 중 차 안

서연 .... (화나 있다가) 어머님 통화했어?

지형 (화나서) 엄마가 아파트로 오신댔어.

서연 (돌아보며) 오지 마라셔?

지형 나중에..

서연 .....

지형 세시쯤 오신대

[사이 한동안 두었다가]

지형 이렇게 지멋대론줄 몰랐어.

서연 때는 늦으리 물르기 없기랬어.

지형 고집부릴 일에 부려. 웬 변덕이야.

서연 변덕으로 매도하는 거야?

지형 박박 우겼잖아. 절대 못한다구. 안해준다구.

서연 당신한테 해주는 거 아냐. 착각하지 마. 내가 안하구 싶어진 거야 못하겠는 거란 말야..하구많은 가임여성 중에 하필 알츠하이머 환자한테 들어와 자리잡은 아이가 도대체 왠지 궁금해..문득 궁금해졌어.

지형 왜긴 뭐가 왜야 나랑 잤으니까지.

서연 설마 출산할 때 벌써 완전 바보는 안돼 있겠지..

지형 안돼 절대 안돼..

서연 운전이 왜 이렇게 거칠어? 나 임신부야.

지형 ??(어이없이 보고)

S# 아파트 전경(시간 경과)

S# 아파트 거실

[앉아 있는 수정과 서연 /]

수정 .... (가만히 보며) 아버지 모르게 나혼자 늬들 맞기 편치않아 내가 왔어..조금 더 시간을 벌자..

서연 죄송합니다..

지형 (티에 물 부어 들고 와 놓고 앉는)

수정 .....(기다려주었다가) 바빠? (아들에게) 왜 이렇게 빨리 왔어

지형 서연이가 너무 피곤해 해서요..

수정 …저번에 봤을 때보다는 좀 그래보이는구나..

서연 ….

수정 집은….잘 꾸몄다..

지형 사무실 친구들이 했어요..

수정 아버지… 이해해드려..

지형 네..

수정 서연아..

서연 네..

수정 이제 이름부르고 말 놓아도 되지?

서연 네 어머니..

수정 너…너는 어떤 불행보다 더 큰 불행과 어떤 여자도 쉽게 얻을 수 없는 행복을 동시에 가졌다는 거 잊어버리지 마라..

서연 네에..

수정 에미로서…내 자식 아깝고 안타까운 거 이루 말할 수 없지만… 사람으로서..너랑 같은 여자로서…나는 내 자식이…싫지가 않단다..

서연 ….

수정 어쨌거나 의사 지시 잘 따르고 섭생 잘해서…너한테 주어진 시간들을 자알…관리하면서…웃을 수 있을 때 많이 웃고 즐거울 수 있을 때 다 즐거워하고…너 아니면 아무 의미도 없다는 내 아들….행복하게 해주기 바란다..

서연 죄송합니다..

수정 운명의 사랑같은 건 없어도 사랑의 운명은 있다드구나..느이들 사랑이 그런 거 같아..

서연 죄송합니다..

수정 그럴 거 없어‥니 복이야‥ (핸드백 열어서 비단 보자기에 싼 납작하고 작은 상자 꺼내 놓으며) …나는 별로 치장 욕심도 안목도 없는 사람이라‥ 며느리한테 물려줄 것도 별로 없는 사람이야‥기껏 준비해뒀던 게‥며느리 몫으로 반지 알 하나 해뒀었는데…먼저 아이 사이즈로 세팅했던 거 부셔 알만 빼 왔다‥ 언짢지 않다면 니가 만들어서 끼렴‥

지형 어머니 그건.

서연 (오버랩) 괜찮아‥감사합니다 어머니‥

수정 그래‥그리고 몇가지‥내가 했던 핀 몇 개…네크레스‥이어링들‥다 악세사리로 보일수 있는 정도 것들이야‥아직 젊은 나이니 괜찮을 거야‥

서연 네에…

수정 (일어나며) 그만 일어난다‥

지형 (따라 일어나며) 바쁘세요?

수정 응 다섯시에 보일러 수리 온댔어‥이모가 그림그리러 가고 없거든‥ (현관으로 따르는서연) 얘 너 나오지 마 바람 차‥안 나와도 돼 응?

서연 …. (보며) ….

수정 그래 나오지 마‥또 보자‥

서연 (허리 굽혀 목례)

[나가는 모자]

서연 (천천히 소파로 / 앉으며 시선 비단 보자기로) ….

S# 아파트 전경(밤)

지형 E 니 입으로 말했어. 어떻게 케어하냐구!!!

S# 거실

서연 (컵 씻다가 팍 싱크대에 던지면서) 당신이 하면 될 거 아냐 / 도우미 둘 쓴다 그랬잖아 /

지형 약 / 약이 문제란 말야 약!!!

서연 (오버랩 / 두 주먹 올리고) 안 낳겠다 그런 건 당신 위해서였어!! 낳겠다는 건 나 위해서야!! 그래 변덕이야. 이제 낳고 싶어..낳아서 눈 맞추고 웃어보고 싶어. 포동포동 엉덩이 만지면서 행복해보고 싶어. 우리버린 엄마 건강하게 잘 살고 있대. 유전 확률 그렇게 안 높대. 심장이 뛰고 있었단 말야. 이 벽창호야아아!!!!

지형 (달려들어 껴안는)

서연 으흐흐흐응응응응 (울음 터지는)

제15회

S# 아파트 거실

[청소기를 둘이 함께 밀고 있는 / 지형이 서연 등 뒤에서 감싸 안고]

S# 서연 회사 앞길에 멎는 지형의 자동차(출근길)

S# 차 안

서연 (벨트 풀고 내리려는)

지형 (당겨서 잠깐 뽀뽀하고)

서연 (내려 손 키스 날리고)

지형 (답례하고 출발하는)

서연 (웃음기 사라지며 보는)

S# 아파트 주방 거실 /

서연 (요리책 펴놓고 / 떡볶이 만들고 있는)

지형 (지켜보고 있다가 한 개 찍어주면 냉큼 입에 물다가 뜨거워 맴맴질을 하는)

서연 ??(놀라 달려드는 서연을 안아버리는 지형)

S# 서점 유아용 코너에서 책 구경하고 있는 두 사람

S# 세탁물 널고 있는 두 사람. 서연이 털어서 주면 지형이 널고 / 서연이 구박하고 다시 널고

S# 레스토랑

서연 (디저트 아이스크림과 케이크 놓여지는 것 보며 아이처럼 좋아하는) …

지형 (그런 아내 지켜보는) …

S# 거실(밤)

서연 (컴퓨터 켜놓고 앉아 화면 보며 눈물이 꽉 차 있는 상태)

[화면의 글씨들]

[아득하다……아득하다……아득하다….]

서연 (눈물 투투투툭) ……

S# 고모네 안방

[저녁 뒤 과일 먹으며 화기애애 / 시끄러운 고모 가족들과 지형 부부‥]

S# 아파트 주방

[삶고 있는 스파게티 한 가닥 건져서 벽에다 때려 붙이라는 서연]

지형 (시키는 대로 하는데 툭 떨어지는 스파게티)

서연 (아냐 아직 아냐 더 삶아야 해)

지형 (다시 시도하면)

서연 (말리는 / 아직 아니라니까?)

지형 (내가 잘못 던졌어)

서연 (글쎄 아냐‥아직 덜 됐어 말 들어)

지형 (주먹으로 이마 가볍게 쥐어박고)

서연 (그 주먹 움켜잡아 물어버린다)

지형 (아아아 / 과장)

S# 소파의 두 사람

[두 다리 탁자에 올려놓은 똑같은 자세로 임신 육아 출산책 보고 있는 부부. 각각 다른 책 / 같은 종류 책이 몇 권이나 더 있고]

S# 티브이 전자 게임 중인 두 사람‥지형 뒤에서 서연 껴안고 네 손으로…

S# 지형 아파트의 아침

S# 침실

[마주 누워서]

지형 (보고 있는) ·····

서연 (자고 있는) ·····

지형 (보고 있는) ······

서연 (한 손으로 지형의 눈 가리며 반듯하게) 실례지만 누구세요.

지형 미안합니다. 당신 남편인데요.

서연 ······남편씨···· 지금 몇신데요.

지형 알 필요없어요. 오늘 일요일입니다.

서연 다행이다‥그럼 나 십분만 더 자.

지형 (상반신 일으켜 내려다보며) 더 자‥자고싶은 만큼 자‥

서연 ·····

지형 E (내려다보면서) ·····아이를 포기 않겠다는 고집을··· 꺾지 못했다. 약을 중단하고 한달이 넘는다·····

S# 거실 주방

지형 (나와서 커피포트에서 커피 따르고 있던 문권과 알은척하고 문권이 따라주는 커피 들고 식탁에 / 신문으로 / 앉는데)

서연 (가운 걸치고 나오는)

지형 E (돌아보며) 서연이는······아내는 여전히 성실하게 출퇴근하고 (서연 손 들어 잠깐 안녕하고 지형은 웃어주며) 행복한 아내라는 걸

보여주려 노력하면서…. (고개 돌려보는)

서연 (문권이 꺼내 따라주는 우유 벌컥벌컥 마시는)

지형 E 그러면서 자기 몸속에서 자라고 있는 아이에게… 몰두하고 있다..

서연 (컵 비워놓고)

문권 (한 컵 더 따라주고)

서연 (우유 마시기 시작) …..

S# 욕실

서연 E (칫솔질하면서) 우리는 모두 알츠하이머따위 별일 아닌 것처럼 그렇게 지낸다. 그렇게 지내기로 약속했다..별일 아닌 것처럼이 말처럼 그렇게 쉽지는 않다..

S# 침실

서연 E (옷 갈아입으며) 그래도 나는 알츠하이머 다섯 글짜에 짓눌려 시간낭비하고 싶지 않다.. (에이프런 입으며) 마찬가지로 나를 사랑하는 이들이 나를 애처로워하는 것으로 시간을 쓰는 것도 원치 않는다.

S# 거실

서연 (나오면서) 자아아 나는 아직 이 서연. (지형 손으로 가리키며) 내 남자 박지형. (지나쳐 문권이 내미는 주먹에 주먹 부딪치며) 내 동생 이 문권. 오늘도 마지막 날인 것처럼 정신 줄 꽉 붙잡고 충실하게 / (냉장고 문에 붙여놓은 메모 서너 장 가운데 한 장 떼어서 읽는다) 근대국 / 고등어 구이 왜액..너 내가 비위 예민해진 거 잊었어?

문권 오메가 쓰리.

서연 왜액

문권 오메가 쓰리. 불포화지방산

서연 두부 / 명란 / (냉장고에 도로 붙이고 싱크대로 / 쌀 담가놓은 것 없다)??나 쌀 안담겼대?

문권 담거놨던데? 누르기만 하면 돼.

서연 (밥솥 취사 누르며) 국 앉혀야지…(문권 냉장고 된장 꺼내고) …. (싱크대 아래 냄비 하나 꺼내 쿠커에 올리고) 뜨물.

문권 (보는) …

서연 뜨물..

문권 없던데?

서연 …(보는)

문권 (된장과 함께 꺼낸 물병 물 냄비에 쏟으며)(괜찮아) ..어차피 된장 맛인데 뭐..

서연 …(된장 뚜껑 열고 숟가락 꺼내 푹 떠들고 냄비로 / 그냥 넣으려)

문권 잠깐.. (얼른 쇠그물 국자 냄비에 대어주고)

서연 (된장 그물 그릇에 넣고 물속에서 풀기 시작) …

문권 …(잠깐 보다가 냉장고에서 근대 봉지 꺼내 옆에 놓는)

서연 씻어.

문권 어제 밤에 씻었어 누나

서연 ?? (잠깐 보고) 어 그랬지. (된장 풀다 지형 돌아보며) 두부 어떻게 해 줘?

지형 양념간장 맛있게.

서연 날씨 어때?

지형 어제보다 이도 올랐어..

서연 어제 어땠는데..

문권 춥지 않았어 누나.

지형 열시부터 한시간 산책‥

서연 (오버랩) 어 알고 있어‥

S# 같은 거실 / 주방

[아침 먹고 있는 세 사람‥지금부터 서연네 밥은 현미 잡곡으로 바꿔주세요]

서연 (고등어 한 토막 집어 지형 식 접시에 놓아주며 문권 잠깐 보면)

문권 (인상 팍 쓰고)

서연 으흐흐흐흐 (나머지 한 토막 문권에게)

지형 (동시에 자기 것도 문권에게)

문권 아니에요오.(한 토막 도로 지형에게)

지형 (집어서 서연 접시에) …

문권 (동시에 제 것도 서연에게)

서연 나 물렸어.

지형 그래도 먹어.

문권 (동시) 그래도 먹어야해요.

서연 비린내 싫어.

지형 문권 그래도.

서연 이러다 나 고등어 되겠어.

지형 고등어 돼도 사랑할게‥

서연 ??(지형 보고)

문권 (푹 웃음 / 뿜을 뻔)

지형 약이야…. (각종 야채 볼 서연 앞으로 / 두부 서연 앞으로)

서연 우유 두 컵 마셨어.

지형 쉬이 두 번하면 돼.

서연 두 사람 / 치매 안 걸리면 내 덕인줄 알어.

지형 그래 고마워

문권 (동시에) 응 고마워.

서연 으윽 (입 막고 일어서 화장실로 내닫는)

두 사람 (보며)·····

S# 침실

서연 (옷 입고 있는데)

지형 (겨울 코트 꺼내는)··(목도리 / 모자도)

서연 아 또오·· 무겁다니까?

지형 감기드는 것 보다는 나아.

서연 두껍게 입는다고 감기 안드는 거 아니야.

지형 여러 말 말고 입어둬.

서연 따듯하다면서.

지형 바람은 차··

서연 저기 있지이

지형 (오버랩) 말 안 들을래? (눈 부릅뜨는 시늉)

서연 아오 무서워··알았어··

지형 (뒤에서 입히고)

서연 (순하게) ···

지형 (허리끈 묶어주려)

서연 (스스로 묶는)

지형 (니트 모자 씌워주는)

서연 ···(보며) ···(있다가 가볍게 뽀뽀하고)

지형 (가볍게 답례하고)

서연 오늘의 맹서.

지형 (포근하게 안고) 사랑해.. 내일은 오늘보다 백 오십한배 더 사랑할게..

서연 고마워 미안해 사랑해..

지형 천만에 천만에 고마워..

서연 머리 아플려고 해..

지형 그래...약 먹자.. (손잡고 나가는)

S# 거실

지형 (손잡고 나와 물병 꺼내 컵에)

서연 (식탁에 몇 가지 약병들 / 치매 치료제는 빼세요..비타민 종류. 기타 영양제들 / 건드리며 두통약 찾는) ....

지형 (보고 약병 집어내는)

서연 (보며 괜히 좀 웃고 / 받아서 넘긴다) ...

지형 (다시 움직여 냉장고에서 엳은 갈색 물병 꺼내 휴대용 컵에 따르는)

서연 뭐야?

지형 노루궁댕이버섯차..

서연 아 (웃으며) 노루궁댕이 으흐흐흐..

S# 둔치 산책길 / 잡음이 심하던데...

[서로 안고 걷고 있는 두 사람. 지형은 휴대용 컵 끼워놓은 작은 가방 하나 메고 /]

[충분히 시간 두었다가]

지형 안 춰?

서연 아니. 뜸질하고 있어

지형 후후후 참아. 벗으면 진짜 감기 들어.

서연 안 벗어..딱이야.

지형 놀려먹는 재미가 좋아?

서연 ...좋아..

지형 사라졌어?

서연 ??

지형 두통

서연 응... 안 아파..좋아..

지형 끝말 이어가기 할까?

서연 (올려다보며) ....

지형 싫어?

서연 가만 있어봐...나 잠 아직 덜 깼는데..

지형 ....그럼 그만두자..

서연 내가 먼저 시작한다?

지형 좋도록

서연 으으응..향기..

지형 (돌아보며) .....

서연 향기..

지형 (멈추고) 하고 싶은 말 있음 해..

서연 .....(보며)

지형 하라구..

서연 어떡하고 있대?

지형 몰라..어머니도 말씀 안하시고 내가 묻지도 않고 향기한테서 문자도 없어...

서연 궁금안해?

지형 ....

서연 ???

지형 한번씩 생각해..어떤 상탠가..어떻게 지내나..

서연 .... (보며)

지형 기분 나빠?

서연 아니? (걸음 떼는)

지형 ....

서연 나한테...어떤 감정일까.. (?로 올리지 말 것)

지형 ...(땅 보며) ...글쎄...

서연 어떻게 / 어떤 마음이면 그렇게 전화 한통 안하고 조용히 넘길 수 있었는지.... (궁금해) 그런 일 당했을 때..응...(멈추고 보며) 보통 드러내는 반응 / 만약 내가 그 입장이면 물론 여자한테 처들어가 따귀 때리고 물끼얹고 그런 짓은 안했겠지만 그래도 전화 한통쯤은 했을 거 같아.

지형 .... (보며)

서연 여러 말은 안했을 거야..여러 말일 수록 비참하다는 증명이니까..

지형 ...(보며)

서연 야 너는 똥이다..으하하하 /

지형 .... (보며)

서연 마지막까지 가만있었던 거 당신에 대한 기대 / 버리지 못해서였을 거야. 지금 어떨까..아 미치겠네..치매한테 새치기 당하다 완전 강탈당했다니 아직 그러고 있을까?

지형 (오버랩) 향기.

서연 …응.

지형 나쁜 생각할 줄 몰라…연하고 순하고 착해. 딴 사람 모두 다 저 같은 줄 알아. 나 미워하고 원망하는 대신 나를 이해해주려고 이해하는 쪽으로 자신을 다스렸을 거야…

서연 그 아가씨는 현실감 없고 당신은 잔인하고 나는 날강도다‥

지형 당신 찾아오는 일 같은 거 없어‥내가 보증해‥

서연 연결되거든 전해줘‥내가 정말 진심으로……미안해 한다고‥

지형 …. (보며)

서연 아픈 사람이니 봐 달라고‥

지형 (어깨 안으며 걸음 옮기는)

서연 …..(안고 붙어 걸으며) 순간의 선택이 평생을 좌우한다‥

지형 끝말이어가기 하자‥

서연 귀찮아…

[걷는 두 사람]

S# 마트에서 장 보고 있는 지형과 서연‥

서연 (리스트 보면서 물건 집어넣는) …

지형 (밀차 잡고 따르며) ….

서연 (우유 팩 집어넣는)

지형 (같이 넣는)

서연 열개.

지형 응 열 개‥

서연 (우유 집어넣고 몇 걸음 더 가다가 멈춰 두리번거려 찾아서 되돌아와 우유 다시 집어 들어 넣으려다 보고 지형 보며 웃는다)

지형 (웃어주고)

서연 (다시 걸음 옮기는) …

[각종 야채. 우유. 꽁치 / 연어 토막 / 다시마 / 조개 / 단호박 / 기타 치매 예방 식품들‥]

S# 견과류 코너 두 사람‥

S# 마트 주차장

[물건들 트렁크에 싣고 있는 /]

서연 (보고 있다가) 줘.

지형 먼저 타라니까‥타 엉?

서연 빨리 해‥ (조수석으로 타는데 긴 목도리가 땅으로 떨어지고)

지형 (마지막 짐 넣고 트렁크 닫고 목도리 집어 운전대로)

S# 차 안

지형 (타면서 목도리 서연 무릎에)

서연 ??

지형 떨어트렸어‥

서연 (대꾸 없이 목에 걸며) 오래 걸릴 거야‥

지형 ?? 뭐가‥

서연 …. (보는)

지형 뭐가 오래 걸려.

서연 노 향 기…당신 잊는데 오래 걸릴 거라구.

지형 (벨트 빼 채워주며) 그러지 않길 바래.

서연 (픽 옆으로 쓰러지듯 기대며) 졸려‥

지형 (출발) 자‥

서연 (눈 감은 채) 나는 악화 속도가 더 빨라질 거 같아‥

지형 ?? 그러니까 약을 중단하는게 아니란 말야.

서연 (몸 바로 하며) 그게 아니라 당신 때문에··당신이랑 있으면 정신 똑바로 차리고 있자가 잘 안돼··신경쓰기 싫어··자꾸 느른하게 풀어지고 싶어··당신한테 너무 의존해.

지형 괜찮아. 그러라고 같이 있는 거야··

서연 정신줄 놓으면 안돼··멍한 아이 나오면 어떡해.

지형 눈 감고 쉬어··

서연 노향기

지형 ……왜 그래. 뭘 자꾸 신경써··

서연 (눈 감고 기대면서) 그래도 안돼··박지형 내꺼야…나는 새치기 날치기 치기배. 아니 좀비야.

지형 …. (음악 스위치 넣는다)

서연 노 / 향 / 기··

S# 향기네 마당··

향기 (정원 테이블에 컵들 내놓으면서 / 쿠키 / 홍시) 오세요오오 오셔서 커피 드세요오오··

정원 E 예에에·· (정원사 둘 / 마당 손질 중)

향기 과장니임 어서요오·· 커피 식어요오오··

정원 예에에…(다른 사람 챙기는)

향기 (쟁반 들고 움직이려다 보면)

영수 (들어오고 있다)

향기 오빠아.(오기로 되어 있다 / 오빠 쪽으로)

영수 어어. 그래.(손 들어 보이는) …. (마주 서 뺨 가볍게 집어 흔들며) 저번보다 이뻐졌다··순조롭게 회복중이냐?

향기 응 오빠.

영수 (어깨 안아 움직이며) 그래애애 별일 아냐. 지금부터 일년 지나면 아무것도 아냐. 이 또한 지나가리라 엉?

향기 엉..이 또한 지나가리라..

S# 향기의 거실

향기 (현관에서 들어오며) 엄마아아 오빠 왔어요오오오..

영수 (들어오고)

정모 (다른 도우미도)(달려 나오며) 아유 사장님 오랜만이네요.

영수 네에 아주머니. 안녕하셨어요? 안녕하세요 / (올라서며 / 또 하나 도우미 목례하고)

정모 아으 우리야 뭐..사모님이 말씀이 아니셨죠오.(향기 쟁반 넘기고)

현아 (오버랩 / 나오며) 뭐가요 뭐가 말씀이 아니에요.. (정모 찔끔 / 빠지고 / 다른 도우미 함께)

영수 (엄마 앞으로)

현아 (아들에게 눈 흘기는)

영수 (다정하게 엄마 안아주는) 엄마 아들 대령했어요..

현아 (안겨서) 나쁜 놈..

영수 아직도 불편하세요? (향기 이 층으로 빠지는)

현아 그래 죽지 못해 산다.(쥐어박는)

영수 (떼고 보며) 후후 엄마 뒤끝없잖아요. 털어버리세요..

현아 (아들 보며) 살 빴어?

영수 아뇨? 고대룬데요?

현아 왜 말라보여.

영수 엄마가 그러신데요?

현아 ?? 그렇지 늙었지 팍삭 주저 앉았지.

영수 마음 고생 표나네요. 뺨이 홀쭉해졌어요‥

현아 그래애애‥볼이 패였지이이

영수 아주 조금요‥제 눈이 워낙 자타 공인 날카로우니까 보이는 거에요‥다른 사람 몰라요‥ (다시 안아주며) 영원한 나의 여신. 걱정 마세요.

현아 (마주 안으며) 어이구우우. 이 오현아 킬러. 영원한 나의 왕자. 타고난 아첨쟁이

영수 (몸 떼며) 아첨쟁이라뇨오오

현아 목표액 얼마야.

영수 저 순수한 아들로 문안드리러 왔거든요?

현아 (아들 손잡고 소파로) 아버지 절대 안 넘어가‥모양 빠지지 말고 정말 그냥 순수하게 굴어. 아버지도 편치 않아‥딸바보 늬 아버지 속이 얼마나 다쳤을까 생각해 봐‥대범한척 넘겨놓고 아직도 한밤중에 자다 깨 나가 술 마셔‥ (앉는)

영수 (옆에 앉으며) 아버지한테 저는 막걸리 트림이지만 향기는 뼈가 시린 자식이니까요

현아 아버지 딸 사랑은 원래 못말리는 거야 그건 내가 알아‥늬 외할아버지도 나라면 눈동자가 풀리셨었어 내가 알아‥

영수 저도 딸로 만들어 주죠오

현아 얘 나 맹꽁이 딸 하나도 버거워. 너한테는 내가 있어. 그리구 막걸리 트림이라니 그런 불쾌한 소릴 왜해. 니 아버지가 너한테 하는 건 / 그게 아버지 아들 사랑 법인 거야. 응?

영수 하하하 알아요 엄마‥ (엄마 손잡고 조몰락거리면서)

현아 (아들 보며) 모르는 척 잘했어. 너아는 척 들락거렸으면 갈데없

이 종로서 뺨맞고 발길질 당하는 개 옆구리였을 거야.

영수 엄마 역시 머리 좋으셔. 우리 통해요 하하

현아 지난 번 영환 얼마 깨졌어.

영수 아 엄마. 딴 얘기해요‥향기는 얼마 예정이에요‥

현아 몰라 내키는대로 한단다‥

정모 (나오면서) 회장님 들어오세요 사모님.(현관으로)

영수 (벌떡 일어나 현관으로)

현아 (앉아서 고개만)

S# 향기의 방

향기 (통화 중‥침대에 채우고 있는 중인 여행 가방 / 소품들 집어넣으며) …. (기다렸다가) 어 새롬아‥나…문자 받었지?…응 예정대로‥ 너 필요한 거 더 생각난 거 없어? 잘 생각해봐‥나 비행기 탔는데 어머 그거그러지 말고…응 그래‥화장품 샀어‥넌 화장품밖에 중요한 게 없구나….응 괜찮아‥ 아냐 안 그래‥진짜 내가 뭐 울데 없어 울러가는 줄 아냐구‥걱정마‥응 걱정마‥속 안 썩일게‥응‥응

S# 거실

홍길 (들어오는)

영수 (따라 들어오는 / 아버지 따르면서) 저 왔어요 아버지.

홍길 (그냥 침실로)

현아 왜 인사 안 받아 당신.

홍길 (멈추며) 아 / (돌아보며 목례) 어떻게 이렇게 어려운 걸음을 하셨습니까 선생님.

영수 헤헤 (웃어버리고)

홍길 (들어가고)

현아 (부리나케 따라 들어가는)

영수 가만 계세요 엄마..

S# 현아 침실

홍길 (옷 벗어 침대에 아무렇게나)

현아 (들어오며) 나 기분 엄청 저조해..불난데 부채질하지말고 영수 잘 대해.

홍길 내가 뭘.. (좀 뿌우 / 날을 세울 건 없다)

현아 인사 왜 안 받아..애가 얼마나 무안해. 그래 왔냐 한 마디면 되는 걸 왜 비아냥거려.

홍길 (오버랩) 가만 좀 있어..나도 저조해..

현아 ...얘기 잘 안됐어?

홍길 안될 얘기가 뭐야..그런 거 없어.

현아 그런데 왜 저조해.

홍길 어이 시 난 뭐 돌멩이냐? 내일부터 향기가 없잖아아.

현아 .... (보다가 옷 치우러 움직이며) 긍정적으로 생각하자며..여행 나서는 건 다시 날겠다는 의지라면서어...

홍길 그건 그거구우!!

현아 ?? 왜 나한테 이래..내가 뭘 잘못했는데!!

S# 수정의 거실

창주 (서재에서 나와 소파 테이블의 책 집어 들고 서재로 되들어가려다 문득 주방으로)

S# 주방

수정 (고추장 양념 바른 두드린 더덕들 서너 개씩 호일에 놓아주면)

이모 (호일 접어 여미는) ....

수정 …(또 놓고)

이모 (여미면서) 굴비 장아찌 언니··맛 들었어··

수정 짠 거 이롭지 않아··

이모 (그래도) 입맛없을 때 한 두 번 (하는데 창주 들어오고) 형부 뭐 드려요··

창주 과일 없어? (하며 시선은 아내)

이모 있어요··드리께요 들어가세요.

창주 뭐야·· (시선 싱크대에 서너 개 반찬 들어 있는 밀폐 용기 / 중간 사이즈)

수정 ….

이모 언니··

수정 ?? (남편 돌아보며) 뭐.

창주 뭐냐구.

수정 별게 다 궁금하네··더덕이야·· (계속)

창주 …. (보다가 돌아서다 다시 돌아보며) 그거까지 하고 있었던 거야?

수정 …..

창주 먹을 거까지 싸다 주고 있었다는 거냐구.

수정 그 아이 고모가 웬만한 반찬은 해대··그냥 더덕 향이 너무 좋아서 지형이 먹으라구

창주 저건 뭐구….엉?

수정 보쌈김치랑 별거 아냐··

창주 그놈 부모 없는 자식인데 구질구질하게 그걸 왜 해.

수정 …..

창주 바로 이 / 이런 당신 태도가 그 녀석 엇나가게 만든 화근이야.(화는 내지 말고)

수정 (돌아보는)??

창주 내가 어떻게 나오든 당신은 지편 들어줄거라는 자신이 있으니까 / 나하고 의절해도 지 엄마만 붙잡고 있으면 크게 아쉬울 거 없으니까.. (이모 과일 꺼내 준비)

수정 백번 죽었다 깨나도 나는 자식 의절은 못해.

창주 .... (보며)

수정 섭섭해하지 마..나는 어미야..

창주 .... (보는)

수정 옛날 당신에 대한 기억이 남아있는 게 그나마 다행이야..

창주 무슨 뜻이야..

수정 언제부터 변하기 시작했는지.. 옛날 그 사람이 지금 당신이면 평생을 도모하지 않았어..잘 모르겠어..

창주 누가 변해.

수정 다들 자기 변한 건 모르는가 보더라.

창주 처제 내가 변했어?

이모 네에..

창주 ??

이모 옛날에는 나 형부 어려워 안 했었어요..형부 지금처럼 권위적 아니었어요

수정 지금처럼 강팍하지도 않았었지.

이모 로맨틱했지 언니..나 아직도 생생해. 지형이 중 일 때 경포대 피서 가서 달밤에 솔밭 걷다가 형부 남몰래 흘린 눈물 불렀을 때. / 정말 감동적이었는데.. (형부 보는)

창주 (슬그머니 돌아서 빠지는)

이모 (밖을 향해) 그때는 형부 다정했었어요. 그때 형부가 훨씬 인간적이고 매력있고

수정 (오버랩) 과일..

이모 아..응...

[수정 전화벨]

이모 (얼른 집어 들며) 향기네.. (받아서) 향기야 잠깐마안? (언니 비닐장갑 벗겨주고 전화)

수정 (받아서) 향기 오랜만이다? 반갑다..

향기 F 저두요 아줌마. 저 잘 있었어요. 아줌마도 안녕하시죠?

수정 그럼. 별일없이 잘 지내. 엄마 식도염 좀 나아졌어? 그끄제 통화했지? 아마

향기 F 네 좋아지는 거 같아요.

수정 안부전화? 아줌마 궁금해서?

향기 F 네에 그리고 인사드릴려구요. 저 오후에 미국 가요 아줌마..

수정 ?? 언제 결정했어? 엄마 아무말 안하든데..

S# 향기의 방..

향기 (화장대 정리하면서) 어제 밤에 엄마한테 욕먹다가 에이 갑자기 결심했어요 / ...아니에요.. 친척아니구. 중학교때부터 친구 / 보스턴에서 유학중인애 있어요..아직 그건..티켓 오픈으로요..오고 싶으면 아무 때나 올려구요..아줌마한테 잠깐 들려 나갔으면 좋겠는데 엄마가 아줌마 부담느끼신다고 그냥 가래서...네 잘 갔다 올께요 아줌마... 아줌마하구 얘기하고 싶으면 전화할께요. (향기야) 네 아줌마..

S# 수정 주방

수정 괜찮아야해 응? 아무 생각하지 말고..그냥 여행을 즐겨. 응..응

그래…어어 지난주 수요일에 잠깐 봤다··응 괜찮아 보이더라··잘 지내는 거 같아··

S# 향기의 방

향기 네 그럼 됐어요. 아니 아줌마 그냥 갈래요··오빠 신경쓰이게 안 할래요··신경쓸지 안쓸지 모르지만··흐흣 네 저도 쫌 꼬아서 생각하는 거 배워볼려구요·· 네 아줌마. 잘 갔다 올께요··네 그리구요 엄마한테는 비밀이에요. 저요 오빠 그분한테 기적 일어나라고 매일 기도해요··아뇨 아줌마··전 바보같은 제가 좋아요··쭈욱 이렇게 살다 죽을래요.

S# 아파트 거실··

지형 (서연과 소파에 / 올라앉아 마주 보며) 물음표··

서연 표··표··표··

문권 (떡국에 넣을 달걀 풀고 있다가 돌아보는)

[냄비에 물은 올려져 있고 / 도마에 파는 길쭉길쭉 썰어져 있고 / 물에 담갔던 떡은 망 그릇에 건져져 있고 /]

지형 물음표··

서연 표··표충사!!

지형 표현 표시 표적 표범

서연 (오버랩) 알아알아··쉬운 거 아니고 안 쉬운 거 밀양에 표충사 / 고일 때 고모네랑 사찰 관광 갔었어··

지형 그래··표충사란 말이지. 사 사랑사랑 내사랑 사랑··

서연 춘향전··

지형 ?? 사랑··랑··

서연 랑…랑랑십팔세 으흐흐흣

지형 세 / 세비..

서연 세배

지형 아니 세비 / 국회의원 세비

서연 아 그 세비..비..비애 비통 비명 비수 비염 / 응 골라잡아..

지형 염 염천교..

서연 .... (보며)

지형 염천교 교 /

서연 교육.

지형 육체.

서연 영혼..

지형 ...(보며)

서연 육체와 영혼. 영혼과 육체..육체는 영혼을 담는 그릇..영혼이 입은 옷...죽음은 영혼이 입고 있던 옷을 벗어버리는 것..

문권 (오버랩 돌아보며) 떡 넣어요 누나..

서연 내 차례야?

지형 떡 넣는대..간은 자기가 맞춰야지..

서연 어 어.. (발딱 일어나 주방으로)

지형 ...(돌아보며) ...

S# 향기네 주방

[점심 먹으면서 /]

홍길 그 애 아파트가 지낼만한지 어떤지 보고 불편하겠다 그러거든 곧장 호텔로 옮겨.

현아 쓰리 베드룸이래. 새롬이네 우리만 못잖아. 별 걱정을 다해.

홍길 비행기 이륙하거든 그냥 자버려. 와인 좀 달래서 마시고 자..장거리 비행은 그저 타서 내릴 때까지 자버리는 게 장땡이야.

향기 네..

홍길 보스톤 만만찮게 춰. 옷 든든히 갖구가는 거야?

향기 네 아빠.

홍길 춥거든 사 입어. 신경쓰지 말고 사 입어.

향기 괜찮아 아빠..안 춥게 챙겨 가요.

홍길 언제 와..

현아 오고싶을 때 온대잖아.

홍길 그래도 대충 / 보름이냐 한달이냐 두달이냐

현아 영수 안 보여? 당신 아들 투명인간이야?

영수 괜찮아요 신경쓰지 마세요 엄마..

현아 얘가 왜 집 두고 나가 있는데에. 당신이 이렇게 편애하니까 김새서

홍길 (오버랩) 무슨 개떡같은 / 저건 코흘릴 때부터 당신 치마폭에 싸여 나하구는 담싼 녀석아냐. 당신하구 나 놓고 저녀석이 편애했지 내가 한 게 아니라니까.

현아 집에 얼마나 있었는데..일년에 반은 안 들어왔잖아.

홍길 내가 놀았어?

현아 안 놀았어? 전혀 안 놀았어?

홍길 전 / 전혀라고는 안 했어.

현아 뮤지칼 제작한대..투자하래.

홍길 ??영화로 말아먹는 게 부족해 뮤지칼인지 부엌칼인지에까지 손을 댄다구?

영수 기가 막힌 창작 뮤지칼 대본 잡아서요 아버지..음악 작업 거의

끝나가요. 많이 들지도 않아요··러프하게 60억이면 지금까지의 뮤지칼과 경지가 다른 작품으로 올릴 수 있어요.

홍길 내가 이 녀석하고 왜 말을 안 섞을려구 하는데에

현아 그래도 결국은 섞게 되잖아··

홍길 너 내 앞에서 투자에 티읕도 꺼내지 말라 그랬어. 너 치매야?

영수 아버지 우리 순수 창작 뮤지컬 살려야 해요.

홍길 너어 / 지금까지 영화에 꼬라박은 초옹 결산서 갖다 여기 놔.

영수 아버지 저번에 제 영화제작에는 완전히 관심 접는다 그러셨는데요··

현아 치매야 /

영수 다 들어먹고 노숙자돼도 상관안하신다구요.

홍길 이러언 괘씸한 자식··너 이눔 오현아 빽 믿구 까불지 이 새끼야. 나는 우리 아버지한테 회사 물려 받아 서른배도 넘게 키워낸 사람이야.

현아 (두 귀 막으며) 얘 귀 막아.

홍길 내가 이눔아 나이롱 뺑으로 노홍길 된줄 알어?

영수 아버지 저도 지금 나이롱 뺑하고 있는 거 아니에요.

홍길 이눔자식 / (벌떡 일어나고)

영수 (후다닥 튀고)

현아 향기야.(아버지 말아)

향기 아빠아아아아·· (아빠 붙잡는)

홍길 웅··웅웅··웅···

S# 창주의 서재··

창주 ···· (책 보고 있는)

수정 여보..

창주 (오버랩) 한시간 뒤에 먹을게.. (두어 쪽 남은 과일)

수정 …그렇게 해.. (돌아서다) 향기가…

창주 (시선 들어 보는)

수정 여행 간다네..

창주 …(보며)

수정 보스톤 친구한테…노이사장보거든 아는 척 해주라구..

창주 애는 어때..

수정 속이야 알 수 없지만 전화소리는 괜찮았어..

창주 (책으로 시선) ..

수정 …. (보며)

창주 …..

수정 (돌아서 나가려는데)

창주 (책장 넘기며) 그 아이 상태는.

수정 (돌아보는) ….

창주 어느 정도야..

수정 회사일 여전히 하고 있어.

창주 ….

수정 한번 봐…보면 당신도 알아지는 게 있을 거야..

창주 그래서 묻는 거 아니야..

수정 당신 의사야..다른 질환이나 똑 같은 병 중에 하나야..

창주 가르치려 들지 마.

수정 당신 환자한테 인기있는 의사였어..달갑지 않아도 며느린데.. 다른 환자들한테도 연민 느끼는 케이스 있잖아.

창주 날 버린 녀석이야··내가 왜.

수정 ····(보며) 이 말은 안하고 싶었는데

창주 ??(보는)

수정 당신 향기만도 못해.

창주 그 자식은 이해하면서 왜 나한테는 인색해. 내가 당한 꼴이 얼마나 한심한데 당신이라는 사람은 자식밖에 눈에 보이는 게 없나? 부부라는 게 이렇게 허무한 관계야? 나는 누가 알아 줘. 누가 이해해 줘. 나는 뭐야.

수정 당신이 강자니까···피해의식에 가득찬 찌질한 강자지만 그럼에도 불구하고 그 아이들한테는 당신이 강자야··그 아이들은 당신이 불러줄 때만 기다려. 통화할 때마다 잠깐 볼 때 마다 당신 안부 묻는 녀석이 내 마음을 아프게 하니까··

창주 나는 / 나는 당신 마음 아프게 하는 거 없어?

수정 그런 녀석한테 아직도 어금니 꽉 물고 있는 당신 / ··참 졸렬해.

창주 ???

수정 (나가는)

창주 (문 노려보고 있다가 의자에 푸욱 등 대면서) ·····

S# 아파트 주차장 /

[들어와 지형 옆에 멈추는 이모의 자동차]

지형 (기웃이 보며 웃는) 이모··

이모 (안에서 트렁크 열고 내리면서) 얘 내가 약속시간 대는 게 빠듯해서 올라갈 시간 애낄라구 내려오랬어

지형 괜찮아요 (트렁크로) 반찬 충분하다니까 왜 또요··

이모 강원도서 자연산 더덕이 왔어. 자연산 더덕 만나기 어렵잖니.

엄마 보쌈김치 / 너 잘 먹는 거. 서연이 먹이라고 다시마조림 / 연어 / (꺼내 지형에게 / 휴대용 아이스박스 작은 것 하나)

지형 네에..

이모 그리고 이건 / (쇼핑백) 노루궁뎅이 버섯.

지형 아직 있는데요.

이모 열심히 먹고 있지?

지형 그럼요. 이모

이모 어제 왔더라.

지형 네 이모 감사합니다. 오늘은 무슨 모임이세요?

이모 칠보 선생님 초대..선생님 막내 딸 며칠 전 결혼했거든..

지형 네에..

이모 서연이 못보고 가 섭섭하다.

지형 샤워들어가 못나왔어요.

이모 세이 헬로우해라아?

지형 네..

이모 (운전대로 움직이는데)

지형 저기요 이모 / 아버지는요..

이모 집에 계셔..요즘은 휴일 거의 서재콕이셔..

지형 네에..

이모 얘 참 향기 오늘 미국 간단다..

지형 (보는) …

이모 E 친구한테 간다나봐..괴로워 못견디겠으니까 결국은 서울에서 탈출하는 걸로 일단 방향을 틀어본 거 아니겠니?

지형 네에..

이모 바아이…(타고 차 뜨고)

지형 …(보고 있다가 돌아서는)

S# 아파트 거실

서연 (머리 타월로 감아놓고 목욕 가운. 나와서 우유 꺼내 따르는데)

문권 (제 방에서 전화 들고 나오며) 누나 왜 전화 안 / (하다 보고) 샤워 했어?

서연 엉‥ (마시는 / 무심)

문권 (전화 주며) 고모‥

서연 (컵 놓고 받는 / 밝게) 네 고모.

고모 F 전화한다더니 왜 안해‥때밀러 안가?

서연 ???…

문권 (상황 알고 있다. 보는) ….

서연 (멍한 채 문권 잠깐 돌아보고 전화로) …

고모 F 얘‥

서연 네에‥

고모 F 전화하다 뭐해‥뭐 바빠 지금?

서연 아 아니에요‥

고모 F 까먹었니?

서연 네에…깜박‥

고모 F 얘가 그런데‥어린 게 왜 그래. 어디다 정신 팔구 사는 거야 대체‥정신차려.(약간 야단치는)

서연 네 고모 어떡해요 목욕탕에서 만나요? 지금 나가요?

고모 F 오냐그러자‥끊는다아아‥

서연 네에‥ (전화 문권에게 / 어설프게 웃는) …

문권 메모 안해놨어?

서연 (냉장고 돌아본다) …

문권 내가 볼게

서연 놔둬··사고 이미 쳤는데 뭐.(침실로)

문권 사고랄 거까지··별일 아냐 누나.(서연 들어가고)

지형 (들어온다) …

문권 (돌아보는)

S# 고모의 안방

고모 (나갈 준비하면서) 서연이랑 때밀러 가는 거 오랜 만이네··

고부 (장부 정리하고 있는) ….

고모 고게 살갑거든··명희년 기운 세서 등가죽 벗어지게 박박 문대는데 서연이는 구석구석 살살살살

고부 얘들 지 시가에 간다 그러지 않었어?

고모 늦게 간댔어··늦게 가 자구 낼 새벽에 온대·· (나) 갔다 와··

고부 ….

S# 마루 마당··

고모 (목욕용품 바구니 들고 마당으로 내려서는데)

재민 (책 한 권 들고 밖에서 들어오는)

고모 왜 벌써 들어와··

재민 바람이 좀 있네요··목욕가세요?

고모 (엉) 서연이랑 때 밀러··

재민 다녀오세요.

고모 한시에 전화한다더니 까맣게 잊어버리구 있잖어··

고모 E (재민 위에) 접때두 길에다 삼십분 넘게 세워놓더니··

고모 시집가더니 나한테 관심없어졌나봐…

재민 어머닌..

고모 한번만 더 그럼 패줄참야.

재민 어이 엄마

고모 (오버랩) 으흐흐흐 갔다온다..

재민 네에……..

S# 침실

서연 (옷 입는)

지형 (걸칠 것 꺼내는)

서연 왜애..

지형 데려다 줄려구.

서연 괜찮아. 신경쓰지 마.

지형 무슨 신경.. (입으며)

서연 찾아갈 수 있다니까?

지형 누가 뭐래?

서연 박지형씨.

지형 네에..

서연 길 안 잊어먹어..목욕탕 가는 길 오는 길..아직 안 지워졌어..괜찮아.

지형 그래서가 아니라니까? 십분이래도 떨어져 있는 시간 줄일려고

서연 (오버랩) 올때는

지형 데리러 갈게. 할 일도 없고

서연 싫은데..

지형 ….싫어? 내가 싫어?

서연 어..싫어..

지형 알았어..정 그렇다면 섭섭하지만 뭐.. (안아주며) 그래 갔다 와.. 너무 오래 있지 마..내 생각인데 목욕탕에 너무 오래 있는거 우리 꼬마한테 해로울 거 같아..

서연 (몸 떼며) 어 그럴지도 몰라...

지형 (한 손 올려 손등에 입 맞추고) 나가자.

서연 혼자 간다니까?

지형 알았어 혼자 가..

S# 아파트 현관

지형 (손잡고 나오는) 걷기에 좀 멀지 않아?

서연 운동..나는 운동이 필요해.. (작은 목욕 주머니)

지형 됐다..누가 말리니..

서연 (웃는 / 가슴 가볍게 밀며) 들어가..

지형 어엉..

서연 (아파트 입구로 성큼성큼 걸어 나가는)

지형 .... (보며)

서연 (잠깐 뒤 돌아보고 손 흔들어 보이고)

지형 (답례하고)

S# 열심히 걷는 서연

서연 E 고모..목욕탕..고모 목욕탕..나는 지금 고모 만나러 목욕탕으로 가고 있다..목욕탕 고모..고모 목욕탕..

지형 (저어만큼 뒤에서 따라오고 있는) .....

S# 걷는 서연

서연 언제 그런 약속을 했는지 생각 안난다..내 머릿속에는 고모와 연결된 목욕탕이 없다. 어떤 건 완전히 없어져버리고 어떤 건 남아 있고 다 잊는 것도 다 기억하는 것도 아닌 이 빌어먹을 상태가 황당하고 짜증난다…

지형 (멀찍이 따라오고 있는)

S# 걷는 서연··

서연 메모는 해서 뭐하나··메모 보는 걸 잊어먹고 뻔히 눈뜨고 봤는데도 못보는 경우가 있는데·· 한번씩 멍청이가 될 때마다 나는 모자란 사람처럼 그냥 웃는다··웃으면서 죽고 싶다·····나를 죽이고 싶다··

지형 (따라오고 있는)

S# 목욕탕으로 들어가는 서연

지형 (멈춰 보고 있는) ·····(돌아서 걷기 시작) ····

S# 고개 떨구고 걸어오는 지형······

S# 걸어오는 지형······

S# 거실

지형 (들어온다)

문권 (소파에서 공부하고 있다 일어나며 돌아보는) ····

지형 곧장 잘 갔어··

문권 끝날 때 쯤 제가 갈께요··

지형 아냐 내가 해·· (침실로)

S# 침실··

지형 (들어와 침대에 앉으면서 고개 꺾고) ······ (한동안 있다가 그대로 벌렁 누우며 한 팔로 눈 덮는) ······

S# 아파트 전경(밤)

서연 E 왜 웃어!! 웃지 마 웃지 마. 웃지 마아아!!!(함께 싱크대에 그릇 팽

개치는 소리)

S# 침실

지형 (서연 잠옷 베개에 놓다가)? ? (후닥닥 나가는)

문권 E 누나.

S# 거실 주방

서연 (오버랩) 웃었잖아 비웃었잖아!! 잡아떼지 마. 내가 똑똑히 봤어 이 자식아.

문권 비웃지 않았어 누나아..

서연 (오버랩) 비웃고 싶어? 니 누나 치매를 비웃고 싶어?

문권 안 그랬다니까!!!

서연 너 웃었잖아!!

문권 그냥 웃은 거야 비웃은 거 아냐.

지형 서연아

서연 (오버랩) 웃지 마. 아무도 웃지 마. 내 실수에 웃지 마. 비웃지 마.

지형 서연아

서연 바보 취급하지 마. 나 아직 바보 아냐. 내가 몰랐는 줄 알어? 당신 나 줄줄 따라 온 거 저 자식 숨어 있다 나타나 쫓아온 거 다 알어. 나 다 알어.

문권 누나.

서연 괜찮다는데 왜 안 믿어..왜 못 믿어..내가 애냐? 세 살짜리야? 왜 감시해..왜 나를 왜 나를 내가 환자라는 걸 잠시잠깐도 못 잊어버리게 하냐 말야!!!

지형 미안해 잘못했다.

서연 (오버랩) 내가!! 나만 날 비웃어줄 수 있어. 왜!! 내 병이니까..내

병이 늬들 오락꺼리야? 재미있어? 즐거워?

문권 (오버랩) 아 누나 왜 이래 정말..그게 무슨 억지야. 내가 언제 비웃었어. 그러지 마 누나..이건 누나가 아니야..내 누나가 아니야 지금!!

서연 …(문권 보다 지형에게 고개) …..

지형 우리가 따라 간 거 그렇게 싫었어?

서연 (오버랩) 후회하지 말고 가. 다 보여..느껴.

지형 서연아.. (다가들며)

서연 (그만큼 물러나며) 잘난척 그쯤하고 가..아아무 상관없어.. (방으로 / 문 쾅 닫고)

지형 (눈물 훔치는 문권 보는) …

문권 비웃기는 어떻게..그냥 아무 생각없이 난 웃는다는 생각도 없었어요..그런데..

지형 무슨 일 있었는데..

문권 냉장고에…(싱크대에 음식물 모아놓은 봉지 들어 보이며) 이게 들어가 있어서 꺼내면서 누나 음식물 쓰레기 냉장고 보관했다 쓸 거냐구 농담으로 그랬는데

지형 (오버랩) 당황해서 그래. 아침부터 컨디션 별로였어..한번씩 거칠어지는 것도 증세 중에 하나래. 이해 해..

문권 (오버랩) 애기 낳는다구 약 끊은 거 잘한 선택 절대 아니에요..누나가 중요하지 자기가 키울 수도 없는데 아이는 어떡해요 엄마가 정상이 아닌데 (남아 있는)

지형 (오버랩) 그래도 덕분에 뭐든 열심히 먹어주니까 고마운 일 아냐?

문권 …. (그건 그렇지만)

지형 (침실로)

문권 (보며 눈물 닦는)..

S# 침실

지형 (들어와 문 뒤로 닫고 보는)

서연 (두 무릎 세우고 두 팔로 싸안고 흐느껴 울고 있는)...

지형 (옆으로 움직여 안아 팔에 손대는데)

서연 (터지면서) 피곤해..너무 피곤해..응응...나 이런 저주받을만큼 잘못한 거 없어 응응 이건 모욕이야 치욕이야..응응..

지형 (당겨 안으며) 괜찮아 별일 아냐..딴 생각하다 잠깐 얼마든지 그럴 수 있는 일야..

서연 응응응응 응응응응

지형 뱃속에 아이 / 엄마하고 연결돼 있다면서...네 감정 그대로 같이 느낄 거라면서..

서연 (주먹으로 눈물 훔쳐내면서) 알았어 알았어 응응..

지형 (가디건 꺼내 걸쳐주며) 창문 열어주께 심호흡하면서 진정해..

서연 (흐느끼며 다리 요가 자세로 / 등 펴고)....

지형 (창문 열어주고 돌아보는)....

서연 (눈 감고 심호흡 시작..그러면서도 흐느끼는 호흡)...

지형 .....(보며)

S# 향기네 동네..(밤)

[들어오고 있는 홍길의 차]

S# 향기 대문 앞

[차 멎고 대문은 열려 있고 사용인 둘 정도]

기사 (내려서 차 문 여는데)

홍길 (당겨 도로 닫는다)

기사 (조금 물러서고)

S# 차 안

홍길 (들고 있던 손수건으로 눈께 가리고) 크으윽….크…크…….

영수 (옆자리에서 보며) …내리셔야 하는데요 아버지..

홍길 ….

영수 어으으으 참 아버지두..

홍길 ???(보는)

영수 기사보기 민망해요 아버지 회장님이에요.

홍길 이런 싸가지 없는 자식 너 이눔 아아무리 그놈이 웃는 얼굴로 들어갔어도 들어가 딱 저 혼자 됐을 때 / 비행기 이륙해서 날기 시작했을 때 창 아래 서울 야경 내려다보면서 / 그눔 심정이 어떨까 (울음 때문에 말이 뭉그러지는) 이눔 자식 오래비라는 게 이게 얼음 덩어리도 아니고

영수 (오버랩) 아버지아버지 아저씨들 보고 있어요.

홍길 (흘낏 창밖 보고) 크으음.. (손수건 주머니에 넣으며 입 꾹 다무는)

S# 차 밖

[내리는 부자..사용인들 인사에 손 들어 답례하고 움직이는]

S# 마당

[들어오는 부자..마당 중간까지 / 도우미들 나와 서 있고]

영수 그럼 들어가세요 아버지. 저는 여기서

홍길 (돌아보고)

영수 (연결) 여덟시부터 스탭회의가 있어서요.

홍길 (노려보는) …..

영수 우시다 엄마한테 들키지 마세요..체신 떨어져요.

홍길 …. (보며)

영수 (오버랩) 뮤지컬 투자하시면 입 다물께요 하하

홍길 이눔자식 그래. 꽈박아라 꽈박아..꽈 박아아..

[쫓고 쫓기고]

S# 고모의 마당

[티브이 소리..오락 프로]

S# 고모의 방

고부 (티브이 보고 있고) …..

고모 (옆으로 누워) …… (뭔가 께름칙한) …..

[사이 좀 두었다가 끄으응 일어나 나가는]

고부 (잠깐 돌아보고)

S# 부엌..

고모 (들어오며 불 켜고 쿠커에서 설설 끓고 있는 대자 보리차 주전자 가스 끄고) …..(잠시 뿌우….나가며 불 끄고)

S# 마루

고모 (나와서) …..

S# 재민의 방

재민 (메모하며 책 보고 있는) …..

[노크]

재민 네에..

고모 (들어오는) ….책 봐?

재민 네…

고모 …(보면서)

재민 왜요.

고모 그게… 뭔지 찜찜한 생각이 들어서 말이다…. (보며) 서연이

재민 …뭐.. 또 무슨 일..뭔데요..

고모 락카 키를 꽂아놓은 채 그냥 들어가서 쥔 여자한테 도둑맞었어도 책임 안진다 한 소리 듣구..쥔 여자가 금방 빼 보관했다 줘서 도둑맞은 건 없어.

재민 그거야 뭐

고모 그거야 그럴 수 있다쳐두 나오는데 멀쩡하게 지 신발 두고 내 신발을 신다가….

재민 …(보는)

고모 내가 아이구 얘 너 뭐하는 거야아 그러니까 날 쳐다보는데..애가 순간 멍하더라구..꼭 무슨 소린지 모르는 거 모양..

재민 그래서요..

고모 니 신발 놔두구 왜 남에 신발을 신어 그랬더니 그제야 어머나.. 그러구는 저도 어이가 없는지 깔깔깔깔 웃더라..

재민 딴 생각했나보죠.(외면하며)

고모 그런데 그게 웃는 게..너무 심하게..뭐라 그럴까…부러 막 크게 길게 웃어대는 거 같은 게..어쩐지 그애가 딴 애 아닌 거 같은…뭐라고 꼭 집어 말할 순 없는데..뭔지 모르게

재민 …… (그대로)

고모 말하는 것도 전하고는 좀 달라진 거 같구..

재민 뭐얼..지가 생각해도 웃겼나보죠..

고모 네 고모 아니요 고모 가뿐가뿐한 애가…뭐냐 좀 느려졌어.. 어느새 어린애 때문에 굼떠질 때는 아니구 만삭 가까우면 몸 움직이는 건 꽤 굼떠지거든.. 그리구 몸이 그렇지 말까지 그렇지는 않거든..

재민 출퇴근하면서 집안 일에 거기다 임신 초기 / 힘들어 그럴 거에요··고단해서요··

고모 애 낳고 일시적으로 건망증 생기는 여자도 있다던데 그건 애 들어서면서 벌써 건망증시작인가?

재민 그런 건지도 모르죠··신경쓰지 마세요.

고모 (뿌우우 / 중얼중얼) 때밀면서 단팥빵 하나씩 먹고 들어가자 했는데 나도 잊어먹고 저도 잊어 먹고…그런 거 잊어먹는 애 아니거든··

재민 빵 사다 드려요?

고모 아니 아냐아냐··결혼하구 에라 모르겠다 그냥 푸욱 퍼져버렸나?··밥 먹여줄 사람 든든하고 삯글 안 써도 되고 아이도 나오게 생겼고 허리 끈 풀고 편하게 살자엉? 너머 피곤하게 살아왔으니까 엉?

재민 예··그럴 수도요··

고모 하긴 멀미도 났을 거야··그렇게 이해하면 간단하다.

재민 예··

고모 내가 이 사서 걱정 때매 늬 아버지한테 밤낮 욕먹으면서 으흐흐흐흐.(나가고)

재민 ....

S# 서연의 거실··

서연 (어둠 속에 앉아서) .....

F.O

S# 서연의 사무실

[자리에 앉아 테이블 위 뚫어져라 보고 있는 서연]

소희 (서연 보며) .....

선주 (보며) ⋯⋯

서연 (테이블에 표지 두 장 놓여져 있는데 / 하나는 시리즈물 3편 / 또 하나는 4편인데 부제목이 달라야 하는데 똑같다 / 편집 실수) ⋯⋯.

편집장 (테이블 내려다보고 있다가 서연에게 뭔가 말하려다 그만두고 자기 자리로 움직이며) 황인영씨 필름은.

서연 (멍한 표정 그대로) …

인영 E (깜짝) 아 네..아, 네네. 팀장님께서

인영 (연결) 웹하드에 다시 올리고 확인 통화도 했어요. (서연 눈치 보는)

편집 (자리에 앉으며) 끄응.

서연 (일어나 편집장 자리 쪽으로)

편집 (보면)

서연 죄송합니다

편집 (야단치지는 않는 / 나직이) 표지에서 잡았으니 망정이지 그대로 완성본 뺐으면 5만부 통째로 날렸어야해요. 생각만 해도 끔찍한 일이야.

서연 드릴 말씀이…

편집 바로 인쇄 들어가 표지만 다시 찍으면 되고 출간 예정일 차질은 없으니 그것도 하늘이 도왔다 생각해요.

서연 ⋯⋯

편집 가 봐요.

서연 (목례하고 자기 자리로)

편집 (목소리 커진 / 일어나며) 자기 담당 책만 챙기는 거 문제 있어요. 이팀장이 책임편집인이라고 다들 나 몰라라 했으니 이런 사고가 나는 거야. 최종 데이터는 자기 책임편집이 아니어도 크로스체

크하자고 몇 번을 말했어. 우리 모두 책임이 있다는 뜻이예요. 알겠어요?

소희 선주 (들릴 듯 말 듯) 네…

편집 누구나 할수 있는 실수니까 이팀장 너무 상심말고 기운내요. 문제는 이팀장 실수였다는 게 믿기 어렵다는 거지‥ (의자에 걸쳐놓은 자켓 들고 나가며) 모두 반성하고 일들 하세요.

소희 (나가는 것 보고) 기운 내세요 팀장님. 저 지난 해에 지명 하나 잘못 고쳐서 초판 본문 통째로 다 폐기한 거 아시잖아요.

선주 업로드할 때 파일명 헷갈린 것 뿐이예요.

서연 …..

선주 실수가 없으면 실수라는 단어가 왜 존재하겠어요.

인영 편집장님은 꼭 그렇게 찝어야 하나? 우리 실수였으면 놀랄 거 없는데. 이팀장님 실수였던 게 놀랄 일이다‥특별 애정 표나잖아‥

서연 …..

소희 죄송해요. 우리껀 늘 체크해주시는데 우리가 신경을 못 썼어요.

인영 완벽하게 철저한 우리 팀장 진짜 웬일이에요‥

서연 미안해요 모두‥

소희 아니에요 신경쓰지 마세요오오…

서연 (교정 보던 것으로) ….

[잠시 사이]

소희 (일어나 냉장고로 가 녹차 한 병 꺼내 따라서 서연 옆으로 / 놓아준다)

서연 (멍하니 보고)

소희 드세요‥

서연 아‥고마워요‥

소희 (웃어 보이는데)

인영 일어난 김에 나 커피 좀 부탁해요.

소희 네에..

선주 나도오.

소희 네에에.. (커피 있는 곳으로)

서연 (슬그머니 일어나 냉장고로 가 우유 팩 하나 꺼내 열면서 테이블로 가는데)

소희 (무심히 보면)

서연 (맨발이다)

소희 ???

서연 (테이블 앞에 서서 우유 팩 여는데 / 테이블 아래 구두..열어서 한 모금 마시다가 놓고 칫솔 꺼내 들고 문으로)

소희 팀장님팀장님..

서연 ??(돌아보는)

소희 하하 잠깐요.. (발 가리키고) 구두 신으셔야죠오오....

서연 (제 발 내려다보고)???

인영 선주 (기웃이 / 삐엉) ...

소희 (얼른 구두 집어다 놓아주며 올려다보는) 화장실 가시는 거잖아요..

서연 어.. 아아.깜박..발이 답답해서..구두가..내가 좀 졌나봐요.. (신으며) ...(나가는)

인영 (출입문 보며) 나도 구두 잘 벗어놓는 편인데 그래도 맨발로 화장실은 / 팀장 좀 이상한 거 아닌가?

선주 ....

소희 ....

인영 결혼하고 더 심해지는 거 같아…미팅하면서도 한 얘기 또 하고.

S# 사무실 밖··야외 연결 통로

서연 .... (칫솔 통 두 손으로 잡아 가슴께) .....

[바람이 머리칼을 날리면서 / 강도 높은 바람 아니고…한 번씩 지나가는 바람….한동안 그대로 있다가 전화 꺼내 통화 시도 / 통화 불가 안내 음성 나오는 / 녹음으로]

서연 오빠 나야··

S# 재민 회사 대회의실

[사장(CEO) / 재무총괄 부사장(CFO) / 영업총괄 부사장님(CAO) / 운영총괄 부사장(COO) / 재민]

[임원들 앞엔 프린트물 자료 올려져 있고 두엇은 첫 장 넘어가 있고 / 테이블 위엔 음료수 또는 커피 각자]

[회의실 앞쪽 프로젝터 스크린 내려져 있고 / 자료화면 / 레이저 포인터(프로젝터 있는 쪽 천장 조명은 꺼져 있고) / 임원들 쪽은 켜져 있고]

재민 As you can see in the graph,

재민 E (사장) more than 75% of the people said, they were interesting in the new protection product that could address the inflation. (자막/가운데 그래프에 나와 있는 바와 같이, 75% 이상의 분들이 인플레이션 문제를 해결할 수 있는 보장성 보험 상품에 대해 관심이 있다고 대답하셨습니다.)

재민 In other words, customers want a new protection product that could provide not only the death benefit but also return of investment. (다시 말해, 요즘의 고객분들은 단순한 사망 보장이 아닌 투자의 기능이 추가된 새로운 개념의 보장성 상품을 원하고 있다는 것입니다.)

사장 Wow, that's pretty interesting 75%? Jaemin, please go on. (75% 넘는다니 정말 놀랍군요. 계속해보세요.)

재민 (슬라이드 넘기며) Only 37% are insured against death, the average death benefit is only about 56 milliion won. Given the fact an average Korean family earns around 46 million won a year, we can say that the protection is not enough. (단지 37%만이 조기사망에 대한 보장을 갖고 계시며, 더욱이 그 보장금액이 평균 5천6백만 원에 불과하다는 것입니다. 이는 대한민국 가정의 연평균 수입인 4천6백만 원을 겨우 1천만 원 상회하는 금액으로, 한국인들이 아직도 많은 부분에서 준비가 부족하다는 점을 보여주고 있습니다.)

사장 Excellent Jaemin, that's exactly the kind of information I needed. (훌륭해요, 바로 그거예요. 그게 바로 내가 가장 알고 싶었던 정보입니다.)

S# 텅 빈 서연 사무실‥

서연 (앉아서 골똘하게) ....

S# 디저트 카페‥

[인영 선주 소희 들어와 자리 잡고 앉아 주문으로]

인영 망고 아이스 타피오카‥

선주 난 하와이안 코나

소희 ....

인영 변소희

소희 ?? 아 망고 코코넛 주세요‥ (웨이터 아웃) ‥그런데 꼭 내가 얘기해야 해요?

인영 제일 가까운 사람이 하는 게 정석아냐?

소희 내 생각엔 김선배가 하는 게 좋을 거 같은데.

선주 (오버랩) 아 결론 났는데 왜 다시 시작하자 그래‥

소희 어떻게 얘길 꺼내야 할지

인영 (오버랩) 뭐얼 우리가 느끼는 걸로는 팀장이 뭔가 달라졌다. 혹시 건강상의 심각한 문제가 아닌가 체크해보는게 어떠냐

선주 (오버랩) 심각한은 빼고.

인영 그래 심각한은 빼‥

소희 그냥 건망증일 수도

인영 전혀 말짱하던 사람이 그러니까 문제가 되는 거지이‥왜 이렇게 말이 많아. 좋은 의미로 병원에 한번 가보는 게 어떨까 그러는 건데‥

소희 그걸 왜 나한테 하라 그러냐말예요.

인영 그럼 내가 해?

소희 (깜짝) 아니 아니에요 내가 해요‥

[음료 와서 놓여지는]

S# 서연 사무실‥

서연 ‥‥ (책상 정리하고 있는 / 박스 하나 올려놓고) ‥‥‥‥

편집 (들어오는) 같이 안나갔어?

서연 네‥편집장님‥‥ (뭔가 찾는데 없다) ‥‥(서랍 두 개 열어보고) ‥‥ (박스 들고 보면 박스 아래 흰 봉투 하나 / 박스 놓고 봉투 집어 들고 편집장에게)

편집 (의자 돌려놓고 잠깐의 낮잠 자려는 참) ‥‥‥

서연 ‥‥‥편집장님‥

편집 ?? (의자 돌려 보는)

서연 (봉투 내놓으며) 오랫동안‥그동안 정말 감사했습니다‥저‥그만

두겠어요 편집장님.

편집 ?? 아니 이팀장 이게 무슨 / 무슨 오바야 이게..사표 낼 만한 실수면 내가 사표 내라 그래..내가 사표 내랬어?

서연 (오버랩) 그게 아니라 저한테 건강… 더 이상은 민폐가 될 거 같아서

편집 (오버랩) 건강이라니..

서연 .... (보며)

편집 입덧도 뭐 그렇게 별로 심한 거 같지는 않던데

서연 (오버랩) 제가..... 알츠하이머 치매에요 편집장님..

편집 ???.... (얼어붙는)

서연 E (보며) 결국 언젠가는 모두 알게 될 일....그동안 따듯하게 인정하고 지지해줬던 상사에게 서투른 거짓말로 도망치는 건 비겁하다..병은 수치가 아니다..그래..수치가 아냐..

편집 ...... (보며)

서연 (조금 웃으며) 얼마동안은 더 일할 수 있을 줄 알았는데…안되겠어요..죄송합니다..

편집 (보며) .....

서연 그동안 감사했습니다..잊지 않겠습니다 약속은…(울컥 올라오며) 못드려요…저 치매니까요..

편집 ....(보며)

서연 (목례하고 돌아서 제 테이블로 움직이는 데서)

제16회

S# 재민 사무실 근처 카페

서연 (음료 앞에 놓고 내려다보며 멍하니) .....

재민 (출입구로 들어와 서연 찾아 다가오는) 미안하다..사장님 들어와 계셔서.. (앉으며) 너무 오래 기다리게 했지.

서연 (좀 웃고) 괜찮아..할일도 없는데 뭐.(무겁지 않게)

재민 곧장 퇴근하는 거야?

서연 응..아니..그거 아니구 사표내고 나왔어..

서연 E (보는 재민) 그러니까 퇴근 아니구 그냥 들어가는 거지..

재민 힘들어져서?

서연 응..큰 실수 / 바보같은 실수를 했어....

재민 ...(보며)

서연 무슨 실수 그건 묻지 마..귀찮아.

재민 알았어..잘했다..지형이 좋아하지?

서연 회사에서 집으로 안 가구 어디로 사라질까봐 불안할 필요 없으니까..좋아하겠지..아직 ..집에서 할려구..

재민 (웨이터) 커피 주세요.. 섭섭하겠다..

서연 응 사회생활 시작한데니까.

재민 아이한테도 좋은 일이니까 그렇게 생각해..편안하게 쉬면서 책이나 읽고 잘 먹고 잘 자고

서연 (오버랩) 나 아프다고 얘기했어 오빠.

재민 (보는)

서연 사표 안 받을려고 해서..편집장님 나 많이 챙겨주셨었거든.

재민 (보며) 그래..

서연 그래서 이제…고모한테도 말씀드려야할 거 같아..

재민 (보는) ….

서연 들어가는 길에 들려..말씀드릴까 그랬는데 나…감당 못하겠어…우리 편집장님도 아무 말을 못하시던데..그냥 세게 머리 얻어맞은 사람처럼.. (좀 웃으며) 금붕어 입 뻐끔하고..으흐흐

재민 …(보며)

서연 오빠가 해줘.. 내가..내 입으로는 못하겠어..고모한테 너무 못할 짓이잖아..나 못해 오빠..

재민 걱정 마..내가 말씀드릴게..

서연 응 됐어..

재민 말씀드려야 하는 거 아닌가 / 나도 그러는 참이야..

서연 응.. 나 자꾸 실수해..고모한테 뽀록나는 거 머잖았어..자수할래. 범인들도 자수하면 오히려 편해진다면서..

재민 …. (보는)

[커피 와 놓여지고]

재민 (커피 잔 내려다보며) 운동 게으름피지 말고 책 많이 읽고

서연 (오버랩) 오늘 해··해버려··빨리 해.

재민 (보는) ···

서연 (웃으며) 커피 오빠·· (마셔)

재민 응 (커피 한 모금 / 내리는데)

서연 빨리 여자 만들어 오빠··

재민 ??

서연 오빠 결혼하는 거 보고 싶어.

재민 싫다더니.

서연 아냐 달라졌어··오빠 결혼 못하고 있으면 내가 눈을 못 감을 거 같아··그러니까 나 완전 백지 되기 전에 빨리 해 응?

재민 알았어 노력할게··

[재민 핸드폰 울리고]

재민 (받는) 네··네 알았어요 알고 있어요·· (끊으며 보는데)

서연 (소지품 챙기며) 들어가들어가··

[일어나는 두 사람]

서연 (먼저 출입구로 가는데)

[장갑 한 짝이 떨어지고]

재민 (주워들고 나가는)

S# 아파트 입구로 들어오는 택시

S# 서연네 출입구 앞에 멈추는 택시

S# 택시 안··

서연 ·····(멍하니 앞좌석 등받이에 시선 던지고) ·····

기사 ···(잠시 기다리다 돌아보며) 다 왔는데요··

서연 ····

기사 손님..

서연 ??.. (보고 아파트 한번 돌아보고) 네..감사합니다..안녕히 가세요.

기사 안녕히 계십시오오.

서연 (내리며 벗어 무릎에 두었던 장갑 땅으로 흘리는) …(내려다보고 집어 들고 현관으로 천천히)

S# 승강기 앞..

서연 (숫자판 누르려는데 열리는 문)

[너댓 살 아이와 보행이 불편한 할머니 손잡고 내리는데 아주 느리다]

서연 .... (보면서) .....(조손이 현관 나서는 뒷모습 보며 있다가 고개 돌리면)

[승강기는 문 닫히고 이미 올라가고 있다]

서연 (바보…버튼 눌러놓고 숫자판 올려다보며) ....

S# 거실

문권 (책 보면서 컵라면에 물 부어놓고 기다리고 있는 중) ....

[문권의 방에서 울리는 전화벨]

문권 (후다닥)

S# 문권의 방

문권 (들어와 책상 위 전화 집어 보는) 네에 누나.

S# 빵집 앞

명희 너 내일부터 사흘만 나와…군소리 말고 나오라면 나와아..아니꼽고 치사한 거 꾹꾹 누르고 전화했어야. 너 아니면 안되게 생겼으니까아아..

S# 문권의 방

문권 저 막바지에 리듬 깨지면 안돼요.... 알바하다 시험 떨어지면 팬티만 입혀 내쫓는대서 끔짝 못하고 틀어박혀 나도 답답해 돌겠어요 그래도 안돼요 우리 누나한테 죽어요.

S# 빵집 앞

명희 사흘이야 이 녀석아. 단 사흘. 사흘도 못 봐줘? 우리가 남이냐? 너 진짜 이럴 거야? …내가 가겔 비워야하니까 그러지 이 자식아…. 친구들하구 온천여행 가야한단 말야··그래··팔천년만에 여행이다.

동철 여보·· (문 열고 / 돌아보고) 들어와 들어와··

명희 너 이거 거절하면 늬들이랑 영원히 땡 칠 거니까 그런 줄 알아 ··끊어·· (끊고 남편 앞으로) 왜애.

동철 공부하는 애 건드리지 말구 아쉬운대로 비벼 보자니까 기어이 어이그.

명희 아쉬운대로 뭐. 당신 주방 일 바쁜데 매장을 어떻게 알바 애들한테 맡겨둬. 하나는 살짝 모자라고 하나는 느려터지는데··아우 진짜 마음에 안들어.

동철 당신 맘에 드는 인간이 어딨냐. 걱정마 걱정마 내가 열배 더 신경쓸테니까 안심하고 잊어버려··사흘 당신 없다고 설마 가게가 문 닫겠냐엉? (들어가는)

명희 (따라 들어가며) 안돼 문권이래도 갖다놔야 내가 편하게 갔다 오지··설마 땡칠라면 처라는 못 할 거야.

S# 빵집 안

명희 (연결) 즈들두 양심이라는 게 있는 거 같으면.

동철 에으으으

명희 뭐어··

동철 당신보면 처제 처남 당신이 먹여살린 거 같어. ··

명희 (탁 치다가) 어서오세요 손니임··

손님 뭐 새로나온 게 있다던데 렌지에 뎁혀 밥 대신 먹는 거.

동철 아 여보 브리또.

명희 이거에요 네에··불고기랑 밥이랑 치즈랑 들어가서 밥하기 싫을 때 밥 대신 충분해요. (쟁반 주며) 여깄어요 손님···

S# 거실

문권 (책 보며 라면 먹는데)

[현관 다이얼 찍는 소리]

문권 ??·· (어정쩡 일어나는데)

서연 (들어오는)

문권 어··왜 벌써···

서연 (웃으며) 뭐해··

문권 라면·· (왜 벌써 들어왔어)

서연 (주방으로) ·····

문권 (보는) ····

서연 (전기포트 스위치 넣으며 가볍게) 사표냈어.

문권 ??

서연 (컵 꺼내면서) 그만둘 때 된 거 같아서··

문권 어 잘했어 누나··마음 좀 그렇겠다··

서연 응 좀·· 편집장님도 많이 봐주셨고 팀원들도 괜찮았거든.(컵 내려다보며)

문권 짐은·· 책상 아직 안 비웠나봐.

서연 어···(돌아보며) ······어 응 퀵. 편집장님이 보내준대··

문권 어어··

서연 (침실로 움직이는) ····

문권　(보다가) 차 안마셔?

서연　(돌아본다)

문권　만들어다 줘? 뭐 마실 거야.

서연　어어....녹차..

문권　알았어.. (서연 돌아서는데) 자형 좋아하시지?

서연　(들어가며) 아직 몰라..놔둬. 일하는데 신경쓰여..

문권　.....

[서연 전화벨 울리기 시작]

S# 침실

서연　(들어오면서 전화 꺼내고 백 아무 데나) 어 나야

지형　F 수원 현장이야..전화 괜찮아?

서연　괜찮아. 얘기해.(침대에 걸터앉는)

S# 수원 현장

지형　(손대표 저쪽에서 현장 소장에게 지시하고 있고 그쪽 돌아보며) 마누라 보고싶다...나 퇴근시간 맞춰 갈수 있겠는데..어디서 저녁 먹고 들어가자..어 당신 영화 보고 싶은 거 있댔지. 예매해둬..영화도 보자.....내일 출근하지 참 그렇겠다 그럼 저녁만 먹지 뭐..뭐 먹구 싶은지 결정해갖고 나와....귀찮다 소리 하지 말랬는데 또 그런다

S# 서연 침실

서연　정시퇴근도 좀 힘들 거 같구우...집에서 만나. 뭐하려 여기까지 들어와. 택시타면 되는 걸....응 고마워 당신 마누라 상태 괜찮아..응.. 쪽. 응 어 으 피칸 파이..어어엉 으으응.. (전화 적당히 놓고 옷 벗는) ...

문권　(녹차 들고 들어와 적당히 놓아주고 잠깐 눈치 보고 나가고)

서연　...(그냥 움직이는) ....

S# 욕실

서연 (욕조 속에 들어앉아서) .....

서연 E 잊지 말고 생각하시오‥만일 운명이 나를 그대로부터 떼어 놓거든 / 내 슬픈 사랑을 생각하시오 내 마음이 살아있는 동안은 내 마음 그대에게 말하리라 잊지말고 생각하시오하고…

서연 (고개 위로 조금 올리며) ....잊지말고 생각하시오‥차디찬 땅속에 내 찢어진 마음 잠들거든 잊지 말고 생각하시오…(작은 흐느낌으로 연결)

S# 침실

서연 (노트북에 쓰고 있는 / 침대에 기대어 앉아 디귿자 소반 / 두 다리 펴고)

서연 E 육개월이나 오개월까지는 버틸수 있을 줄 알았다‥몸이 불어나기 시작하면 아이 핑계로 그만둘 작정이었는데 나혼자 꿈이 컸었다‥ 표지 사건만이었다면 사표까지는 아니었다‥맨발을 들킨 순간 곧장 옥상으로 올라가 뛰어내리고 싶었었다...... (잠시 멈추고 보다가 다시 두드리는) 편집장님 얼굴이 자꾸만 생각난다‥알츠하이머‥병명만으로 듣는 사람을 돌로 굳어지게 만드는 잔인한 병…

S# 꼬부리고 잠들어 있는 서연‥

S# 아파트 전경(밤)

S# 거실‥

서연 (방에서 달려 나와 현관 들어서는 지형 껴안으며) 디게 막혔구나.

지형 돌뺀했어…(작은 케이크 상자)

서연 으으응 고마워‥ (케이크 들고 주방으로) 나 회사 그만뒀다?

지형 ???

서연 (주방에서 침실 목표로 나오며) 당신이 그만두랬잖어‥

지형 (보며) 배부를 때까지 다닌다고 빡빡 우기더니.

서연 (지형 가방 빼들고 방으로)

지형 …(보는)

S# 침실

서연 (들어와 가방을 여기 놓았다 저기 놓았다)

지형 (들어오며) 청개구리냐? 말리면 버티고 내버려두면 말 듣고.

서연 그게 아니라..멍청이 실술했거든.. (지형 앞으로 / 허리 안고 상체 좀 젖히고 보며) 당신 마누라 대책없어..삼부사부 책 표지 제목을 응 한권은 박지형 한권은 이서연 그래야하는 데 두권 다 박지형으로 해버렸다는 거.. 하마터면 오만부 통째로 날리고 회사에 막대한 손해 만들어줄 뻔했어..

지형 (안는) 아아 그건 황당했겠다.

서연 또 있어..

지형 됐어.. (옷 벗으며) 잘 그만뒀어..나한텐 기쁜 소식이야..

서연 잘했지..

지형 잘했어.

서연 (옷 받으며) 좋았어..잘한 거야.

지형 (셔츠 팔목 단추 빼면서 가벼운 뽀뽀)

서연 (상의 들고 가볍게 답례)

지형 처남 나갔어?

서연 아니 몰라..있을 걸? 문권아아아

S# 고모 마당(밤)

[명희 달걀 프라이 접시 들고 마당으로 내려서는데]

[들어오는 재민과 문권]

명희 엄마아아 재민이 들어왔어요오오..

고모 E 으으응 그래그래애애..

명희 넌 웬일이냐? 고춧가루 떨어졌니?

문권 네..

명희 사먹으라 그래 애..부자가 더 무서워 암튼. (제 방으로) 지민아아 후라이이..

재민 (그동안 가방 제 방에 들여놓고 문 닫는)

고모 (유리문 열며) 아들 들어오셨어어? 으흐흐흐

재민 네.. (마루 쪽으로)

고모 그렇잖아두 새로 빠 (빻아) 온 거 좀 나눠 줄 참이었는데 줘정신 따로 없다. 목욕탕 가면서도 까먹었어..들어와들어와.(사라지고)

문권 (재민 돌아보는데)

재민 (먼저 마루로 올라가 문권 돌아보고)

문권 (마루로 올라가는)

S# 마루

고모 E 왜 떨어질 때까지 있어어. 전화한통이면 제까닥 갖다 줄텐데.. (주방에서)

재민 (주방으로)

S# 주방

고모 (작은 수박만 한 고춧가루 봉지 단단히 묶어놓은 고무줄 풀기 시작하는데)

재민 E 그냥 두세요 어머니..

고모 ?? (돌아보는)

재민 (연결) 그거 때문에 온 거 아니에요..그냥 두고 들어오세요..

(나가고)

고모 ??(뭐야아..풀던 것 도로 묶으며 방 쪽 잠깐 돌아보고...묶는)

S# 명희의 방

지민 (프라이 접시에 노른자 터진 것 혀로 핥는 중)

명희 (여행 가방 싸다 문득 돌아보고) 야 하지 마 / (접시 뺏는) 개야? 개야?
..어이그 맘에 안들어 진짜아아..

지민 아까우니까요.

명희 얼른 나가 이 닦고 와..

지민 나중에요.

명희 얼르으으은?

지민 좀 있다 귤 세 개만 먹구요. 엄마..

명희 내가 꿈을 묻어야겠다..귤말구 우유 먹어!!

S# 안방..

고모 ???(의아한 채..방바닥에 문고판 책 둬 권 / 베개 등 한옆으로 치우며
두 아이 보는)

문권 ...(고개 꺾고) .....

재민 ...(방바닥 내려다보며)

고모 무슨 소릴 할려구 애들이..

재민 (상의 벗어 옆에 적당히 놓는)

고모 ....가슴 벌렁거려 죽겠네 아 뭐야. 말을 해애..

재민 말씀드릴께요...아버지

고부 ??(돌아보는)

재민 티비 좀 꺼 주세요.. 아버지도 들으셔야해요..

고모 ??(남편 보고)

고부 (티브이 끄고 돌아앉으며 / 왜··· 무슨 일이야·· 아들 보는)

고모 (재민과 문권 번갈아 보는) ·····이것들이 진짜 빨리 말 안해?!!

재민 예삿일 아니에요. 마음 단단히 잡수세요.

고모 알었어 그래. 내가 암선고도 받은 사람야··더 놀랠 일이 뭐야·· 무슨 일인지 얼른 내노라구.

재민 서연이가······치매에요·· (보며)

고모 ···· (보는)

고부 ??(보는)

고모 (시선 문권에게 / 재민으로) 뭐 뭐··· 뭐뭐라구?

재민 치매요.

고모 ·····(아들 보다가) 무슨 잠꼬대야 얘가··개가 몇 살인데 치매야·· 이제 서른 살짜리가 무슨 말도 안되는 / 웬 헛소리야 너·· (하며 시선 문권)

문권 (이미 울고 있다) ······

고모 ????(아들 보고)????(남편 보고)

고부 (그저 가만히 아들 보는)

고모 여보···여여보··

고부 (오버랩) 침착해···들어봐··

고모 들어보나마나 말이 되는 소리래야지 한나절 벗을 하지 서른살짜리가 그런 병이라는 게

문권 (오버랩) 우리도 그랬어요··그런데 고모 받아들이셔야해요. 사실이에요.

고모 ···(머엉)

재민 서연이 이상하다 그러셨죠··그거 단순한 건망증이 아니라 알

츠하이머 치매라는 병 때문이에요..

재민 E 진단 / 결혼 전에 받았고 그래서 지형이가 결혼 서두른 거에요..병원 얘기로는 시작된지 이미 꽤 됐을 거래요.

재민 아직은 진행 더디게 하는 거밖에는 치료 방법이 없다는데 아이 때문에 지금은 그 약도 못 먹어요

고모 .....

재민 그렇지만 치매 고치는 약 개발에 온 세계 연구진들이 매달려 있어요..어쩌면 빠른 시일 안에 성공할 수도 있을 거에요.

고모 (맥이 탁 풀어지면서) 여보..여보...나 좀..

고부 정신 놓지 마..정신차려..

고모 (오버랩) 아니야 아니야 (남편 밀어내며) 아니야..아니야아아아아 (하다가 그대로 실신)

재민 어머니.

고부 (아내 일으켜 안으며) 여보 여보오 / (문권 물 가지러 뛰쳐나가고) 정신 차려 정신차리라니까아아!!!

S# 서연 주방

서연 (밥 먹으며) 이 녀석 욕해줄 거야..나가면 나간다 그러고 나가야지 소리 없이 슬그머니 도대체 어딜 간거야..

지형 잠깐 걸으러 나갔나보지.

서연 그럼 메모 써 놓지..

지형 오래 걸릴 일 아니라 그냥 나갔을 거야..

서연 살찌겠다..디리 먹기만하면 방법없지 뭐. 안 그래도 얼마나 불어날지 모르는데..누구는 삼십킬로 육박하게 쪘다더라. 빼느라고 죽을 뻔했대.

지형 그 몸에 삼십킬로가 더 붙으면 볼만하겠다..

서연 곰이겠지.

지형 체중 걱정 할 거 없어.. 그렇게 많이 찔 리도 없겠지만 운동 열심히 하면 금방 돌아오겠지. 걱정할일 아냐.

서연 어 나중엔 많이 마른대..

지형 (보는) …

서연 재민오빠 / 퇴근하면 고모한테 말씀드리라구 부탁했어

지형 …. (멈추고 보는)

서연 깨놓고 편할래. 고모 더 자주 보게 생겼는데 금방 들킬텐데 뭐.

지형 난리나시겠다..

서연 (수저 놓으며) 커피 마시고 싶은데요 허락해 주세요..

지형 참을 수 없어?

서연 참아야하는 이유를 모르겠어..한번씩 너무너무 먹고 싶어..참을라면 어떤 땐 여기서 부글부글 화가 끓어.

지형 꼬마 때문에도 참는 게 좋아.

서연 화날라 그래..내가 화나면 꼬마도 화나..

지형 …(보는)

서연 커피 맛 잊어버리기 전에.. 막 먹으면…. (눈치 보듯) 안되나? 임신 중에도 한 두 잔은 괜찮다 그러는데..블랙커피 한잔 먹으면 소원이 없겠다..

지형 (먹으며 보는)

서연 (젓가락 한 쪽 집어 밥그릇 가장자리 가볍게 두드리며) 커피 커피 커피 커피..

지형 (피식) 별짓을 다 한다..알았어. 조용해. (일어나는) 만들어줄게..

서연 커피커피커피커피

지형 조용하라니까··

서연 커피커피커피커피.

S# 고모의 방··

고모 (두 다리 뻗고 가슴 쥐어뜯으면서) 무슨 이런 / 이런 개같은 경우가 있단 말야 무스으으은 / 왜애··그게 무슨 죄를 졌는데에에 뭘 잘못했는데에에 응응응··아이고 원통하고 분해서 어떡해애애··아이고 / 아이고 내새끼 아까와서 어떡해애애··

S# 마당

명희 (제 방 앞에서 신 신다가)????(가게 나가려)

고모 E ㅇㅇㅇㅇㅇㅇㅇ

[소리 조절 잘 하시기를 / 너무 큰 소리는 오히려 현실감을 떨어트릴 수 있습니다··가슴이 턱턱 막히고 목이 찢어지는 감정으로]

명희 (후다닥)

고모 E ㅇㅇㅇㅇㅇㅇ

S# 고모의 방

고모 (무릎 위에 두 주먹 올리고 울고 있는 문권으로 다가들며) 아이구 이눔아. 어떡하냐 니 누이를 어떡해 어떡해애애애.

문권 (소리 내어 울음 터뜨리며 고모 껴안고) 고모오··ㅇㅇㅇㅇㅇ··

고모 아이구 내새끼 아이구 내새끼으으으.(어쩔 줄을 모르겠는)

재민 어머니··

고부 내버려둬라··

고모 ㅇㅇㅇㅇㅇ 아ㅇㅇㅇㅇ 아ㅇㅇㅇㅇㅇㅇ (문권 끌어안고 고개 올리고)

명희 (들어오며) 무슨 일야 엄마. 누구 죽었어? 서연이 죽었어?

고모 (명희 다리 냅다 후려갈기면서 달려들려는) 니년 속 시워어언하겠다 이년 이 죽일년.

재민 어머니.. (잡고)

고모 (버둥거리며) 그렇게에에 못잡아먹어 안달복딸이더니 이 나쁜년 흉측한 년

명희 대체 무슨 일야 서연이 죽었냐구.

고부 죽긴 누가 죽어.(좀 성나서)

명희 그럼 엄마 왜 이러냐구..뭐야아아아

문권 우리누나가 치매에요 누나..

명희 ???? (두리번두리번)

고모 (두 손바닥으로 얼굴 덮고) 우우우우 우우우우우

재민 누구 잘못도 아니에요..운이 나쁠 뿐이지 그 병 걸리는 사람 따로 있는 것도 아니구요 어머니..

고모 우우우우

재민 오늘 사표냈대요..더 이상 회사에 폐가 될수 없다고..그만큼 병이 진행되고 있다는 뜻이에요..

고모 우우우우

재민 어머니도 이제 아셔야할 때라고....

고모 (끄덕이면서) 으으으으

재민 대신 말씀드리래서요..지가 직접은 못하겠다고..

고모 (감정 수습하려) 알았어 알었어...알었다....이게 무슨 청천벽력...이상하다아 이상하다...애가 왜 전같잖게 뭔지 모르게 전같지가 않은 게..날 보면서도 딴 생각하구 있는 거 같기두 하구..뭔지 모르

게 으응 그게 그건지 누가 꿈에두 몰랐지··몰랐어어. 응응응응.

명희 (오버랩) 서른에 무슨 그런 말도 안되는 소리가 / 영화 찍냐? 오진 아냐? 병원 몇군데 가봤어 재민아.

재민 재검까지 받았어요.

명희 .....(할 말이 없고)

재민 어머니

명희 (오버랩) 못고치는 거잖아아아··

재민 (명희 보고)

명희 그 기집애 뭐야 황당하게 그런 병이 왜 걸려어어. (울먹해서) 애는 어쩌구 지형이느은··지형이두 아니? 알아?

재민 알고 결혼한 거에요.

명희 ???

고모 (오버랩 / 일어나려 하며) 가자 내가 가서 봐야지··

재민 (잡는) 이삼일 뒤에 / 어머니 진정되면 보러 가세요··

고모 (보며) ....

재민 그러는 게 좋아요··

고부 (오버랩) 말들어··지금 쫓아가봤자 붙잡고 울일밖에 뭐있어. 당신 혼자 울어··실컨 울어 눈물 다 빼고나서··보러 가···

고모 ....우우우우 우우우우우

S# 대문 밖

[잠시 두었다가]

[나오는 문권]

재민 E 생각보다.(문권 돌아보고)

재민 (연결) 잘 받아들이셨다고 해.

문권 네··

재민 가라··

문권 들어가세요··

재민 가··

문권 네···(움직이기 시작) ·····

재민 (보고 있고) ········(돌아서는)

S# **마당··**

재민 (들어와 제 방으로)

S# **재민의 방**

재민 (들어와 침대에 걸터앉으며 스르르 그대로 누워버리는) ····

S# **계단을 내려오고 있는 문권···**

문권 (끊임없이 흐르는 눈물 주먹으로 닦아내며) ··········

[문권 전화벨]

S# **거실**

서연 (불린 미역 소쿠리에 건지는데)

[문권 방 소리 전화벨 작게]

서연 (문득 귀 기울여 듣고 문권 방으로)

S# **문권의 방**

서연 (들어와 전화 보고) 어 언니··

명희 F ····

서연 여보세요··

명희 F 왜 니가 받어··

서연 어 애 전화 놓고 나갔네··들어오면 하라 그럴게··

명희 F (오버랩) 서연아··

서연 응..

명희 너는 나를 꼭 그렇게 나쁜 년을 만들어야겠냐?(울음 섞여)

서연 ...

S# 명희의 방

명희 내가 너 싫어하는 게 바로 이런 거야..너 꼭 마지막에는 내가 나쁜 거 만드는 거. 지가 안 먹는다 그래놓고는 내가 뺏어먹은 걸로 만드는 거..약올려놓고 나한테 바가지 씌우는거.. (지민 무슨 일인가 보고 있고)

S# 문권의 방

서연 (듣고 있는)

명희 F 한두가지냐? 이루 헤아릴 수가 없다야..너 때문에 엄마한테 얻어터진 일..너 얼마나 얄미웠는데..진짜

S# 명희의 방

명희 (연결) 한강 끌고 나가 늘씬하게 두들겨 패주고 싶었던 게 한두 번이 아냐 이 기집애야.. (감정 오르면서) 그런데 등신이 육갑까지 하냐? 으으 너 나를 이렇게 한심하게 만들어 놀수 있는 거야? 응?

S# 문권의 방

명희 F 진짜 악질은 너야 이 기집애야..맨 마지막까지 나를 물고 늘어지잖아..

서연 무슨 뜻인지 알아 언니..미안해..나도 잘한 거 없어..너무 속상해하지마..나 생각보다 잘 하고 있어..아직은 괜찮아..

명희 F 얄미운 기집애..이 판국에도 잘난 척이야..끊어야..

서연 .... (전화 내리며 쓴웃음) ...

[다시 전화]

서연 (받는) 응 언니.

명희 F 문권이 전화하라 그래..

서연 알았어..(전화 놓고 나가다 도로 /)

[메모 / 명희 언니한테 전화할 것]

S# 주방 /

서연 (들어와 냉장고 문 연다..열고 왜 열었는지 모르겠다) .... (좀 더듬다가 그냥 닫고 둘러보면 건지던 미역 / 미역으로 가다 서재 쪽 돌아보는)

S# 서재..

지형 (컴퓨터 켜놓고) ...(의자 조금 돌려놓고 문자 찍고 있는 중) ......

[갑자기 들리는 교향악]

지형 ?? (벌떡 일어나 나가는)

S# 거실

서연 (오디오 앞에 서 있는) ....

지형 (볼륨 줄이고) 너무 커 이웃에 방해돼 서연아.

서연 지루해.

지형 알았어..다 했어..컴퓨터 끄고 나올게..금방나와...(서재로)

S# 창주의 거실..

창주 (샤워하고 나오는) 나 나왔어 여보..

이모 E 네에에...

창주 (소파에 앉으며 면봉으로 귓속 닦는데)

[문자 메시지 오는 소리]

창주 (잠깐 보고 주방 돌아보면서 집어 열어본다)

지형 E 저에요 어머니. 서연이 회사 그만뒀어요. 아버지 모르시게 제 런닝머신 좀 실어 보내 주세요..날씨 추워져 바깥 운동이 무리라서요.. (전화 원래 있던 자리로 놓고) .... (귀 청소) ....

수정 (와인 들고 나오고)

이모 (와인 안주 들고 나오는) .....

창주 (잔이 두 개) ..처제 안 마셔?

이모 언니가 안마신대요..

창주 (아내 보고 / 왜)

수정 (탁자에 준비) ....

창주 당신 문자 왔어..

수정 (전화 집어 열어 보고) .....(전화 내려놓는)

창주 뭐야..

수정 지형이..별일 없냐구..

창주 오나가나 문자질..애어른 선후배 아무 상관없이 문자로 때우는 세상.

이모 형부 들어오셨을 시간이니까 전화 못하는 거에요..

창주 현아씨 통화했어?

수정 (따르며) 했어. 영수 며칠 들어와 있기로 했다든데..아들 좋아하는 사람 같이 뮤지컬 보고 쇼핑한다 그러대..

창주 그 집은 참...

수정 왜..

창주 (글라스 들며) 노이사장 향기 보내놓고 입맛까지 떨어졌는데 현아씨 아무 상관없이 아들이랑 노는 거 꼴보기 싫어 집에 들어가기 싫대..십분을 투덜거리드군..

수정 (이모 글라스에 따르며) 그 집이 원래..그렇게 갈리잖아..

이모 아버지는 딸 엄마는 아들..원래 그래요.

창주 결국은 영수놈한테 주머니 홀랑 털려 거지 될거라고 노이사장 걱정해. 흐흐 한번씩 들어와 며칠 비위맞추고 뜯어가는 게 상당한가봐.

수정 지뭇으로 받아갖고 나간 거 꽤 될텐데 왜 그러는지 모르겠더라.

창주 다다익선 아니겠어? 있는 집 자식들 재산싸움이 다 그런 거지. 내낀 내꺼 부모것도 내꺼..그 녀석은 제 아버지 안 같은가봐..짜기로 정평 났더라구.

수정 그런 말 어디서 들어?

창주 팁이 짜대 허허..술값 계산서 일일이 따지고..

이모 으으 매력없다..

S# 향기네 거실

[영수와 현아 춤추고 있는 중. 탱고면 아주 좋고 아니면 차차차? 지르박?]

[한동안 두었다가….]

홍길 (이 층에서 내려오다 멈춰서 물끄러미 보며) ……

현아 여보오오.. (기분 좋아서)

홍길 …..(내려오는 / 못 들은 척)

영수 (상관없고)

홍길 (오디오로 가서 음악 멈춰버린다)

현아 ?? 왜 그래.

홍길 제 정신이야? (한심해서)

현아 왜애

홍길 딸년은 만신창이 가슴 껴안고 만리타국으로 떠났는데

현아 아 그 신소설 좀 쓰지 마. 잘 도착했다면 됐지. 걱정할 거 없다고 날아가는 목소리였으면 됐지 뭐얼 어울리지도 않는 청승으로

오르락내리락 사람 스트레스 줘어··

홍길 스트레스 / 스트레스 받는 사람이 하루 조용일 돌아다니다 들어와 춤이야?

현아 클럽갈라다 당신 생각해서 들어온 거야··

홍길 뭐?

영수 하하 아니에요 아버지··클럽에서 엄마 입장도 안 시켜줘요.

홍길 어린 놈하고 춤바람났다 소문 퍼지게 하고 싶어? (소리칠 필요 없음)

현아 소문? 하 소오문·· (소파에 앉으며) 입이 백두산 천지 구멍이이래도 당신은 그 소리하는 거 아니지이이·· (음료 따르면서) 뻔뻔하기는 암튼

영수 엄마.

홍길 (오버랩) 정말 이럴래?

현아 뭐 내가 틀린 말 했어?

홍길 그렇게 아아무 상관이 없어서. 당신 좋겠다. 나는 여기가 뻥 뚫려서 엄동설한 칼바람이 가슴으로 들어가 등으로 빠져 나가는데

현아 신소설 쓰지 말라니까··

홍길 향기 낳는 걸 내가 봤으니 망정이지 죽일놈 살릴놈 거품문게 엊그젠데 어떻게 그렇게

현아 (오버랩 / 벌떡 일어나 돌아보며) 대상포진까지 걸렸으면 됐잖아. 그리구 향기 날 때 당신이 언제 봤어. 당신 그때 히야신스 기집애랑

홍길 (오버랩) 이이입!!! 입입··입 다물어··졌다졌어··그만해. 오케오케이 그만 하자. 우리는 여엉원히 철로길이다 그래··죽는 날까지

쭈욱 철로길.. (침실로 들어가는데)

현아 그렇게 애달프면 내일이라도 날아가 새롬이 옆집에 자리 잡고 살아야..안 말려.

홍길 (대꾸 없고)

영수 (엄마 옆에 앉으며) 앉아요 엄마.. (잡아 앉히는)

현아 (앉으며) 성가셔 죽겠어 정말.

영수 엄마두 걱정한다 그러세요..

현아 나 걱정 안해 얘..설마 처녀로 늙혀 죽일까봐? 그 정도 가벼운 스크래치야. 지금 세상에 스크래치 한두 개 없는 녀석 어딨어..

영수 흠흠 알고보면요.

현아 넌 어떡할 거야..

영수 제 걱정은 하실 필요 없다니까요. 너무 많아 머리가 아파요. 좀 더 놀구요.

현아 (오버랩) 머리 빈 아이 안돼.

영수 그럼요.

현아 영리하게 놀아. 외국 나가 애 낳는 기집애 만들지 말구.

영수 엄마 저 그렇게 허술안해요 흐흐

현아 (음료 집어 들며) 어이구 웬수덩어리. 자기는 할짓 못할 짓 다하구 돌아치면서 왜 나 행복한 꼴은 못봐.. (방으로 고개 돌리고) 모처럼인데!! 얼마만인데에!!

영수 질투하시는 거에요..

현아 아들을 질투해?

영수 제가 아들이라는 걸 잠깐 깜박하신 거죠.

현아 니 아빠 노망났냐?

영수 낄낄.. (기대앉으며) 그런데 전 아무래도 결혼이 그다지 쉽지가 않을 거 같아요.

현아 노는데 정신 팔려 그런 거야 이 녀석아. 그만놀아 그만 놀고 깔끔한 아이 붙잡아 결혼해서 착실하게 모범적으로 살아..늬 아빠는 닮지 마..최악이야.

영수 제가 결혼 어려운 건 엄마때문이에요.

현아 ?? 내가 뭐 왜.

영수 모든 여자가 다 엄마랑 비교가 되거든요..이 아가씨가 우리 엄마 나이됐을 때 과연 엄마만큼 근사할 수 있을까

현아 어으어으 으흐흐흐흐흐흐 (머리 흐트러트리며) 아으 멀쩡한 녀석 아으 달콤한 녀석

S# 서연의 거실

[소파 / 서연 눕혀놓고 발 지압]

서연 아으 아파..

지형 아파야 지압이 되지.

서연 자기가 지압사냐?

지형 (탁자에 손발 지압점 안내 그림 비닐 코팅된 것 집어 흔들어 보이며) 공부해서 하는 거잖아..

서연 그러니까 나 실습용아냐.. (발 빼려)

지형 (당기는) 가만 있어어 (하다가 발바닥 긁어버리고)

서연 아하하하하..하하하하

문권 (들어온다)

서연 (몸 일으키고) 어디 갔었어?

문권 고모네..형이 오래서...

서연 지형 .... (보는)

문권 잘..자알 받아 들이셨어요..끝났어..

서연 기절 안하셨어?

문권 아니....안하셨어..

서연 .....(보며)

문권 우시기는.. 좀...우셨어..꽤 우셨어..

서연 됐어..고생했어..

문권 (제 방으로)

서연 계속해..

지형 (보는)

서연 계속하라구..

지형 ...(발 만지기 시작)

서연 (한 팔 눈 덮는)

지형 ....(보며)

S# 문권의 방

문권 (옷 벗은 거 침대에 던지고 전화 집어 보면 메시지 떠 있는)
[여행 안 간다]

문권 (답신 / 글자만으로 / 네에) .... (보내고 돌아서다 보면 / 서연 메모 / 집어서 보다가 서랍에 넣는)

S# 명희의 방

명희 .... (앉아서 / 무릎에 한 손에 있는 전화에 답신 들어오는 소리에 전화 치워놓고 두 다리 세우고 껴안고 한 손으로 눈물 닦아내며 소리 죽여 우는) ....

지민 엄마아..

명희 (저리 가라는 손짓) …

지민 …..

명희 가··가서 자 빨리··

지민 아직 잘 시간 아닌데··

명희 그래도 자··일찍 자…..말 안 들어?

지민 (뿌우 해서 물러나는데)

[밖에서 들어오는 소리]

동철 (문 확 열고 보는 / 달려온 호흡)

명희 (모르는 척 울고 있는)

동철 …… (보다가 문 닫는다)

S# 마당

동철 (문 닫아놓고 잠시 서 있다가 안방 쪽 보고 움직이는)

[마루 문 열고…올라가 방 앞에서]

동철 장모님 ….어떠세요.

S# 안방

고부 (누워 있는 아내 보고 있다가 고개 마루 쪽으로) ··괜찮아··

동철 …..(조심스럽게 문 열고 들어오며 주머니에서 약봉지 꺼내 무릎 꿇듯 / 내놓으며) 혹시나해서….놀란 거 진정시키는…

고부 그래··

동철 ··뭐라고…드릴 말씀이 없네요··

고부 (끄덕끄덕)

동철 ….(장모 쪽으로 몸 틀어놓고 보며….잠시 있다가) 힘내셔야해요…. 처제 보살펴 주셔야 하잖아요··

고모 …..

동철　(눈으로 고부에게 인사하고) …. (나간다) ….

S#　마당

동철　(나와 마루문 닫고 재민의 방 보며 잠시 서 있다가 제 방으로)

S#　명희의 방

동철　(들어오는)

명희　(두 손으로 얼굴 눈 가리고 작게) 우우우우 우우우우우 (울고 있는)

지민　(조금 떨어진 자리에서 비죽비죽 울고 있다가 아빠한테 와 다리에 달라붙으며) 이모 죽어요?

동철　아냐..

지민　그럼 엄마 왜 이렇게 슬퍼해요..아까부터 계에속 울어요..

동철　(아내 옆으로 앉으며 어깨에 한 손) 여보..

명희　(남편 안으며) ㅇㅎㅎㅎ ㅎㅎㅎㅎㅎ

동철　…(안아주는)

S#　재민의 방..

재민　(책상 의자에 앉아서) …..

서연　E　지금 나는 완전 정상이야. 책읽어내는 거 원고 수정작업 / 미팅 / 기획회의 / 아이디어 제출 아무 문제 없어. 누구도 아무 것도 몰라. 강요하지 마. (좀 사정하듯) 지금 이대로 난 아니다 우기면서 있게 놔둬. 재검 받고 똑같은 소리 듣고나면 / 더 우길 의욕 떨어져 그냥 주저앉아 맥놓아 버릴 거야.

재민　….

S#　5회에서 / 지난 어느 날

서연　(잠깐 재민 돌아보며) 당분간 / 내가 큰사고 치기 전엔 (지형으로 시선) 누구도 모르기 바랬어. 자존심….너무 아프다…나는…내 인생은 이렇게 마지막까지 남루해야 하는 거니?

지형 (안으려)

서연 (피하듯 하며 문으로 가 도어록 잡고 비틀려다가 멈추고 푹 쪼그리고 주저앉는다)

지형 (달려들고)

재민 (벌떡 일어나고)

서연 (양 어깨 잡은 지형 한팔 두 손으로 움켜잡고 울음 터뜨린다 재민 쪽으로) 오빠아아아 / 나 좀 나좀 데려다 줘. 나좀 집에 데려다 줘어어어어어...

재민 (지형과 자리 바꿔 일으켜 세우고)

서연 (달려들 듯 목 안으며 대성통곡)

S# 현재 재민의 방

재민 (고개 천장으로 올리는데....지이이 눈물) .....

서연 E 아하하하하..하하하하하

S# 아파트 거실

서연 (식탁 / 야채샐러드 볼 하나씩 놓고 먹던 중) 하하하하하 (우스워 죽겠다는 듯)

지형 뭐가 그렇게 재밌어. 뭐야 나도 같이 웃자..

서연 아하하하하 하하하하하

지형 (같이 웃어지면서) 같이 웃자니까... 왜애....엉?

서연 뇌는 가짜로 웃어도 행복해서 웃는 줄 안대..나는 더 바보니까 더 잘 속겠지..우습지 않아도 계속해 웃어주면 행복해질 수 있다나? 한번 해 볼려구...으흐흐흐흐 흐흐흐흐

지형 (보는) ...

서연 (문득 지형 보고) 그런 얼굴로 보지 마아..미친 거 아냐아..

지형 그래 같이 해.. 하하하하 하하하하하

서연 으흐흐흐흐흐 당신 삼돌이같아..하하하하 하하하하.. (다소 과장된 웃음)

지형 (보며)

서연 으흐흐흐 흐흐흐 (웃음소리 작아지다가 야채 찍어 입에 집어넣으며 울음 터지는) ....

지형 (얼른 일어나 옆으로 옮겨 안아주며) 괜찮아. 서연아..괜찮아괜찮아..

서연 (찢어지게 울고) ...

지형 (안은 채) .....

지형 E 서연이는...아내는 스스로의 결정으로 직장을 그만두고 고모님 가족들에게 자신의 상태를 알리게 했다..그러고도 마치 별일 아니라는 듯 저녁을 먹고 장난치며 커피 한잔을 애원했고 설거지를 하고 엄살 피우며 발지압을 받았다.. 그리고 샐러드를 먹으며 뇌는 바보라 가짜 웃음도 진짜로 착각하기 때문에 웃다보면 행복해진단다고 헛웃음을 웃기 시작했다....그러다가 운다..찢어지게 울고 있다..괜찮아 서연아 괜찮아..내가 고작 할 수 있는 건 이 공허한 말..아내는 괜찮지 않다.. 서연이는 좌절하고 있다..

F.O

S# 거실

서연 (들여 놓아진 러닝머신에서 걷고 있는 / 중간 속도)

서연 E ....그날 네 심장 소리가 왜 그렇게 아름답게 들렸을까..너는 나한테 속삭였단다. 안돼요 나를 해치지 말아요..안돼요 나를 외면하지 말아요....그런데 아가야 나는 아직도 너를 낳기로 한 것이 옳은 선택이었다는 확신이 없다. 그래서 한번씩 나는 네가 두렵다.

S# 식탁

서연 E (노트북 두드리다 멈춘) .....(화면 보고 있다가 옆에 우유 한 모금 마시고 이어 쓰기 시작) 너는 나를 원망할까 아니면 감사할까..너는 나를 부끄러워할까 아니면 고마워할까..나를 사랑할 시간이 없을 너는 나를 / ....어떤 마음으로 기억해줄까..

[전화벨. 네다섯 번]

서연 (보고 좀 망설이다가 받는다) 네에 이서연입니다.. (해놓고는 웃는) 아 네 편집장님..네 잘 지내요. 송별회 좀 더 있다 하자 그랬는데요...그 자리 괴로울 거 같아서요.. 네...네...네 안녕히 계세요 편집장님.. (끊고 노트북으로 시선) .....(잠시 있다가 두드리기 시작)

서연 E 너는 지금 몸이 내 손가락 길이만 하고 무게는 15그람에서 20그람..손발이 나타나기 시작했고 얼굴 모양도 잡혀서 전체적으로 땅콩 모양을 닮았고 목둘레 검사도 정상, 건강하게 잘 자라고 있는 중이다.

[현관 벨 울리는]

서연 E 네가 남잔지 여잔지 성별은 아직 모른다..우리는 / 네 아빠와 나는 어느 쪽인지 모르는채 기다렸다가...신선한 감동으로 너를 만나기로 했다.. (우유 마시며 화면 보는 / 그러다 문득 무슨 소린가 들린 것 같다) .....(일어나 현관으로) 네 누구세요..

명희 E 애 문 열어..

서연 .... (문 열어주고) 언니 왔어?

명희 (먼저 들어서고 / 케이크 상자 중간 것 / 돌아보고)

고모 (들어오며 웃는) 나 왔다..

서연 (웃으며) 어서 오세요 고모··

고모 (서연 손 잠깐 잡았다 놓고 움직이며) 잘 있었어?

서연 네에·· (뿌우 보는 명희) 들어가 언니·· (주방으로)

고모 못보던 거네? (러닝머신)

서연 어 어머님께서 보내 주셨어요··감기 들지 말고 집에서 운동하라구·· 그 사람 쓰던 거래요··

고모 고맙기도 해라··문권이는.

서연 친구들 만난다구요 오랜만에 나갔어요··

고모 (봉지 들어 보이며) 수산시장 갔다 도루묵.

서연 아아 도루묵··

고모 지져서 점심 먹자.

서연 네에··

명희 (냉장고 문 열고 서서) 뭐가 이렇게 많아··들어갈 자리가 없네.(들어갈 자리가 없어야 합니다)

서연 내가 살림이 서툴러서··

고모 정리 좀 해 줘·· (도루묵 봉지 싱크대에 넣으며)

명희 그럴 새가 어딨어··금방 가야 하는데·· (냉장고 문 닫으며) 니가 해.

서연 알았어.

명희 해주기 싫어서가 아니라

서연 (오버랩) 알아. 가 일해··

명희 (보며) ·····

서연 (웃으며) 가라구··

명희 끝까지 우리 엄마 애물단지··하구 많은 병중에 고르고 골라 하필 그거냐?

서연 (고모 에이프런 펴다가 돌아보는) 그러게 말이야..

명희 재수가 없어도 어떻게 그렇게 독하게 없어 이 기집애야 (울먹해지며)

고모 (오버랩) 귀신 씻나락까먹는 소리 집어치구 어이 가 (에이프런 입으며 나직이)

명희 ? (엄마느은)

고모 입 다물구 있는 걸로 부주하라 그랬잖아..

명희 내가 뭐랬는데에

고모 애 붙잡고 재수타령 할 일야? 똥 밟았어?

서연 괜찮아요 고모. 나도 그렇게 생각하는데요 머..

명희 (오버랩) 엄마한테 나 자식이 아니라 웬수지 그래. 엄마가 이래서 내가 서연이 꼴보기 싫어한 거야아..얘 미운 털 박히게 한 거 엄마라구..

고모 알었어..내 죄가 커..전부가 내 탓이야 그래.. (도루묵 봉지 집어 도루묵 쏟는) .... (도루묵 만지기 시작하는) ....

명희 지민 아빠 그러는데 치료약 개발 머잖았대..신문에 계속 기사 난대..

서연 (웃는) 응..

명희 간다..

서연 응.. (현관까지 따라 나가서)

명희 힘내..희망을 가져..화이팅

서연 화이팅.. (명희 나가고) ...(돌아서며 고모 쪽 보는) ....

고모 (등 보이며 생선 다듬는) ....

서연 (고모 쪽으로 천천히 다가가 서는) .....

고모 ·····

서연 고모···

고모 ····왜애···(안 우는 척) ···

서연 죄송해요···

고모 암만···그래야지···

서연 고모가 짐작하는 만큼 그렇게 힘들지 않아요. 그 사람이 있잖아요··

고모 (손질하던 손 멈추고 칼 잡은 채로 얼굴 우그러지는) ·····

서연 ···· (보며)

고모 ···· (고개 앞으로 숙여지면서) ·····

서연 ······ (보며) ······

S# 거실(다른 날)

서연 (책 펴들고 왔다 갔다 하며 소리 내어 읽고 있다) 왕은 그 아이의 두 발목에 못을 박아 산에 버렸는데 (잠깐 찡그리고) 어느 농부가 주워다가 폴리··폴리보스 왕에게 바쳤다··왕은 마침 자식이 없던 차라 친자식처럼 길렀다. 이 아기의 이름이 오이디푸스. 부르튼 발이라는 뜻이다··청년이 된 오이디푸스는 (책 보던 자리 접어 들고 문권의 방으로 가 문 열고 들어간다)

S# 문권의 방

문권 (공부하고 있다가) 어 누나··왜요··

서연 (잠시 방 둘러보는)

문권 (일어나며) 누나.

서연 (그냥 돌아서 나간다) ····

S# 거실

서연 (나와서 한 바퀴 돌아보다가 손님용 화장실로 들어가는)

문권 (나와서 누나 들어가는 것 보며) .....(있다가 주방으로)

S# 주방

문권 (포트에 스위치 넣고 냉장고에서 랩 씌워진 케이크 접시 꺼내 싱크대에 놓고 포크 찾아 먹기 시작하는데)

서연 (화장실에서 나와 소파로 가 서서 탁자 내려다보며) .... (있다가 쿠션들 집어 들면서 뭔가를 찾는) ...

문권 뭐 찾아요..

서연 ?? 어..책..

문권 화장실에 놓고 나왔구나.. (웃으며) 갖다 줄게..

서연 (문권 들어가는데) 놔둬 내가 할게.. (문권 돌아보고 / 화장실로)

S# 손님용 화장실

서연 (들어와서 찾는데 책이 눈에 뜨이지 않는다) .... (두리번거리다가 나가는)

S# 거실

서연 없어..여기 놨단 말야.. (소파 다시 찾기 시작)

문권 (화장실로 들어가 책 들고 나와 내민다)

서연 ??

문권 플러시 물통 위에..

서연 나 눈도 머는 거야?

문권 커버 제껴져 있었어..안보였을 수 있다구요..

서연 (책 접어놓은 것 펴면서 앉는)

문권 (식탁으로)

서연 산책 나가자.

문권 춥다고 자형이 꼼짝마랬는데?

서연 나가 나가자..숨막혀 나가자.. (현관으로)

문권 누나누나 옷 옷 입어야지..

서연 어..깜박..깜박깜박 나는 크리스마스 깜박등이야. 옷 입자.. (두어 걸음 만에)문권아 그거 뭐지? 깜박깜박..

문권 점멸등

서연 ....그거나 그거나

S# 침실

서연 (들어오며) 점멸점멸

S# 둔치를 걷고 있는 남매..

[잠시 사이...]

문권 춥지..

서연 ....

문권 누나..

서연 너는 꼭..끝까지 잘 살아야 해..내거까지 합쳐서 다부지게..

문권 ...(보는)

서연 느슨느슨 적당히 낭비하지 마..꽉 차게 후회없이..나중에...마감할 때 그만하면 열심히 잘 살았다..그럴 수 있게..

문권 ....

서연 피곤하면 머리에 연기가 꽉찬 거 같아..점점 정신 똑바로 차려를...하기 싫어. 귀찮아

문권 그럼 안돼 누나..아기가 태어나는데 그럼 어떡해..

서연 나는 허물어지고 있는 벽돌 담장이야. 버텨서 막을 수 없어.

문권 ...

서연 꾀가 나..중간중간 배째라 그러고 싶다....아직은 자존심이라는 게 여전해서..차라리 미쳐버리는 게 낫겠다 그래.

[서연 전화벨..]

문권 누나 전화..

서연 (주머니에서 꺼내 보고) 응 나야..

지형 F 뭐해..

서연 ...책 읽어.

지형 F 무슨 책..

서연 어 으응...옛날부터 있던 건데..제목 생각 안나..어 신화 다이제스트.

S# 지형 사무실

지형 지금 어느 대목이야..

서연 F 어..오 오이디푸스..

지형 창문 열어놨니? 왜 차소리가 들려..

서연 F 어 잠깐 / 공기 / 공기 바꾸는 중이야..

지형 그게 아닌데? 너 밖에 있는 거 아냐?....서연아 ..서연아..

서연 F 금방 들어가.

지형 어디있는 건데!! 혼자 나가지 말라는데 왜 말 안들어!

서연 F 걱정마 문권이 같이 나왔어.

지형 그 자식. 문권이 바꿔.

서연 F 문권이 자식 욕하지 마. 내가 고집부린 거야.

지형 바꿔주세요 아주머니. (끊겨버리는 전화)?? (나 참 이 사람 / 다시 통화 시도)

[벨 가고]

서연 F 아 왜애 이 잔소리 영감탱아··

지형 엄마 저녁 초대야 이 할멈아

서연 ····

지형 뭐해··끊어진 거야? 여보세요 서연아.

서연 F 안 끊어졌어.

지형 아버지 세미나 가셨대··저녁 사주신대··문권이 같이 나와.

S# 둔치

서연 (새삼스럽게)?? 정마알?···밖에서?? 어디서어??··알았어··응··알았다구·· (전화 내리며) 배우가 될 걸 그랬어··

문권 (보는) ···

서연 (돌아서 걷기 시작) ······

문권 어디로 나오래··몇시·· (하는데 문자 들어오는) ··(꺼내 체크하며) 됐어. 문자 왔어·· (답신 보내는)

서연 ···(상관없이 걷는) ····

S# 멤버스 클럽 건물 앞

[문권이 운전하는 서연의 자동차가 와서 멎고]

S# 차 안

문권 누나 이거·· (주머니에서 메모 한 장 꺼내준다)

서연 (안 받으며)**층 멤버스 클럽. (종업원이 차 문 열어주는) 들어가·· (내리려)

문권 그래도 혹시 이거 갖구 가··

서연 됐다니까·· (내려서 들어가는)

문권 ·····(보다가 출발)

S# 로비··

서연 (들어오는 / 승강기 찾으며 걷는데) …

이모 E 지형아..

서연 ?? (뒤돌아보는데)

이모 (오히려 앞쪽 / 승강기 쪽에서 나타나며) 여기야 이리 와 지형아..

서연 (돌아보며 인사) 안녕하셨어요 이모님..

이모 (손잡으며) 지형이 좀 늦는단다. (움직이며) 저 대신 마중하래서.. 안 막혔어?

서연 네.. (따라가며) 별로..잠깐 그랬어요..

S# 승강기 안..

이모 (눌러놓고) 컨디션은 어때.

서연 좋아요..

이모 회사 그만뒀다면서..

서연 네..

이모 날마다 출퇴근 하던 것 그만두고 있을려면 뭔가 좀 그렇겠다..

서연 네..

이모 정년퇴직한 사람들 아침에 깨서 출근 / 그랬다가 아 퇴직했지 / 한참동안 그런다든데..

서연 저도 그래요 이모님.

이모 호호 그게 자연스러운 거야 그렇지?

서연 네에..

이모 아 동생..

서연 불편하다고…제가 낄 자리 아니라고요

이모 에이 상관없는데..지형이가 같이 하자 그랬는데..

서연 (그냥 웃고)

S# **멤버스 복도··**

이모 처음이지?

서연 네··

이모 조용해서 좋아··말 그대로 멤버스클럽이니까··

서연 네에··

이모 형부랑 같이 아니면 언니 저녁 외출 거의 안해.

서연 네에··

S# **클럽 별실··**

수정 (창밖 내다보고 서 있는) …… (노크에 돌아보고)

남자 손님 오셨습니다 박사님··

수정 네에··

[두 여자 들어오고]

이모 (들어오며) 사돈 총각은 사양했다네?

수정 왜 같이 오지··

서연 아니에요·· (목례) 안녕하셨어요 어머님··

수정 지형이 좀 늦는단다··

서연 네··

이모 (오버랩) 앉아앉아.(남자 수정 건너편 의자 빼고 기다리는)

서연 네·· (움직이는데)

수정 추워?

서연 ?? 아뇨··

수정 그럼 외투 벗어··

서연 …네에·· (벗는 / 남자 도와주는)

S# **같은 장소··**

[수프 놓고 나가고]

수정 (스푼 들며) 시작하자..

서연 네…(스푼 드는)

수정 난방은 잘 되지?

서연 네에..

수정 런닝머신은 잘 쓰고 있구?

서연 네 잘 씁니다..

수정 책 많이 읽는다 그러드라..

서연 ..네에..

수정 병원에 다녀왔다면서..

서연 …(보는 / 무슨 소린지)

수정 다운증후군 검사도 하고..

서연 말씀… 드렸어요?

이모 지난 주에..전화로..

서연 …

수정 우리 입장에서는 니가…일을 더 복잡하게 만든다 그런게 솔직한 심정이지만..그래서 며칠 고심했는데….네 마음 이해하고 존중하기로 했다.

서연 …. (보며)

수정 내 자식이 널 선택했고 지형이가 너한테 동의했으니 맡겨줄 수밖에 늬들 괴롭히기 싫드구나..

서연 죄송합니다..

수정 아무쪼록..건강관리 소홀히 하지 말고 차분하게 키워서 순조롭게 출산하기 바란다..

서연 ……(보며)

수정 아버지한테는 / 더 지나서 말씀드릴 참이야..

서연 (시선 내리며) 죄송합니다.

수정 실망이 커 그러는 거지 나쁜 사람 아니란다..조금 더 기다리렴.

이모 (오버랩) 언니 습이 다 식는데..

수정 어 먹자..먹자꾸나.. (먹기 시작하는데)

현아 E 아 필요없어 한부장..

수정 ??

현아 E 얘 얼른 와..아줌마한테 인사 해야지 엉?

이모 향기 엄마 언니..

서연 ??

[노크와 동시에]

현아 (들어오며) 얘 우리 합석하자 (하다가 시선 서연에게) ……

이모 (일어나며) 안녕하셨어요 언니.

현아 (일어나고 있는 서연에게 시선 준 채) 너랑 둘인 줄 알구 합석할라 그랬는데

수정 며늘애야..인사드려 서연아..

서연 (목례) ……

현아 (시선 안 떼면서) 니가 우리 향기 물먹인 애냐?

수정 향기 엄마.. (탁자 내려다보며)

현아 니가 우리 집 쑥대밭 만든 장본인이냐?

수정 (오버랩) 지형이도 와..합석은 곤란해.

현아 야 진짜 친구 허무하다. 내 자식 보따리 싸 떠난 게 불과 며칠인데 며느리 데리고 여기 와 우아하게 밥 먹냐?

현아 E (서연 위에) 우리 향기가 나보다 널 더 따랐는데 너 어떻게 이럴 수가 있어. 향기 너한테 인사간다는 것도

현아 E (수정 위에) 너 가슴아파하니까 그냥 떠나라고 말려줬는데 나랑 향기랑 완전 짝사랑이었구나.

현아 늬집 식구들은 짝사랑으로 나자빠지게 하는 거 전문이냐? 엉?

영수 (들어오며) 엄마 왜요 왜 이러세요..

현아 야아아 정말 기가 차서

영수 (오버랩) 안녕하세요 아줌마..

수정 영수 오랜만이다.

현아 (오버랩) 속지 마. 너 저 품위있는 척에 속지마라.. (지형 들어오는 / 밖에서 이미 언성 높은 것 들었고)

현아 E 완전 이중 삼중 오중 다중인격 강수정 얘 강수정아

영수 아 엄마 왜 이러세요오.

현아 (뿌리치면서 팍 오르는) 너 정말 이러기야? 너 내가 얼마나 봐줬는데 사람 진심을 배반해도 분수가 있지 겉으로는 걱정하는 척 위로하는 척 하면서 뒷구멍으로 호박씨 까구 있었어?

수정 (오버랩) 그만하지?

현아 (오버랩) 야아!!

수정 (불끈 일어나며) 내 인생 너한테 저당잡혔어? 너 무서워 나 내 며느리하고 밥도 못 먹어? 도대체 무슨 경우없는 어거지야. 애들 일은 즈들끼리 이미 정리가 된 일이구 너는 니 자식 나는 내 자식 챙기면서 사는 게 당연한 거 아냐. 내가 내 며느리랑 밥 먹는 거도 니 허락 받아야 해?

현아 우리가 이럴 사이가 아니잖아!! 너한테 받은 상처가 얼만데 /

니 아들이 향기한테 한 짓이 뭔데에!!

영수 엄마엄마..

수정 (오버랩) 백배사죄했고 향기한테 못할 짓 한 거 어떻게도 보상 못하는 거 알아.

현아 백배 사죄가 멤버스클럽으로 치매 며느리 불러내 밥 먹이고 있는 거야?

지형 ??(수정도 이모도??)

현아 E 어어 나 이렇게 인품 훌륭한 사람이라고 선전할려고? 치매 며느리가 자랑거리냐?

지형 (오버랩의 기분) 어머니!!!

현아 (획 돌아보는)

지형 ......(참으려고 애쓰는)...

현아 ?? 너 이 태도가 뭐야..뭐...왜애애..

지형 어머니한테서 어떻게 향기가 태어났는지가 쭈우욱 의문이었습니다.

현아 뭐야 이눔아?

영수 (현아와 동시에) 너 말 다 했어?!

지형 어머니 모시고 나가라..

영수 얌마 (멱살 잡으며) 내가 등신이라 너 가만뒀는지 알아?

지형 이거 놔.

영수 나까지 쪽팔리기 싫어 모른 척했던 거야 임마. 너 우리 집에 똥 끼얹어놓고 우리 부모 웃음꺼리 만들어 놓고 뭐? 뭐라구? 우리 엄말 모욕해?!!

지형 이거 놔아!!!(영수 팔 홱 벌려 떼면서)(이모는 이미 어쩔 줄 몰라하

고 있고 종업원도 한 사람 들어와 있고)

[덤벼들려는 영수를 종업원이 잡아 말리면서]

종업 대표님대표님‥대표님‥ (이모는 지형 팔 잡아끌며)

이모 이리 와 지형아 이리 와 이리 와. 그만해 스톱‥그만해‥

현아 길을 막고 물어봐 이 자식아. 치매하구 바람나 우리 집에 침뱉구 결혼까지 한 니눔 정상인가.

수정 (오버랩) 너 치매 소리 한번만 더해‥

현아 왜 내가 없는 말 해? 치매치매라는데 법에 걸려?

수정 (물잔 집어 홱 뿌려버린다)

현아 ??? (이모 ??? 영수 ???) 너….너… 너 감히‥

수정 감히?…너 뭔데‥ 너 뭔데에…

현아 ??????

S# 같은 장소

[조용히 먹고 있는 네 사람……무거운 침묵에…달그락 소리만…]

서연 (뚝뚝뚝뚝) …..(눈물 흘리며) …..

지형 …….(보며) …..

수정 (식욕 없이 먹는) …..

이모 (시선 내리고 먹기만) ……

서연 …..(포크 나이프 쥔 손 식탁에 내려놓고) …..(뚝뚝뚝) ….

지형 (포크 나이프 놓고 냅킨 테이블로) 그만 일어날께요 어머니.

수정 ‥그러렴‥ (포크 나이프 놓는) ….

지형 (서연 옆으로) 일어나자‥

서연 괜찮아‥

지형 일어나….일어나라구…

수정 일어나렴..

서연 …(일으키는 대로 일어나는) ….

이모 (서연과 지형의 옷 꺼내 오고)

지형 (서연 먼저 입히고 / 제 옷 입는) ….

수정 (그동안 다가와 서서) 서연아..

서연 …죄송합니다…

수정 이런 일 당하게 해서 미안하다…

서연 죄송합니다..

수정 (안아주면서) ……죽일수도 살릴 수도 없는 친구도…있단다…니가 이해해..

서연 죄송합니다죄송합니다…..

S# 클럽 앞..

지형 (제 자동차에 서연 태우고 벨트 채워주고 운전석으로 돌아가는)

S# 차 안..

서연 (앞 보며) ……

지형 (차에 오르고 벨트 매고) …출발한다.

서연 (돌아보는) 응.. (출발 / 지형 보며) ……….

S# 차량들 풍경..

S# 운전하고 있는 지형과 지형 보고 있는 서연..

지형 (문득 돌아보고) ….

서연 (뺨에 손대고) ….

지형 (그 손에 입 맞추고) ….

S# 아파트로 들어오는 지형의 차

S# 거실..

[들어오는 두 사람]

문권 (나와서 알은척하고)

S# 침실..

지형 (손잡고 들어와 그대로 당겨 안는) .....

서연 (마주 안으며 아무것도 없는 얼굴) .....

제17회

S# 아파트 전경 오후 4시경. 1월 중순

S# 거실

[클래식 흘러나오고 있고]

서연 (스위치 꽂아놓은 크리스마스트리 앞에 쪼그리고 앉아 하염없이 보고 있는 중) …

[두꺼운 커튼 쳐놓은 채]

[임신 5개월째··벙벙한 원피스. 크게 표는 안 나지만]

S# 손님 욕실

고모 (물청소에 몰두해 있다. 샤워기로 바닥 비누로 씻어내는 중····샤워기 멈춰 걸어놓고 세탁할 타월 뭉치로 바닥 타일 닦기 시작하는)

S# 거실

서연 ..... (여전히 트리 앞에 쪼그리고) ...... (올린 머리가 조금쯤 빠져서) .... (보다가 손가락을 하나씩 꺾는 / 꺾이는 소리 나고) .... (그러다가 제 손 내려다보며 쥠쥠하듯 쥐었다 폈다 반복 서너 번. 시선 다시 트리로) ....

고모 (욕실에서 나오면서) 아이구 껌껌해…커텐은 왜 쳤어.

서연 (고모 돌아보는)

고모 추워?

서연 밖에 날씨 우울해서요‥

고모 어어….불 켤까?

서연 (일어나는) 제가 켤께요…. (거실 등 스위치를 목표로 움직여지는데 잠깐 헤매다가 불 켠다) …

고모 됐다 (웃으며 주방으로)

서연 (소파로 움직이는)

고모 E 우유 안 마셨네?

서연 (돌아보고)

고모 (식탁 우유 들고 나와서 내미는) 마셔‥

서연 … (내려다보며) ….

고모 나중에 마실래?

서연 (컵 빼내며) 회사가고 싶어요‥

고모 …. (보며)

서연 (반쯤 마시고 컵 탁자에 놓으며 앉아 올려다보며 웃는) 출근하고 싶어요‥

고모 (옆에 앉으며) 그 맘 내가 너무너무 이해한다 서연아‥나 수술하고 미장원 넘긴 담에 얼마나 이상스러웠는데…한쪽 팔 떨어져나간 거 모양 허저언한 게‥세상 아아무 쓸모없는 인간이 됐구나아 그게 그렇더라구 으흐흐흐….졸업하자마자 칠년이나 다닌 회산데 그러엄. 자연스러운 거야….애 잘 놀지?

서연 ‥한번씩…나 여기 있어요 (웃으며)

고모 (머리 만져주면서) 이제부터 북북 자란다‥지금까지랑은 달라‥

북북북 커··몸두 둔해지고 소변 개운 안하구 잠자리도 불편하고 그게 그래··그래두 그렇게 고생하구 그으렇게 뒤틀구 아파서 내 다시 또 애를 가지면 사람이 아니다 하구서는 낳고 나면 금방 날아갈 거 같잖냐…그래서 둘도 낳고 셋도 낳고. 요즘은 둘도 많다 그러는 세월이지만 옛날에는 여서 일곱 여덟아홉도 낳았잖냐 으흐흐흐흐흐··아이고오오 무서워 그 자식들을 다 어떻게 키웠을까··

서연 (스르르 고모 무릎에 옆으로 눕는다) …

고모 …. (내려다보는) ……

서연 …..

고모 (서연 팔에 손 얹으며) 기분이 나빠?

서연 그냥…기운이 없어요··

고모 ….. (내려다보며) 공여언히 맥살 쭈욱 빠지면서 까부러지는 날 있어…나두 그런데 뭐얼··맑은 날 흐린 날 바람부는 날 눈오는 날 그런 거야…..잠을 제대로 못 잤어?

서연 (일어나며) 고모…

고모 …. (보다가) ··왜··

서연 (보며) 엄마 어디 있는지 아시죠··

고모 (입 삐끔) …..아니 그건 그거까지는…

서연 아시는 거 같아요··

고모 ……아아아알면 왜··알려면야 뭐 알아보면··볼 생각은 없다면서··

서연 …. (보며)

고모 안본다구 하구선 왜……마음이 변했어?

서연 …. (보며)

고모 보고싶어?

서연 (쓴웃음) 보고싶은 거 보다…물어볼 말이 있어요··꼭 한번 물어볼 말이….더 늦으면…아무 것도 없을 거고··물어보고 대답을 들어도…얼마 안가 다 사라지겠지만…그래도 아직 난 이서연이니까요 고모…

고모 …. (보며)

서연 아직 나니까… (시선 내리며) ….문권이 누나니까…

고모 알었어…알어보께…찾아보께…니가 보고 싶어한다고 전해 보께··

서연 보고싶은 거 아니라 보고싶은 건 아닌데…

고모 보고싶대도 괜찮아 이것아··나 아무렇지도 않아··살인죄를 진 어미래도 어미는 어미 / 뭐랄 사람 아무도 없어··

서연 …. (물끄러미)

고모 머리 좀 다시 묶지··

서연 그 사람은 나랑 왜 결혼했을까 고모

고모 결혼 안하면 그럼 그냥 같이 살어? 아이까지 생겼는데 안해? 너혼자 낳게 해?

서연 그건 신혼여행에서 알았어요 고모.

고모 어쨌건 혼인은 했어야 하는 거 아냐··

서연 그냥 같이 있기만 하면 되는 건데…

고모 아 아이는 어떡하구··

서연 …

고모 너 아픈 거 알고 달려든 물건인데 그래 그냥 데리고 살자고 그 난리를 쳐? 그건 아니지이··사람 대접 그렇게 하면 안되는 거지이··

서연 나를… 사랑하기는 하는 거 같죠··

고모 어이구 자다가 봉창 뜯네‥명희년은 박서방 똘서방이란다‥너한테 꼭지 돈 또라이래.

서연 으흐흐흐흐

S# 빵 가게

명희 (케이크 쇼윈도에서 남편 쪽 돌아보며)?? 그걸 팔면 어떡해애애‥

동철 뭐 팔면 안되는 거였어?(알바생들 빵에 설탕 묻혀 포장하고 있는 중) …

명희 아으 진짜 손발 안맞어 돌겠네‥내가 분명히 말했잖아. 서연네 갈 거니까 건드리지 말라구. 엇쩌면 잠깐 화장실 갔다오는 동안 일을 저지르냐아아

동철 언제 그랬어‥난 들은 바가 없는데.

명희 병원 가 귀 청소 좀 하고 와.

동철 언제에에‥

명희 고로케 튀길 때에

동철 한창 바쁠 때 딴소리 귀에 들어오냐?

명희 대답은 왜 했어

동철 그거야 자동반응이지이‥ 딴 거 많잖아. 딴걸로 갖다 줘어.

명희 똘서방이 전화했단 말야‥

동철 똘서방은 찌질하게 뭘 그런 전화까지 직접하냐‥

명희 서연이 까먹었을까봐 확인한 거야. 역시 까먹었더라구. 서연이 전화 안 왔거든.

동철 블루베리 요거트 케익 좋잖아.

명희 딸기요거트 쉬폰에 블루베리 들이대니?

동철 맛있긴 마찬가지야 커뮤니케이션에 문제가 있어 그렇게 됐다

그래애애..

명희 (블루베리 케이크 꺼내면서) 미리 보내놔야지 안되겠다..

동철 블루베리 요거트가 더 맛있어 여보.

명희 아 시끄러..들어가 꼴 보기 싫어.

동철 대체 왜 그러는 거야..왜 부쩍 꼴보기 싫어가 잦은 거냐구.

명희 (상자에 케이크 넣으며) 권태기랬잖아아..

동철 누군 좋아서 사냐?

명희 피장파장야 그래.

동철 어서 오십시오..

명희 어서오세요 손니임.

S# 지형의 거실

서연 (밥공기 여섯 개 국 대접 여섯 개 찬장에서 꺼내 싱크대에 놓는) …

고모 (중간 들통 들고 다용도실 쪽에서 나와 바닥에 놓으며 / 무게가 있어야 합니다) 놔둬라 내가 해.

서연 … (못 듣고)

고모 (잠깐 보고 스테인리스 냄비 꺼내 바닥에 뚜껑 열어놓고 들통 김 나는 사골국 적당히 냄비에 옮기고 냄비 뚜껑 닫아 쿠커에 올리고 들통 들고 빠지는)

서연 (그릇 비누 스펀지로 씻기 시작하는데) …..

지형 E 엇 춰 되게 춥네..

서연 ?? (돌아보는)

지형 (들어와 와인 안주 바구니 세트 식탁에 놓으며) 꽁꽁얼었다..나 반신욕할 거야..샤워만으로 안 풀리겠어.

서연 그렇게 추워?

지형 어 말도 못해..오늘 세 번째 춘 날이래.. (마른행주로 서연 손에 물 닦아주며) 산동네 평지보다 이삼도 더 떨어지잖아..골조만 서있는 현장에서 한 시간 넘게 있는데 금방 입이 얼어서 말이 안되더라 에베베베..

서연 (웃고)

지형 (그 얼굴 싸안고 입 맞추고 한참)

고모 E 왜 이렇게 빨리 들어왔어?

지형 (얼른 떨어지며) 네에 사무실에 별일 없어서요.

고모 회는.

지형 아 재민이 곧장 퇴근한대서 찾아오랬어요..거기가 거기라서요

고모 어엉. 잘했다..

지형 나 옷 줘.

서연 (물에 손 또 담그고 있다가)??

지형 옷 줘야지..목욕하고 입을 옷. 뭐 입을까..당신 부하들한테 잘 보여야할 거 아냐..

고모 그러엄..얼른 들어가 챙겨줘라 엉?

서연 (수전 틀어 손 헹구고 수건에 닦고 지형 따라 움직이는)

고모 (얼른 수전 잠그는)

S# 침실

지형 (손잡고 들어와 그대로 침대에 쓰러트리고 목에 입 파묻고)

서연 으흐흐흐 갤갤갤갤 간지러 간지러어어어..

지형 (입 맞추려)

서연 (이리저리 피하다가 결국 받아주는) .....

지형 (얼굴 떼고 내려다보며) 책 많이 읽었어?

서연 읽으면 뭐해··두 페이지만 넘어가면 앞에 뭐 읽었는지 연결이 안되는 걸··

지형 좀 쉬운 책을 읽어. 너 요새 어려운 거 붙잡고 있더라.(일어나 코트와 상의 한꺼번에 벗으며)

서연 쉬운 거 읽으면서 연결 안 되면 더 성질나··어려운 게 낫지·· (침대에서 내려오며)

지형 흐흐 그것도·· (그렇겠다) … (옷 걸려고)

서연 내가 하께··

지형 그래 줄래?

서연 (속옷 집어 내밀고)

지형 (벗은 옷 침대에 / 전화 꺼내 놓으며) 씻는다.

서연 응.

지형 십오분 뒤에 봐.

서연 응··

지형 (욕실로)

서연 (지형 옷 집어 들고 장으로 가다가 옷 침대에 도로 놓고 장에서 바구니에서 말아놓은 스웨터들 중에서 이거 할까 저거 할까 하다가 하나 꺼내 화장대 위에…다음에 하의 고르기 시작하는) ….

[지형의 핸드폰 메시지 신호음··]

서연 ?? (일어나 전화 들고 보면)

[향기에게서 온 문자]

서연 (열어본다)

향기 E 오빠 오랜만··잘 있지? 나도 잘 있어. 여기 십 분 있으면 새벽 세시야··숙제하다가 집중이 안돼서…그냥….정말 그냥…..엄마가 누구 보내서 두 번 만났어…그저 그래.. 그쪽도 내가 그저 그런가 봐. 한번 저녁먹고 한번 점심 먹고갔어.....아줌마랑 우리 엄마 아직 화해 안하셨나봐..속상해..그런데 그분 건강은 어때?

서연 ....

S# 현아의 침실

현아 (팩 붙이고 기대어 앉아서) 석장군 아들 별로래..

홍길 (실내복 갈아입는 중) 연락 왔어?

현아 목마른 사람 샘팠어 내가 했어..

홍길 가능성 없대?

현아 그만한 스펙이면 쓸만하구먼 기집애. 주제에 어이그.

홍길 스펙한테 시집가는 거 아냐..그리고 주제라니 자기 자식을 그 딴식으로 / 백설공주 계모모양.

현아 (팩 만지면서) 빨리 들어오라는데 왜 안들어오고 버티냐 말야. 그만큼 지껄이면 충분하지 어학연순 무슨 말라비틀어진 연수야. 영어로 강의할 거야?

홍길 .....

현아 맘에 안들어 정말..

E 노크

현아 ?? 영수 왔어요?

정모 E 네에 사모님.

현아 (냉큼 침대에서 내리며 마스크 뜯어내며 화장대로)

홍길 그 자식 왜 또 왔어..

현아 (휙 돌아보며) 당신은 그게 할 소리야? 영수가 거지야?

홍길 스펙좋은 거지지.

현아 뭐야?

홍길 뮤지컬 보태줬다면서..지 볼일 없으면 안오는 놈 아냐. 저 녀석 들락거리는 거 나 안좋아한다니까?

현아 (얼굴 만지면서) 신경끄셔..우리 일은 우리가 알아서 해.

홍길 ?? 우리 일이라니..

현아 (돌아보며) 애가 꿈이 있어서 꿈을 이루기 위해 노력하고 있으면 잘한다잘한다 그래 꿈은 반드시 이루어진다 열심히 해라 / 북돋아주고 용길 줘도 성공이라는 게 쉬운 일 아닌데 어으어으 입 아프다 그만두자구..

홍길 북돋아주고 용기 줄만한 무슨 근거를 보여줬어야 말이지. 하다못해 손익 분기점 근처에라도 간 게 하나라도 있으면 내가 말을

현아 (오버랩) 당신 아는 거 만큼 그렇게 많이 안 깨졌대.

홍길 그걸 믿냐?

현아 (일어나며) 수업료 안 바치고 공부해? 애한테 눈치 줄라면 나오지 마. 우리 먼저 먹을테니까 나중에 먹어.(나가며)

홍길 그 자식이 날 개의키나 하냐?

S# 주방

현아 (나타나며)시간 잘 맞췄다.(팔 벌리며)

영수 (뭔가 집어 먹고 있다 엄마 안으며) 노력했죠 엄마아아..아버지 계시다면서요

현아 어.. (아들이 빼주는 의자에 앉으며) 나오실 거야.. (하는데)

홍길 (나오고)

영수 저 왔어요 아버지.

홍길 크음 그래..그래두 향기가 없으니까 신경이 쓰이기는 쓰이는

모양이구나.(마지못해)

영수 향기 일 잘 안될 거 같아요 아버지..

홍길 (앉으며) 간단히 들었어.

영수 (앉으며) 어이 참 그 기집애 좀 걸릴 거 같아요.. 필라델피아에서 거기까지 가서 김 샜다고 친구 놈 화 엄청 냈어요..방싯방싯 웃기는 하는데 아니더래요..전혀 의지가 없대요.

현아 지 맘에 안드니까 그랬겠지..짜리몽땅에 인물 없더래.

영수 인물 무슨 상관이에요. 그만하면 상태 좋은 편이에요..괜한 트집이에요.

현아 눈이 너무 작더래. 눈만 크면 뭐하냐구 했더니 해바라기 씨만한 눈이래.

영수 그 기집애

홍길 기집애 기집애 (아들 보며)

영수 ...

현아 지형이 자식 눈이 크잖아..일단 눈 작은 물건은 찍어 부치지 마.

영수 그렇게까지 작지는 않아요 아버지..

홍길 (오버랩) 박원장 만났어. 수정씨하고 당신 얘기 한참했어..

현아 뭐얼 뭘 더 어떡하라고..꽃바구니 퇴짜 조각선물 퇴짜 산삼 바구니 퇴짜 뭘 더해.

홍길 선물 공세 말고 정식으로 진심을 담아서 사과하란 말야.

현아 아 전활 안 받는데 어떻게 해..

홍길 직접 가..가서 해.

현아 (오버랩 열 받아) 왜 사과는 내가 밤낮 해.

홍길 당신이 실술하니까 그렇지.

현아 이이가 정말

영수 (오버랩) 다른 일은 다 그렇다치고요 지난 번 일은 엄마 잘못이라고 할 수 없어요. 물론 엄마가 자칫 선을 넘기는 했어도 그거야 엄마 캐릭터로 그동안 쭈욱 양해사항이었으니까 전 그게 문제 될 건 없다고 생각해요..

현아 그 기집애가 나한테 물까지 뿌렸다니까?

영수 네 아버지 그건 있을 수가 없는 만행이었어요

홍길 야 이눔아 그 아줌마 성격에 그 만행까지 하게 한 건 니 엄마가 자초한 일이야.

현아 치매한테 치매라 그런 게 뭐 뭐가 잘못이야.

홍길 .... (아내 보며)

영수 엄마 그 순간 아줌마에 대한 배신감에 이성을 잃으셨었으니까요 아버지.

홍길 너 이눔 자식 닥쳐..닥치지 못해?

S# 수정의 침실

수정 (남편 갈아입을 옷 챙겨 들고 침대로 옮기면서 차분하게) 신경쓰지 마

창주 ..두 달이야..어떻게 신경을 안써

수정 ....

창주 그만한 일로 몇 십년을 아무 것도 아닌 일로 만들어야겠어?

수정 나도 한계야..일방적으로 져 주고 참아주고 봐주고 넘어가주고..더는 안해.

창주 장점도 많은 사람이잖아.

수정 ... 벗어..

창주 좋은 추억도 많고. (안 벗는 채) 한번만 더 봐주고 넘겨 여보. 부탁해. 우리가 불편해 죽겠어. 우리 좀 편하게 해줘.

수정 … (손 내밀고 안 보는 채)

S# 수정 식탁

창주 (먹으며) 무엇보다도 현아씨가 당신을 좋아하잖아. 속 내 보이는 친구 당신 하나였는데 이렇게 됐다구 며칠 전에는 노이사장 샤워하고 나왔는데 울고 있더래..

수정 나물이 짜네.

이모 짜? 언니 나물 무치면서 딴 생각했나부다.. (나물 집어 먹어보며) ?? 짜도 보통 짠 게 아냐 언니..어으 늙으면 간도 못 맞춘다더니 (나물 접시 치우며) 소태야 소태..짜다 못해 써 써.

창주 여보.

수정 (오버랩) 향기엄마 백가지 장점 다 무위로 돌리는 한 가지 단점이 뭔지 알아? 적당히 나 무시하며 지배하려 드는 거..그래서 함부로 하는 거.

창주 무남독녀로 경계선 없이 자라 아직 유아를 못 벗어나 그런 걸로 이해하면 간단해.

수정 당신은 자식도 안 받아들이면서 이럴 자격 있어?

창주 …. (보며)

수정 응?

창주 그건 다른 문제야.

수정 결국 아들이 당신 무시했다 그러는 거 아냐..

창주 …. (보며)

수정 애들 받아줘..그럼 나도 생각해 볼게.

이모 ??(형부 보는)

창주 ....조건부야?

수정 .....(보다가)..그렇게 생각해도 상관없어..

창주 ....(보다가 그냥 먹는)....

이모 괜찮은 딜인데요 형부?

창주 ....

이모 형부는 노회장님 눈치 안봐도 되고 언니는 형부 눈치 안봐 좋구.

창주 오랜 세월 엮여있던 인연이 망가지는 게 애석해서야..조건부는 무슨

수정 나는 조금도 애석할 거 없어.

창주 사람이 말야.

수정 알았어 없었던 얘기로 해..

창주 ....(아내 보며 / 먹던 거 멈추고)

S# 수정 주방..

수정 (식탁 같이 치우며)....

이모 엄마 아버지 산소 다녀와야 하는데..언제로 잡을까..

수정 형부 스케줄 보자..

이모 애들 데리고 갈까?

수정 무슨..홀몸두 아닌 애 이 겨울에..

이모 간밤에 엄마 아버지 봤어..제사 때만 되면 꿈에 나타나시는 거 정말 신기해.

수정 어떠셨어

이모 좋아보이셨어..한복 곱게 차려 입으시고 우리 옛날 집 감나무 감 따시더라고..아버지가 장대로..엄마는 소쿠리 들고 옆에 계시구..

수정 니가 효녀다··내 꿈에는 도통 안 들어오셔··

이모 내가 안쓰러워 그러신 거지 효녀는.

수정 안쓰럴 거 뭐 있어··저 살고 싶은대로 사는데.

이모 흐흐 거칠 거 지푸라기 하나도 없이 응?

S# 서연 주방

고모 (부지런히 저녁 준비하는 중 /)

[그릇은 다 씻어 물 빼고 있고 야채샐러드 재료 싱크 볼에 가득 / 씻어서 물 뿌려 소쿠리에 옮기는 / 양상추, 브로콜리, 방울토마토, 양파도 한 개··오이 세 개 기타 등등]

[현관 벨]

고모 ?? (현관 쪽으로 비디오폰 보고 열어주고 문 쪽으로)

명희 (케이크 상자 들고 들어오는) 이거··

고모 어·· (받는데)

명희 케익이 바뀌었어. 일껀 얘기했는데 건성 듣구는 차서방이 딴데 팔었어··똘서방한테 그렇게 얘기해··

고모 바뀐 걸 갖고오면 어떡해애애··

명희 그렇다고 날도 드럽게 춘데. 같은 거 구하러 차타고 나갔다 와야해? 뱃속 들어가면 다 똑같으니까 그냥 먹으라 그래··

고모 (뚜덜거리는) 뱃속 들어가면 다 똑같은 거 왜 끓여먹구 쥐먹구 볶아 먹어.

명희 아 몰라 날 추니까 인간들이 집에 처박혀 안나와. 신경질 나 죽겠어. 앤 뭐해?

고모 박서방 옷 챙겨주러 들어갔어.

명희 컨디션 어때 (소리 좀 죽여)

고모 좋아 아주 좋아.. (돌아서며)

명희 날 풀리면 데리고 영화보러 갈라 그러는데..

고모 (돌아보며) 냉장고에 생태 있어

명희 알었어어.. (나가고)

고모 (주방으로)

S# 침실

서연 (화장대 의자에 앉아서) ....

S# 아파트 전경(밤)

[겨울바람 불어오고..]

S# 아파트 거실

[지형이 열어준 현관으로 우루루 몰려 들어오듯 하는 인영 선주 소희 유정. 꽃, 와인, 책, 쿠키 등등]

[팀장님, 우리 왔어요, 잘 지내셨어요? 진짜 오랜만이에요 팀장님 등등]

서연 (좋아서 활짝 웃는) 오랜만 소희씨 선주씨 어서 와요요 인영씨 반갑네요. 유정씨 안녕? (하며 지형 돌아보고)

지형 들어오세요 들어오세요..겉옷 벗어서 저 주시고 편안하게 하십시오..

[선물 한군데 모아 처리하고 적당히 옷 벗어 지형을 주거나 스스로 처리하거나 하면서]

[어어 집 좋다아아아..생각보다 훨씬 넓어요 몇 평이죠? 방이 몇 개에요? 등등..]

고모 (나오며) 재민이 어디 오나 전화 좀 해봐 박서방

지형 아 네..잠깐요 고모님..

고모 아으 괜찮어어.. (지형에게 밀려 나오면서) 그냥 서로 한번씩 웃으

면 되는 거지 뭐어..

지형 서연이 동료였던 분들요..고모님이세요.

[처음 뵙겠습니다. 안녕하세요..아으 고우시네요 안녕하세요 등등으로]

고모 고마워요. 고마워요. 고맙습니다아..우리 서연이 잊지 않고 이렇게 찾아줘서 정말 고마워요..고마워요.. (울먹해지는)

[현관 벨..]

고모 (보고) 왔다 회왔다 왔어..

지형 (문 열어주고)빠르다.

재민 (들어오는)삼십분 먼저 나왔어..

지형 빨리 들어가 선도 떨어져..

재민 어..

S# 한창 먹는 중인 일행들 / 고모는 빠지고 재민은 합석

소희 편집장님 오셨으면 좋았을 걸.

인영 먹을 복 없는 사람이 있다니까? 미루고 미루다가 왜 치질 수술이야?

선주 유정씨는 애인한테 야근핑계대고 왔어요.

서연 흐흐 진짜?

유정 야근이래야 조용하지 아니면 피곤하게 굴어요.

소희 응. 쫌 피곤하겠더라. 그런데 나 술 잔 비었는데..

지형 아 미안 미안합니다.

인영 저기서부터 돌아올 때까지 못 기다리겠는데요.. (재민에게 빈 글라스 내밀며)

선주 ?? (인영 보고)

재민 아 잠깐요.. (일어나 싱크대에 마개 열어놓은 와인 집어다 따라주는)

인영 (눈 맞추려 노력하고)

선주 (급히 잔 비우고 퍽 내미는) 부탁합니다..

재민 네에.. (선주에게 따라주는)

인영 (선주 곁눈으로 보고)

선주 뭐어..

유정 건배 제창합니다아아..

소희 잠깐 잠깐요 (병 집으려)

지형 아니 됐어요 소희씨.. (서연에게) 한잔만 더 할래?

서연 왜 한잔만? 오늘은 실력만큼 마시고 싶은데?

소희 팀장님 안돼요오

서연 (지형에게 술잔 밀어 주며) 금방 마신 거 까 먹었어..그러니까 돼..

지형 (따르며 잠깐 서연 보고)

모두 (잠깐 서연 보는....)

지형 (제 잔에 따르고)

서연 건배하잔 사라암.(술잔 들며)

유정 예 접니다 팀장님.. (일어서서) ..통통통

모두 통통통.

[한 모금씩 마시고 내리는데]

유정 팀장님 구구팔팔.(선창)

모두 구구팔팔 (또 각각 마시는데)

인영 (재민에게 글라스 내밀며) 마셔부러 취해부러 좋아부러

재민 (웃으며 부딪치고)

소희 (인영 쏘아보는) ...

유정 팀장님 왜 회 안드세요.

서연 …. (딴생각)

지형 이서연..

서연 ….

지형 (젓가락으로 회 집어서 초장 찍어 내밀어 주는)

서연 ?? 어 아… (받아먹고)

선주 우리 구정 휴가 워크샵가는데 같이 안 갈래요?

서연 (씹으며 식탁 내려다보는)

소희 (선주에 연결) 진짜 팀장님 같이가면 좋겠다아아..

지형 그때 우리 스케줄 있어요.

선주 어 그러세요?

지형 우리 설 휴가 스케줄 있지 여보.

서연 …. (잠시 보다가 웃는) 그것도 스케줄이야?

지형 휴가 계획이니까 스케줄이지.

재민 어디 여행 가냐?

지형 아냐..현관밖에 한발자국도 안나가고 디비디로 오케스트라 전집 떼는 거..

소희 우아아아아 멋있다아아..

인영 으아 팀장님 하루 세끼 밥 해야잖어어어..

지형 야채습 카레 만들어 놨다 먹을 거에요..이 사람 밥 잘해요.

서연 사골국

지형 아 국도 있구요

서연 밥 먹어야지 밥.(일어나려)

지형 (잡으며) 아니 아직..회 먹고 나중에 서연아.

서연 술 남았어 오빠?

재민 어 아직.

서연 술 배 채우면 밥 들어갈 데 없는데..

유정 걱정마세요 술배 밥배 칸이 달라요 팀장님.

서연 응 유정씨가 위대하지 참..

[적당히들 웃으며 동의하는]

S# 고모네 마당(밤)

S# 고모의 방

고모 (회 약간과 소주 / 소주 따라놓고) ……(혼자 생각에 들어가 있다가 / 소주잔 집어 홀쩍 마시고 다시 채우면서) 얼른 와아..

고부 (장부에 기록하며) 저녁 먹은 배두 아직 안 꺼졌는데….

고모 회 먹으라구우우…

고부 (술상 앞으로) …… (소주 마시고)

고모 (회 집어 대주고)

고부 (먹는) ……

고모 (씹는 남편 보며) ….지 엄마 봐야겠다네..

고부 (보는)??

고모 정신 나가기 전에 한번은 봐야겠나봐…볼 생각 없다더니…

고부 …. (술 따르는) ….

고모 지 에미는 / 속마음이야 어떤지 모르지만 볼 생각 없다 그러는데….

고부 (보며) 그건…그 입장에서 그럴 수밖에 없을 거라니까..

고모 글쎄 그나마 그 염치는 있어 그러는 건지이이..정말 보기 싫어 그러는 건지..

고부 …. (회 집어 먹는) …..

고모 봐서 뭐하냐 소리..오늘은 못하겠더라..

고부 ..... (씹기만)

고모 뵈줘야겠지 여보?...

고부 .....

고모 그년이 안 본다 그럼 어떡해..머리끄딩이라도 끌어다 뵈 줘야 하는 건가?

고부 .....

고모 그나마 아직 정신 있으니까 하는 소린데....무슨 이런 개같은 경우가.. (찔끔거려지는) 차라리 날 잡어가지이이...

고부 (보는) ..

고모 착한 녀석하구 이제부터 반백년 사는 것처럼 살수 있는데에 도대체 뭐에 심통이 나 하필이면 그것한테 벼락이 떨어지냐구우우.. 우우우우우

고부 (보며) ......

S# 거실..주방..

[어질러진 채인 식탁.....]

서연 (소파 탁자에 동료들이 갖고 온 신간 한 권씩 꺼내 놓고 있는 중) .... (소파에 꽃다발..쿠키 상자, 찻잔 세트 등등 선물들은 그대로 있고) ..... (한 권..한 권....)

S# 인쇄소에 가 있는 서연

S# 편집장한테 단체로 욕먹고 있는 가운데 서연

S# 미팅 중인 팀원들 속의 서연

S# 점심 먹는 중인 팀원들과 서연..

S# 거실

서연 .... (책들 늘어놓고 멍하니 내려다보면서) .....

지형 (들어온다) .....

서연 .....

지형 (서연 옆으로 와 책들 잠시 보다가 옆에 앉으며 어깨 안고) 수고했어. 모두 즐거워하면서 갔어…

서연 나도 좋았어‥고마워‥그런데 이 자식 왜 안들어와‥

지형 친구들 회식한다 그런 거 같은데‥

서연 ....아 그래‥그런데 날마다…너무 늦게 다녀‥

지형 신입사원 원래 그래‥ 그 회사가 어떤 기업인데‥무섭게 훈련시켜 무섭게 부려 먹어‥거기다 중국어 시작하고 입에서 단내 날 거야‥내버려 둬.

서연 ....

지형 치우자‥치워야지‥응?

서연 ....

지형 후회해? 괜히 초대했어?

서연 아냐‥모두 여전하네… (조금 웃으며) 이름 생각안나면 어쩌나 했는데 다 생각나고 나도 여전했어‥좋아‥

지형 흠흠 그래‥잠깐 쉬어‥ (쿠션 놓아주며)누워… (눕혀주며) 편아안하게‥

서연 설거지 (문득. 일어나려)

지형 내가 해 내가‥나 잘하잖아‥내가 해.

서연 .... (보며)

지형 (다시 눕히고 손등에 입 맞춰주고) 사랑해....

서연 어제보다

지형 천배‥

서연 됐어 (눈 감고)

지형 (잠시 보다가 주방으로 움직이는데) …

[침실에서 전화벨 소리‥]

S# 침실

지형 (들어와서 받는다) 어‥

재민 F 서연이 컨디션 별론 거 같더라‥

지형 어제부터 좀 가라앉았어‥

재민 F 출산 빨리했으면 좋겠다‥

지형 응‥

재민 F 끊는다‥

지형 어‥ (끊는데)

[서연이 열어놓은 향기 문자 화면이 뜨고‥]

지형 …. (고개 거실 쪽으로) ….

S# 거실

지형 (나와 서연 쪽으로 / 탁자에 마주 앉으며) 향기 문자 봤구나‥

서연 (눈 감고) ….

지형 기분 나빴어?

서연 (일어나며) 둘이….. 나 죽을 때 기다리니? (맥없이)

지형 무슨 소리야.

서연 연락 없다 그랬어.(보며)

지형 없었어‥걔도 나도 연락 안했었어.

서연 ….. (보면서) 거기 어디야‥

지형 보스톤…일 거야. 안 옮겼으면.

서연 ….연락 안했는데 어떻게 알아.

지형 이모한테 들었어‥너한테 말할 필요 없었어. 그게 다야.

서연 ….(보며)

지형 오랜만에 안부 메시지 보낸 거야. 의미두지 마.

서연 노 향기는 아직 당신 쪽 쳐다보고 있어.

지형 아냐‥어떻게 그럴 수 있어. 우리 부부로 이렇게 살고 있는데‥ 우리 꼬맹이까지 나올 예정인데.

서연 우리 꼬맹이 노 향기 알어?

지형 엄마하고는 한번씩 통화할 거야‥ 엄마가 하셨겠지해서‥

서연 어머님이랑 노향기얘기 해?

지형 안해‥

서연 답장 보냈어?

지형 아냐‥안 해‥

서연 해 줘‥

지형 (보는) …

서연 의미없다면서

지형 없어‥

서연 그럼 해…..자신 없구나.

지형 알았어 해. (문자 찍기 시작하며 입으로) 아내가 신경쓴다. 아는 척 하지 마라.

서연 ??(전화 채뜰어가는)

지형 왜애‥

서연 내가 뭐가 되니.

지형 사실이잖아.

서연 언제 신경썼어.

지형 쓰잖아.

서연 놔둬. 내가 해·· (문자 지우고 써넣기 시작)

서연 E 반갑다 향기야··

지형 이리 내애.

서연 (일어서며) 보여줄게··방해 하지마.(문자 찍는)

서연 우리는 잘 지낸다··공부 열심히 하고 건강한 모습으로 돌아오기 바란다. (지형 보며) 사랑스러운 니가 그립구나 한마디 더 할까?

지형 이리 내.(뺏으려 하며)

서연 (피하면서 전송 눌러버리고) ···· (전화 지형에게 주고 방으로)

지형 ····· (보며) ···· (있다가 설거지로) ····

S# 주방

[에이프런 입고 큰 그릇 꺼내 식탁에 놓고 음식물 접시 비워 싱크대에 넣는 일 하면서]

지형 ········

서연 (카메라 들고 나오면서) 여보세요··

지형 (돌아본다)

서연 문권이 들어오면 문권이랑 나 찍어줘··우리 둘 보조개 파고 웃을 테니까 거짓말할 수 없는 남매사진으로 엉?

지형 알았어··찍어줄게··

서연 (카메라 적당한 곳에 놓고 개수통으로)

지형 내가 할게··

서연 나도 해·· (스펀지에 비누 묻혀 닦기 시작하는) ···

지형 (에이프런 찾아 돌려세워 입히려)

서연 (자기가 입고) ···

지형 (소매 걷어주려)

서연 (밀어내고 자기가 걷고 닦기 시작)

[식탁에서 메시지 들어오는 /]

지형 (전화 보고 서연 돌아보고 지형 열어보는)

향기 E 답장 안해도 되는데‥고마워 오빠‥안녕.

지형 (돌아보는)

서연 (모르는 채) …

지형 (전화의 향기 메시지 두 편 삭제‥서연이 보낸 것도 삭제하는 / 또 돌아보고 서연은 상관없다) ‥ (하던 일로 돌아가는데)

문권 (들어오면서) 다녀왔습니다아아‥

지형 어어 (돌아보는) ‥

문권 (오버랩) 아 제가 해요 자형‥ (서둘러 상의 벗어 처리하면서) 설거지 달인 들어왔어요 제가 할게 놔 두세요‥물러 나세요‥

지형 (접시 비우던 숟가락 놓으며) 그것보다도 사진 먼저 찍자‥

문권 ??

지형 서연아‥문권이 들어왔는데?

서연 알아‥알고 있어‥ (손 행주에 대충 닦으며) 어디서 찍어‥소파로 가?

지형 일단 찍어보자구 (카메라 들고 여기저기 불 켜는)

문권 무슨 사진요?

서연 군소리 말고 와.(지나치며 문권 손 잡아끌고 소파로)

문권 나?

서연 너랑 나‥

문권 갑자기 웬 사진?

서연 나 망가지기 전에‥

문권 (잠깐 누나 보고)

S# 같은 거실. 소파··

서연 (문권과 옆머리 붙이고) 웃어··보조개 파고 웃어··

문권 (쓰라리지만 웃으며) 알았어··

서연 (문권 어깨 안아 붙이면서) 우리 준비됐어.

지형 나도 됐어··

서연 김치이이··

문권 치이이··

서연 마귀 눈알되면 안돼 애

지형 보정했어··자아 간다아아 (찍는다 / 서너 커트)

서연 어디 한번 보고·· (지형 찍은 사진 꺼내주는)

서연 (보는)

[사진 / 세 커트 차례로]

서연 E 응 쓸만하군.

서연 (카메라 빼내려 하며) 문권아 너 이거 뽑아 당장 뽑아··

지형 (카메라 비키며) 나는 나는 안찍어주냐?

서연 ??

지형 인간차별 너무하잖아. 나 빼져도 상관없어?

서연 으흐흐흐 알았어··문권아··우리 찍어··찍어서 같이 뽑아··

문권 알았어··주세요··

지형 (문권 앉았던 자리로)

[문권과 찍었던 포즈로 찍혀주는 지형과 서연]

S# 지형의 서재

[포토 프린터에서 뽑아져 나오는 사진 / 가장자리 잡아 옮겨놓고 다른

사진 프린트 조작..]

문권 ... (내려다보며) ...... (울음 참는)

[문소리에 문권 돌아보면]

서연 (들어오는) 됐어?

문권 하고 있어요..

서연 (다가와 뽑아져 있는 사진 집으려)

문권 아냐 누나..말라야 해..

서연 아아..

문권 (프린터 내려다보며) ....

서연 .... (잠시 보다가) 문권아.. (가만히)

문권 (돌아보고)

서연 미안해..

문권 뭐가아..

서연 누나 미안해..

문권 누나

서연 나 너한테 표현 많이 못했어..안했어..나는 너..실력있고..확실하고...반듯한 남자로 만들어주고 싶었어..

문권 언제나 누나 기대에 못 미쳤어..

서연 그런 것처럼 내가 인색하게 굴었어..더 분발하라고..너는 나처럼 처지지 말라고.

문권 누나가 뭐가 처졌어..

서연 이렇게 될 줄 몰랐어..미안해..

문권 그런 말...안해도 돼...어렸을 땐 불만이었지만 일부러...무서운 엄마처럼 그래야했던 거 누나 어떤 마음이었는지 나 알고 있었

어··그래서 가출하고 싶을 때도 참았고 깽판피고 싶을 때도 참았었어··

서연 (머리에 손 올려 만져주면서) 너 대견해. 나 없어도 비틀거리지 않고 잘 살아낼 거라고 믿어··그래도 되지··

문권 내 걱정은 하지 마··나 잘해··잘할께··

서연 (문권 빰에 손댄 채) 내 눈 보고 약속.

문권 약속.

서연 (문권 눈물 손으로 닦아주면서) 물밖에 못줘서 미안해…엄마 오면 불고기 먹을 거라고 거짓말해서 미안해··

문권 크윽 (울음 터뜨리며 서연 안고) ·····

서연 (마주 안으면서) ·····

S# 주방··

지형 (그릇 씻고 있는) ····

지형 E 아내는 차츰 집안일에서 멀어지고 있다··잠깐 의욕을 보였다가도 금방 물러나버리고 어떤 때는 자신이 할 일이라는 의식조차 없는 것처럼 보이지만 그래서가 아니라 서연이는 그저 실수가 두려워 실수를 피하고 싶은 거라고 생각한다··검진으로는 뚜렷이 나빠진 징후가 없다는데…일상생활에서 서연이는 한 발짝씩 늪을 향해 걸어가고 있는 것 같다······

S# 아파트 전경(한밤중)···

S# 거실··

[코너 등 하나만 켜져 있는 실내를 돌아다니고 있는]

서연 ······· (중얼중얼) 슬퍼하지 마라 곧 밤이 오고···· 밤이 오면 우리는 창백한 들판 위에…창백한 들판 위에 차가운 달이 남몰래 웃는 것을 바라보며….서로의 손을 잡고 쉬게 되겠지………슬퍼하지 마라 곧 때가 오고 때가 오면 쉴테니….. (창으로 가서 커튼 들추고 두 손바닥으로 유리 밀어보는 / …..꿈쩍도 안 하고 잠시 생각하다가 제대로 문 열고 나간다)

S# 발코니

서연 (나와서 덧창문 열어젖힌다)

[펑펑 쏟아지고 있는 눈…]

서연 슬퍼하지 마라 곧 때가오고 때가 오면 쉴테니…….우리의 작은 십자가 두 개 / 환한 길가에 서 있을지니…비가 오고 눈이 오고…바람이 오고 가겠지… (두 손 창밖으로 내밀고) ….. (가짜 눈이 표 나면 안 되는데) …..

[서연 등 뒤에 나타나는]

지형 ….. (보다가) 서연아…

서연 (돌아본다)

지형 감기 들어

서연 (웃으며) 눈 와..

지형 (옆으로 와 어깨 안아주며 창밖 보며) 답답했어?

서연 눈이 와..

지형 들어가자..

서연 몇시야.

지형 새벽 세시.

서연 나때문에 깼어?

지형 돌아누우면서 안는데 안기는 게 없잖아.

서연 배고파..뭐 먹을래..

지형 (창문 닫으며) 들어가서‥들어가‥

S# 거실

서연 (주방으로) ….(냄비 찾아 쿠커에) ‥(냉장고 물 꺼내 붓고) …. (내려다 보며) …

지형 (들어와서) 뭐해‥

서연 라면이냐 케익이냐 결정이 안나.

지형 꼬맹이 케익 좋아할 거 같다‥ (냉장고로)

서연 응‥그럴 거야‥ (웃으며)

S# 주방‥

서연 (케이크와 우유 먹는) ….

지형 … (옆에 앉아 보고 있는) …

서연 (케이크 지형 입으로) …

지형 (받아먹고) ….

서연 (우유 집어 대주는 / 지형이 컵 받으려 하면 밀어내고 먹여준다)

지형 … (마시는데)

서연 (컵 떼면서 제 입 갖다 대고 몸 틀면서 두 팔 두르고 입 붙였다 뗐다 반복)

지형 (두 번까지 두었다가 붙이면서 제대로 입맞춤으로)

서연 (제대로 반응하면서 식탁 한 손으로 짚고 일어서는)

지형 (함께 일어서며)

[의기투합 입맞춤……]

S# 침실‥

지형 (서연 안고 기대어 앉아 머리 만져주며) ……

서연 (맡긴 채) …. (눈 감고) ……

지형 (가만히 이마에 입술 찍어주는) …..

서연 고마워··미안해··사랑해·· (눈 감은 채)

지형 사랑해. 고마워 미안해··

[잠시 두었다가]

F.O

S# 지형의 사무실

[공모전 완성된 모형 테이블 위에 놓여져 있고 벽엔 ppt 떠 있고 최종 점검 미팅]

지형 생각했던 것보다 모형이 잘 나온 거 같아.

현철 컨셉대로 전망대도 강조했지만 전체 큰 부지 안에 있는 오브제처럼 보이도록 만들었어요.

지호 아·· 나무 심느라 죽을 뻔 했네·· 이틀 밤 꼬박 샜어요.

지형 내일 피티할 때 그 부분을 강조하려고 시킨 거야. 수고 많았어. 잘 나와서 고생한 보람 있어.

석호 피티 / 누구랑 갈 거지?

지형 너 나, 파워포인트 띄워 줄 사람 누가 가지?

현철 전 내일 한남동 건으로 오후 약속 잡혀 있어서 못가요.

석호 그럼 지호 씨가 가자.

지호 네. 제가 갑니다.

석호 내일 발표 후에 큐에이(QA / 질의응답) 시간이 있으니까 우리는 예상질문 만들자··

지형 그럼 오분 후 파워포인트 봅시다.

S# 복도

지형 (사무실에서 나오며 전화) ···

[신호 가는 소리···네댓 번에]

서연 F 응 나야..

지형 (화장실로 움직이며) 뭐하고 있니.

서연 F 고모랑 잠깐 나왔어..

지형 마트?

서연 응 마트.

지형 옷 단단히 입고 나갔어?

서연 F 또 시작이다 잔소리 영감탱이.

지형 또 군소리다 할망탕구…언제 들어가.

서연 F 그걸 어떻게..지금 몇신데?

지형 두시 반..

서연 F 그럼 네시 반..그럼 될 거야..

지형 무슨 장을 그렇게 오래 보냐..

서연 F 별 참견을 다..일이나 하세요.

지형 알았어..이따 봐..

서연 F 어엉..

지형 (전화 끊는데) ..

[들어오는 전화]

지형 네 저에요….??…어떻게요 (어떻게 그렇게 됐어요) …그런데 어머니 저 상처받게 하기 싫어요..

S# 서연 엄마 동네..찻집

서연 …… (창 쪽으로 고개 돌리고 앉아서) …….

S# 과거. 문권에게 물 먹이려 애쓰던 장면……

S# 현재의 찻집

서연 (고개 돌리고 있는 채) …….

S# 서연 엄마 가게

서모 (떡볶이와 순대 따로따로 포장하고 있다 / 세 봉지씩 여섯 개)

고모 (의자에 앉아 물 마시면서) .....

[유리문 열리고]

멋쟁이처녀 아줌마..

서모 어 (봉지 두 개 건네주고 돈 받으며) 맛있게 드세요...

처녀 많이 파세요오오

서모 네에에.. (나가고) ...

서모 (주머니에 돈 넣고 돌아보는) ....

고모 (물잔 들고 내려다보며) ....

서모 (움직여 앉으면서) 왜 또 오셨어요..

고모 ..... (그저 보는)

서모 형님 오시는 거 안 반가와요..

고모 (오버랩) 마트로 옮겨 앉을 거라드니..

서모 그쪽 자식들이 들구 일어나서 날아갔어요..오그라진 팔짜 좀 펴지나 했더니 무슨 복에요...

고모 .... (보며)

서모 왜요.. (하는데)

고모 서연이가 자네 좀 보재..(웃음기 없이..다소 단호한)

서모 ?? (돌아보는)

고모 한번은 봐야겠대.

서모 (오버랩) 나 필요 없다고

고모 (오버랩) 에미는 필요 없다는데 자식이 필요하대..

서모 ..... (보다가) 봐서 뭐하게요..

고모 그래두 에미라구 한번은 보고 싶다는데 무슨 말이 많아. 돈이라도 싸들구 오면 모를까 생기는 거 없이 귀찮다는 거야?

서모 ……맞아요.. 족집게시네요.

고모 (벌떡 일어나며) 이거 봐.

서모 (오버랩) 지금 봐서 뭐해요. 잘 커 직장생활 잘 하고 있으면 됐지 즈들은 즈들대로 그렇게 살면 됐지 나는 왜요. 형님같으면 이 모양 이 꼴 보여주고 싶겠어요? 간신히 비렁뱅이만 면해 꾸역꾸역 살고 있는 꼬락서니 보여주고 싶겠냐구요.

고모 E 보여주기 싫은 꼬락서니래도 애가 보자니까 보여줘.

고모 사내한테 꼭지돌아 새끼들 굶겨 죽일 뻔한 주제에 자식이 오라면 오고 가라면 가는 거지 꼴에 무슨 싫다좋다 타령야..두번도 아니고 한번만 보자는데 니가 뭔데 그것도 못한다는 거야. 어엉?(얘기하다 보니 치받는다)

서모 …….(동요 없이 보는)

고모 너 자알 생각해. 얻어걸리기만 하면 반은 죽여 놀라구 십년을 이갈았던 사람이야..세월이 약이구 나두 늙구 병들다 보니 인간 불쌍하다 그러면서 이렇게 보는 거지 그 옛날에 걸렸으면 너 죽고 나 죽고였어..감사한 줄 알아. 이 잡것아.. 한수가 너한테 어떡했는데.. 한수가 너한테

서모 (오버랩) 나 그 사람 얼굴도 가물가물해요 형님..

고모 (보며 부들부들) 웨엔…웨엔 납뿐년..납뿐년납뿐년.

서모 (소주 한 병 꺼내 마개 열며) 생각해 볼께요..

고모 ??

서모 (벌컥벌컥 마시고 내리며 돌아보는) 생각해보고 연락할테니까

고모 (오버랩) 애 지금 커피 집에서 기다리고 있어..

서모 .... (보며)

고모 기다린다구.

서모 ..... (보며)

S# 찻집

서연 (시선 탁자에) .... (한동안 있다가 물잔 집어 마시고 내리며 창 쪽으로 고개)

[창을 가로질러 고모 앞서고 서모 뒤따라 움직이는 것 보이고]

서연 ..... (시선으로 따라가다가 출입구로 시선) ....

[들어오는 고모와 서모..]

고모 (다가와 서연 보는) .....

서연 (마알갛게 서모에게 시선) .....

서모 (문득 멈추며 서연을 보는) ....

서연 .... (보며)

서모 .... (보며)

고모 나는..나는 저쪽에 가 있는다 서연아..

서연 (서모에게 시선 준 채) ..네에..

고모 (비켜 옮기고) ......

서연 (시선 비키며) 앉으세요...

서모 ..... (보다가 시선 비키면서...서두르지 않고 앉는) ....

서연 .... (탁자 보며)

서모 (탁자 보며) .....

서연 (시선 들어서 보는) ...

서모 (그대로) ....

서연 제가····서연입니다··

서모 (끄덕이는···안 보는 채)

서연 ······ (가만히 보다가) 나를····보셔도 괜찮아요···

서모 ··· (보는) ·· (속은 떨리지만···비굴하지는 않다)

서연 원망하러···비난하려고 온 거 아니에요··그럴 생각 없어요··

서모 하고 싶은 말···다해요···다 들을 테니까··

서연 ···왜 그랬어요··어떤 생각으로··어떤 마음이면 그럴 수 있는지 ···쭈욱 궁금했어요··

서모 ······ (보며)

서연 ···· (보며)

서모 (놓여지는 물잔 집어 마시고 놓으며) ···· (놓는데 덜그럭덜그럭) ····

서연 ··· (그것을 보면서) ····

서모 그게··늬 아버지 죽고····친척이라고는 니고모 하나뿐인데··· 원래부터 나를 죽도록 미워했고··· (마른침 넘기듯 하고) 늬 둘 데리고 먹고 살 일이 도저히 너무 겁이 나고 자신이···없어서··그렇다고 탄불 피워 같이 죽을 수도 없고···나 하나 없어지면 설마 고모가 늬둘 밥은 먹여주겠지···

서연 (오버랩) 남자···· 있었다면서요··

서모 늬둘···안 맡아준댔어···

서연 ··· (보다가) 왜 며칠이나 지나서야 연락했어요··

서모 그게···그 인간이 공중전화로 한다 그랬는데···알고보니 안했더라구··그래서 그렇게 됐어

서연 (오버랩의 기분) 문권이랑··죽을 뻔했었어요··

서모 (한번 끄덕이는) ····

서연 우리 생각은 한번씩….했나요?

서모 (보며) ……

서연 ….문권이는 좋은 회사에 취직했어요..

서모 (보는) ……

서연 … (보는)

서모 너…너도…회사 다닌다 그러든데

서연 나는… 결혼해서 그만뒀어요..

서모 겨..결혼했어?

서연 네…

서모 (보며) …… (잘했구나아아아)

서연 우리가…닮았어요?

서모 날 닮아서 뭐하게..

서연 얼굴…체형..그런 거요…

서모 ….. (웃는 듯 우는 듯한….보다가 두 손으로 얼굴 싸고 굽어지며 울기 시작한다) ……

서연 ….. (보며) …….. (뚜르르 떨어지는 눈물) ….. (그대로 있다가 일어나 출입구로)

고모 (허둥지둥 따라 나가다 붙잡혀 계산하는) ……

서모 (그냥 울고 있는) ……

S# 찻집 밖..

서연 …. (마치 목표가 있는 사람처럼 걷고 있는) …

서연 E 살아있는 동안 만날 생각 꿈에도 없었던 엄마라는 이름의 여인을 만났다..고모 따라 찻집으로 들어오는 내 엄마였던 여인을 보는 순간에 나는 그 몸을 빌려 내가 태어났다는 증명을 보았다..

고모 (뒤에서 쫓아오며) 서연아아..서연아아아아아아

서연 (멈추어 돌아보며)

서연 E 여인을 나는 곧 잊겠지만…그 쪽은 죽는 날까지 나를 잊지 못할 것이다.. 얼굴을 가리고 부끄럽게 울었다..됐다…이것으로 됐다..

고모 택시 잡아야지…택시이….택시택시이이이… (펄쩍거리면서)

서연 (보며 조금 웃는) 엄마…내 엄마…고모엄마…… (시선이 조금 더 뒤로 가면)

[찻집 앞에 나와 서서 서연을 보고 있는 서모]

서모 …….

서연 …….

S# 이동 중인 택시 안

서연 ….. (고모 보고 있는) ……

고모 (쿨쩍쿨쩍 울고 있는) …

서연 (어깨 건드리자)

고모 (껴안으면서 울고) ….

서연 (안겨져 가만히) ……

S# 아파트 승강기에서 서연 손잡고 내리는

고모 (손잡고 현관으로 도어록 비밀번호 누르거나 혹은 카드로 문 열고 서연 먼저 들여보내고 들어가는)

S# 거실

서연 (들어와 곧장 주방으로 가는데)

지형 (침실에서 나오며) 마트를 어디 강남으로 갔었냐?

서연 ???

지형 다섯 시가 넘었어..

서연 (지형 쪽으로) 왜 벌써 들어왔어?

지형 당신하고 의논할 일이 있어서..

서연 .... (보며 뭔데?)

지형 고모님 시장 본 짐은요..

고모 어 어어..배달 배달..배달 시켰어..

지형 네에.. (서연 손잡고) 뭐 물 줘? 우유?

서연 내가 먹어.. (돌아서고)

S# 침실

서연 (우유 컵 비우고 컵 화장대에 내려놓는다는 것이 가장자리에 걸쳐져 컵이 떨어지고)

지형 (얼른 컵 집어 들어 놓고 서연 두 팔 잡고) 아버지께서 우리 / 보자 그러신대...

서연 ..... (보며)

지형 저녁 먹으러 오라구..

서연 .... (보며)

지형 내키지 않으면 안가도 돼..당신 마음대로 해..

서연 .... (보며)

지형 정말야..싫으면 안 가도 돼..

서연 아버님 무서우셔?

지형 어머니하군 다르셔..가지 말자 (좀 돌아서려 하며)

서연 (잡으며) 노향기 엄마 같으셔?

지형 가지 말자구..전화드릴게.

서연 (잡은 채) 아냐..내가 준비하고 가면 돼..갈게...가자...정신 똑바로 차리고 (웃으며) 정신줄 꽉 붙잡고 응?

지형 (안아주는)

S# 수정의 침실

수정 (남편 따라 들어오며) 할 얘기 있어‥

창주 ?? (옷 벗기 시작하며 잠깐 돌아보는) 뭔데‥

수정 그 아이 조금이라도 힘들게 하면 오현아 날리고 나‥당신하고도 죽는 날까지 말 안 섞을 거야‥

창주 무슨 그런 협박이 다 있냐‥

수정 당신 측은지심 아직 갖고 있어?

창주 알았어‥그만해‥ (셔츠 벗으며)

수정 내년 5월 말쯤이면 우리 손주가 태어나‥

창주 ???(멈추고 보는)

수정 태아 상태 양호해‥

창주 무모한 것들 대책없이 아인 낳아 어쩌겠다는 거야 당신은 그걸 그냥 구경만 하고 있었다는 거야? 아이 장래는 상관없어? 지 엄마 보살핌을 받을 수 없는데 / 지금 다같이 무슨 어리석은 짓을 하구 있다는 거야.

수정 내가 있고 당신이 있어‥수희도 있고 지형이도 있고‥

창주 (황당하고 난감) ……

수정 우리 아들도 원해서 낳기로 한 아이야‥

창주 그눔 자식 환자 치료받을 권리는!

수정 치료 가능한 거라면 그런 결정 안했겠지‥

창주 …… (보며)

수정 부탁해‥아이들 슬프게 만들지 말아줘‥

창주 (돌아서며 옷 벗기 시작)

수정 (장으로 움직이며) 당신을 다시 좋아하게 해줘‥

창주 ???(돌아보는)

수정 (돌아보며) 옛날 당신이 보고싶어…

창주 (외면하고 뿌우 / 옷 벗어내는) ….

S# 빌라 전경(밤)

[주차장으로 들어가는 지형의 자동차]

S# 주차장 안‥

[대어지는 자동차‥]

지형 (내려서 문 열고 내리려는 서연 돕고)

서연 (내린다) …

지형 (문 닫고 가볍게 이마에 키스하며 리모컨 차 문 닫고) ….지금이라도 돌아가고 싶으면 돌아갈 수 있어.

서연 (웃으며) 응 겁나‥그렇지만 부딪힐 거야‥수틀리면 아버님 들이 받고 기절할 거야‥

지형 (이마 붙이며) 좋았어‥나도 같이 들이받을게‥당신 옆에 내가 있어‥

서연 으흐흐흐흐 (안으며)

S# 승강기를 향해 서로 안고 움직이는 두 사람…

[그러나 웃음기는 없는 두 사람….]

제18회

S# 수정의 거실‥

[서연 앞세우고 들어서는 지형]

지형 어머니이이‥

이모 (주방에서 먼저 튀어나오며) 으응 그래 지형아‥어서 와 서연아‥

서연 안녕하셨어요‥

이모 들어와 들어와‥ (서연 손 잡아끌며 나오는 수정에게) 언니 애들 왔어‥서연이 왔어.

서연 (목례하고)

수정 어서 오렴. 아버지 일찍 들어오셔 기다리고 계셔. 모시고 나올게 잠깐 응? (좀 움직이다 돌아보며) 코트 벗어라들‥조금 있으면 더워져‥

지형 네에‥ (서연에게 / 옷 벗겨주러)

이모 저녁 아직 있어야 하는데 뭐주까‥뭐 마실래‥

지형 이 사람은 녹차 전 커피 주세요‥

이모 알았다.

지형 아버지 나오시면요··

이모 (들어가며) 그래 알았어··

지형 (서연의 코트 벗게 하면서) 상태 어때··

서연 양호

지형 됐어 (좀 웃으며) ····

서연 (옷 벗어 주는) ····

S# 서재···

창주 ····후우우우우우우 (길게 숨 내쉬는 / 앉아서) ······

수정 ···· (보고 있다가) 한번 더···

창주 (잠깐 보고 한 번 더) 후우우우우우우 (하고 일어서는)

수정 잠깐··첫마디 뭘로 시작할 거야··

창주 ···· (어이없이 보는)

수정 첫마디가 중요해··

창주 가르쳐줘··뭐라 그럴까 응?

수정 잘 왔다 보고 싶었다··

창주 별 걸 다 가르치려 들어·· (문으로)

S# 거실··

창주 (서재에서 나오는)

[서연 지형 같이 서 있다가 돌아보는 /]

창주 (시선 아무도 안 보는 채 소파로 움직여 앉으며) 앉아라··

지형 ··· (서연 데리고 소파로) ····

수정 (서재에서 나와) 차 뭐 줄까··

창주 (잠깐 돌아보며) 블루베리.

수정 늬들은

지형 이모한테 말씀드렸어요··

수정 응 그래·· (주방으로)

창주 (앉으며 / 아들 보며) 앉으라구··

지형 (서연에게) 앉아··

서연 (정중하고 깊게 목례하고) 염치없이 뵈러 왔습니다.

창주 (서연 보는)

서연 E 제가…아버님 실망시켜 드린 화근입니다··

서연 죄송합니다··드릴 말씀이 없습니다··

창주 그래··앉아서 하자··

지형 (서연 보고)

서연 (조용히 앉는) ····

지형 죄송해요 아버지.

창주 앉아··

지형 (앉고) ····

창주 (서연 보면서) 나는 늬들 처음부터 시작을 하지 말았어야 하는 관계라는 생각 지금도 마찬가지야··누구한테 어떤 피해가 가든 나 좋은대로만 하는 건 인간으로서 최악이야··그래서 인정할 수가 없었다·· (아들에게) 너는 사랑보다는 신의를 지켰어야 해··

지형 … (시선 내린 채) 죄송합니다.

창주 나는 (하는데 수정 차 쟁반 들고 나오고) ……

[놓아지는 찻잔들]

수정 (놓고 앉는다) …

창주 나는 지금도 늬들 선택이 현명했다고 생각 안 해.

수정 그런 거 계산한 선택 아니야.

창주 그 얘길 하는 거야··이성 팽개치고 감정만으로 저질렀다는 거야··

수정 이성이 개입되는 사랑은 사랑의 본질과 거리가 멀어··

창주 ···· (아내 보며) 나 말 좀 하게 해줄래?

수정 (조금 웃는 듯) 미안해 여보··

창주 (아이들 보며) 그러나 어쨌든 이미 저질러진 일 / 더 이상 왈가왈부로 늬들 힘들게 할 생각은 없다.

수정 네··고마워요.

창주 (곁눈으로 아내 보고)

수정 ··· (모르는 척 찻잔 집는)

창주 (자세 조금 풀면서) 늬들 아이 가졌다면서··

지형 ?? (엄마 잠깐 보고) 네.

창주 그것 역시 현명한 선택은 아니라고

수정 (오버랩) 여보

창주 (보고)

수정 왈가왈부 안한다면서 심판관 하지 마··

창주 ···· (보며 못마땅하지만) 그래···너 건강 상태는 어떤 거냐··출산까지 약은 중지했을 거고··

서연 잘 지내고 있습니다.

지형 검사 소견은 더 나빠지고 있지는 않다고 합니다.

서연 (오버랩) 제대로 말씀드려··그런데 저는 조금씩 나빠지는 것 같습니다 아버님··

창주 그나마 약의 도움도 못 받으니까··

서연 네에··

창주 일상생활은 어느 정도 소화할 수 있는 거냐··

지형 지장 없습니다..피곤하지만 않으면 아무 상관없어요.

서연 전 같지는 못합니다. 실수 꽤 합니다.

창주 곧 아이도 태어난다는데 너는 어떤 투지로 병과 맞설 거냐…

서연 …. (보며)

창주 어떤 식으로 받아들여 어떤 의지로 병과 대면하는가가 중요해.

서연 저한테 의지라는 게 언제까지 남아 있을지 모르겠습니다..

서연 E (창주 위에) 아직은 억울하다가 무섭다가..당황했다가 뻔뻔해졌다가… 그러면서 조금이라도 더 버텨야한다고…그러고 있습니다..

창주 …. (보며) …개발하고 있다는 신약에 기대하는 것밖에 현재는 방법이 없는 건 알고 있니?

서연 네..저는 그 혜택을 못 받을 거에요.

수정 왜 그런 생각을 해..그런 부정적인 생각은

창주 (오버랩) 저녁은 언제 주는 거야…

S# 수정 주방

[식사 중 / 잠시 두었다가]

창주 니 담당 닥터와 통화했다..

지형 (아버지 보는)??

수정 이모 ??

창주 명성 자자한 닥터야..지시 잘 따르고 검진 게으름 피지 말고 출산하면 바로 처방약 복용해..

지형 네..

창주 (서연 보며) 나는 태생이 쉽게 접근하기 힘든 사람이지만 네 어머니는 부처가 현신한 사람이야.

수정 ?? 야유하는 거야?

창주 (못 들은 척) 어려워 말고 편안하게 의지하고 따라도 돼..

서연 네에..

수정 (오버랩) 별 걱정을 다..우리는 벌써 그러고 있어.

창주 너 회사는 월급은 제때 줘? 생활비는 제대로 갖다 주니?

서연 네 아버님.

창주 이자 나가는 빚은 쓰지 마라..손대표한테 신세 너무 지는 것도 친구관계에 바람직하지 않아.

지형 네..

창주 필요하면 엄마한테 지원 요청해..이자 받자 안 그럴 거야..

수정 아이구 참..

창주 차 갖구 왔지..

지형 네 아버지..

창주 대리 불러라..우리 와인 좀 하지 처제..

이모 네 네에 형부. / (일어나고)

수정 (일어나며) 그런데 여보..얘기 나중에 하지? 애들 밥 먹어야 해.

창주 먹어..누가 먹지 말랬어? 먹자 먹어라 응?

지형 네.. (서연 보고)

서연 .... (조용히 먹는)

창주 서연아..

서연 ??

창주 너한테 허락된 시간을 헛되이 쓰지 말고 할 수 있는 / 해야 하는 모든 노력을 필사적으로 다 해서 너를 지켜. 포기하면 안 된다..

서연 네에..

창주 웃으면 더 이쁠 것 같은데 웃을 줄 모르니?

서연 알아요‥

창주 그럼 웃어봐. 한번 보자‥

서연 (울며 웃으며) 죄송합니다‥아버님‥정말 죄송합니다….

지형 …. (서연 보는)

서연 ….. (눈물 닦으며) …

창주 …. (보면서) ……

수정 … (서연 보며) …

[주방에서 전화벨]

S# 주방‥

이모 (전화 집어 보고) 현아언니‥

수정 ….

이모 받지 마? 손님있다 그래?

수정 (받아서) 응 나야‥

S# 현아 운동실

현아 (스트레칭하던 자세 일으키며)??? 이게 웬 하나님 은총이냐? 웬일로 전활 받아?

홍길 ?? (근력 운동하다) 받아? 받았어?

현아 독한 기집애 야 누가 나한테 성질 나쁘대‥내가 널 당할 재간이 없는데 응? 너 때문에 나 체중이 이킬로나 빠졌어 야‥니가 내 서방두 아니구 내가 왜 너 때문에 살이 빠지니‥이거 기막힌 일 아니니?(홍길은 전화받았는데 다시 잘못 건드릴까봐 눈짓 얼굴 짓) 전생에 니가 내 자식이었던 건지 뭔지 너 왜 이렇게 내속을 썩이냐 말야…꿀먹었니? 왜 가만 있어 너.

수정 F 내일 내가 전화할게 / 지금 지형이랑 며늘애 와 저녁 먹는 중이야.

현아 (굳는) ....알았어.. (끊으며) 치매 며느리 집에까지 드나드나부네..

홍길 어허어 그렇게 혼이나구두 또오.

현아 아 안 듣는데서도 못해?

S# 빌라 빠져나오고 있는 지형의 자동차..

S# 차 안..

지형 (돌아보며) 피곤하면 잠깐 졸아 응?

서연 나 아버님께 인사 제대로 드리고 나온 거야? (돌아보며)

지형 깍듯이 예의바르게 이서연답게 깔끔하게..이렇게 받아들여주셔 감사합니다. 좋은 말씀 깊이 새기겠습니다..

서연 어 깔끔했다.. (고개 앞으로)

지형 포기하면 안 된다. 필사적으로 노력해라.

서연 집에 가면 써서 붙여줘..잊어버리면 안되니까.

지형 알았어. 명령만 해..나는 당신 종이야..

서연 (돌아보며) 나 아까 엄마 보고 왔어..

지형 ??

서연 문권이랑 내...엄마라는 사람..

지형 안 볼 거라드니..

서연 내가.... 닮은 거 같더라...<u>흐흐흐</u>

지형 어떠셨어..

서연 (고개 앞으로 / 기대며) ......

지형 무슨 얘기했어..

서연 애둘 데리고 먹고살 일이....무서웠대...그랬을 수도..그냥...그렇더라..

지형 .....

서연 (몸 일으켜 한 팔 끼고 기대면서) 음악 듣자..

지형 응.. (스위치 넣고)

[클래식으로…]

서연 (목 빼 지형에게 입 맞추고 다시 기대며) 고마워..사랑해..

지형 (옆얼굴 서연에게 붙여주면서) .....

S# 수정 거실

수정 (창주에게 와인 따르는) .....

창주 .... (와인 잔 보며) ......

수정 애 어때..

창주 (와인 잔 비우고 일어서는)

수정 고마워..

창주 .... (돌아보는)

수정 (일어나며) 잘 받아들여줘 당신 이뻐.

창주 지형이 놈은 각오돼 있는 거겠지..

수정 각오 없이 결심했을 아이 아니야..

창주 평탄한 길 싫다 그러고 지가 선택한 길이니 마지막까지 비겁해지지 말라구 해.

수정 그래..

창주 (침실 쪽으로)

수정 (서서 보며) ....

S# 부부 침실

[화장대에 놓여져 있는 문권 / 서연. 서연 지형 액자 두 개..]

[거울에 양면테이프로 깔끔하게 붙어 있는 〈포기하지 마..필사적으로 노력해.〉 굵은 매직펜으로.. 옅은 컬러 종이]

지형 (샤워하고 나오는)

[서연이 없다..]

S# 거실 주방

지형 (나와서 주방 보면서) 뭐해..

서연 (케이크와 주스 쟁반 들고 돌아서는 참) 문권이..

지형 저녁 안 먹었대?

서연 케익 달래.. (내려다보며) 쥬스랑..

지형 발지압하자.

서연 알았어.. (문권의 방으로)

S# 문권의 방

문권 (실내복 갈아입는 중 / 돌아보고) 어 내가 찾아 먹는다니까.

서연 (테이블에 놓으면서) 까먹기 전에 할 얘기 있어..이리 와..

문권 ??(누나 앞으로)

서연 (오버랩) 우리 엄마 만났어.

문권 ???

서연 고모가 알고 계셔. 보고 싶으면 고모한테

문권 (오버랩) 아닌데 누나..그럴 생각 없어..

서연 .... (보며)

문권 지금까지 상관없이 살았는데 뭐하러..복잡한 마음 싫어. 이대로 살 거야..

서연 나중에..한참 나중에 만약 나중에 니가 맡아야할 상황되면..외면하지 마..

문권 …. (보는)

서연 무의탁 독거노인 만들지는 말라구‥

문권 난 상관 안 해‥

서연 어쨌든 우릴 낳았잖아.

문권 필요없어.

서연 유언이야.

문권 무슨 그딴 말을‥왜 그래 누나.

서연 다른 자식 없대‥

문권 글쎄 무슨 상관이냐구‥

서연 너 착하잖아.

문권 나 아냐.

서연 됐어 난 이제 잊어버려도 돼‥ (나가고)

문권 …. (나가는 문 보며) …..

S# 거실

서연 (나와서 음악 켜고 지형 앉아 있는 소파 쪽으로) 어이 지압 선생.

지형 예 사모님‥

서연 준비됐나요?

지형 예 여사님‥

서연 으흐흐흐 (푹 누워 두 다리 뻗고)

지형 (조금 비켜나며 한쪽 발 잡으며) 왼발부터 시작합니다 사모님.

서연 알아서 하세요‥

지형 오늘은 좀 세게 들어가도 되겠습니까 여사님.

서연 걷지도 못하면서 날려고들지 말고 하던대로 하세요‥

지형 (발바닥 긁어버리고)

서연 으하하하하하하..

지형 (서연 위에 엎어지며 마구 키스 퍼붓는) .....

F.O

S# 아파트 거실

문권 (출근 차림 / 제 방에서 나와) 다녀오겠습니다아아..

서연 E (침실에서) 수고오오..

문권 (현관으로 나가면서) 어어엉

서연 (나오는 지형 따라붙으며) 잠깐 / 잠깐잠깐 / (옷솔로 어깨 한쪽 털어주면서) 무지 춥대..산동네 현장 머플러 둘둘 감고가

지형 오늘 거기 갈일 없어..갔다 온다.

서연 응 나가.. (현관으로)

지형 (구둣주걱으로 구두 신고 서연 주고) 운동 우유 샐러드 낮잠 반신욕

서연 알아알아알아알아.

지형 이따 봐.

서연 어엉.(지형 나가고 돌아서 주방으로 / 식탁 치우기 시작)

S# 아파트 현관

지형 E (나오면서) 아버지 뵙고 온 날부터 서연이는 기분이 한결 좋아졌다.(자동차 타고 / 출발해 나가는 자동차 / 운전하는 지형과 함께 계속) 물론 한두 번씩 멈칫거리기는 해도 기분이 좋아진 만큼 컨디션도 좋아 보인다..의욕 없던 집안일도 다시 하고 운동도 빼먹지 않고 하고 있다..

S# 거실

서연 (주방에서 나와 오디오 스위치 넣는)

[자연의 소리 모음 태교 음악]

서연 (다시 주방으로)

지형 E 자다 나가 어둠 속에서 우는 일도 없었고 향기 얘기를 꺼낸 일도 없었다..

S# 운전하는 지형

지형 E 봄꽃 만발하면 배불뚝이인채 쌍계사 벚꽃구경 가자는 말도 했고 약을 먹어야하니 꼬맹이한테 모유는 안되겠지라고도 했다. 유모차 밀고 공원 가겠다는 말도 했다..서연이가 몇 달 후 일들을 입에 올린 건 처음이다..그런 변화가 고마워 서너 번 울컥했었다 ......우리는 보이지도 보여줄 수도 없는 두 마음인 채 눈 맞추고 웃으며 서로 알아주고 느껴주기를 기대한다.

S# 거실

서연 (러닝머신 보통 속도로 걷고 있는) 한송이 국화 꽃을 피우기 위해 소쩍새는 그렇게 울었나보다..한송이 국화꽃을 피우기 위해 천둥은 먹구름 속에서

S# 거실

고모 (다림대 들고 나와 펴는데)

서연 (책 보다가 일어나며) 고모 제가 해요..

고모 책이나 보셔어

서연 고모 쉬세요..제가 할래요..

고모 그럼 그러시구려..가만 있어..꽂아줄테니까..

서연 네에..

고모 (멀티탭에 다리미 꽂아주고 다리미 온도 눈금 맞춰주고 / 물뿌리개 놓아주면서) 너무 많이 뿌리지 말구..

서연 네에.. (바구니에서 지형 속옷 꺼내 놓고 다리기 시작)

고모 아 좀 기다려 다리미가 달아야지이이..

서연 아아 으흐흐흐흐흐

S# 지형 사무실

[분주한 사무실 분위기]

지형 지난 번 평면계획 끝났던 오피스 안 언제쯤 정리될까?

지호 (일 하다가) 정리 끝났는데요. 출력해 드릴까요?

지형 응 전체셋트 에이쓰리로 출력해서 회의실에서 보자

지호 네에 (출력 위해 컴퓨터 만지고 / 지형 다른 자료 들어 잠깐 보는데 옆자리 전화벨)

송이 네에 손앤박 건축사무소입니다. 아, 네 지금 계신데 바꿔드릴게요. 실례지만 어디시라구 전해드릴까요?… (눈 벌어지며) 아, 네네 잠깐만 기다리세요. (전화기 막고) 대표님. (속삭이듯 입 모양만 크게) 공모요. 공모.

지형 (후닥닥 / 손대표 직원들 모두 집중) 네 박지형입니다. …. (눈 잠깐 감았다 뜨며) 아 네 감사합니다. 준비해서 들어가겠습니다. 네에 (끊고 후욱 내쉬며) 모두 수고했어요. 우리 당선입니다.

직원들 (환호성 / 박수)

송이 그럼 우리 파티에요 대표님?

석호 오차까지다 밤새는 거야!!!

직원들 (열렬한 환호)

지형 흐흐 모레까지 브리핑한 내용이랑 필요서류 정리해서 들어가야 하니까 현철씨 하영씨랑 준비해 줘요 (손대표 앞으로 / 주먹 내밀고) 축하한다.

석호 (주먹 마주치며) 경쟁팀 워낙 쎄서 떨어질 것 같았는데 아이디어

로 먹은 것 같다.

지형 실은 나도 큰 기대 안했었어. 부지 전체를 보고 계획한 부분이 주효했던 것 같아. 레벨 잘 극복한 부분도 좋게 보여진 것 같고.

석호 니가 잡은 컨셉이 좋았어.

지형 우리 다같이 한거야.

석호 우리 다같이 했지!!?

직원들 (네에.. 그럼요.. 물론이죠오오 등등)

석호 이제 실시도면작업이구나아. 육 개월은 걸리겠지?

지형 흐흐 최소 그정돈 각오해야지

석호 오늘은 좀 쎄게 가자구..예약 누가 할 거야..

송이 저요 제가 해요 대표님..그런데 어디로 해요?

석호 쎄게 가자니까 청풍명워얼.

지호 앗싸아.

현철 (동시에) 대표님 술 좀 따로 사야겠죠?

석호 물론이지이이 (그러는 동안 지형 나간다)

S# 사무실 복도

지형 (나오면서 전화) ...

[벨 가는 소리.......(한동안 안 받는)....(좀 불안해지는데)]

고모 F 어 박서방..

지형 이 사람 뭐해요 고모님.

고모 F 자러 들어갔는데..바꿔주께.

지형 아니 깨우지 마세요..나중에 통화하면 돼요...일어나면 전화하라 그래주세요..

고모 F (오버랩) 끊지마 끊지 마. 얘 나와 서연아 전화..

S# 거실

서연 (받는다) 나야..아니 잠이 안와...먹었어...먹었어....?? 진짜아?!!
진짜 당신네가 갖구온 거야? 으아아아 좋겠다

S# 복도

서연 F 정말 좋겠다아 그저 그런 줄 알았더니 실력 좋은가봐?

지형 뭐라구?

서연 F 깔깔 아냐아냐 축하해축하해축하해..

지형 빵빵한 회사들 경쟁에 겁도 없이 덤벼든다구 우리 하룻강아지
범 무서운줄 모른다 그랬단 말야.

서연 F 그랬는데 하룻강아지가 범들을 잡아 먹었으니 얼마나 근사
해 깔깔..당신 누구지?

지형 이서연 똘마니...

서연 F 나는 누구지?

지형 박지형 마님.

서연 F 으하하하 하하하하하

S# 어느 일식당..홀

[안내되어 들어오면서]

수정 (작은 소리로 전화받는) 잘했다 내 아들..나 좋아서 펄쩍펄쩍 뛰
고 싶은데 지금 안돼..응 밖이거든..축하해 지형아. 아버지께 말씀
드렸어? 얼른 끊고 전화드려..응..어서..그래.. (끊으며 문 열어주는 지
배인에게 웃으며 목례하고 들어가는)

S# 일식집 방

수정 (들어서 차 마시고 있는 현아 잠깐 보고 옷 맡기고 현아 앞에 앉으며)
오랜만이야.

현아 (찻잔 내려놓고 보며) 정말 모시기 어렵다..무슨 그렇게 죽을 죄 졌다고 두 달이나 날 학대해. 그게 그럴만한 일야 도대체가? (안 보며)

수정 향기엄마 이렇게 나오면 오늘 약속 쓸데없는 짓 돼..정식으로 사과해..다시는 우리애들 놓고 같은 실언 안한다는 약속해..

현아 (보는) .....

수정 여러 말 길게 하지 말자. 우리 입장 바꿔서 니가 내 자리에 내가 니 자리에 있다 생각하자..나 너한테 니 며느리 아들 면전에서 그런 말 했을까?

현아 너는 우아한 강수정이고 나는 속물 깡패 오현아야.

수정 (보며) ...

현아 (물잔 들며 안 보는) 사과 수없이 했어. 너한테 보낸 꽃바구니가 네 개냐 다섯 개냐

수정 (오버랩) 하기 싫어? 그럼 나 여기 있을 필요 없어.

현아 ??

수정 (일어나려)

현아 꼬라지 부리지 말고 앉어 얘..

수정 .... (보며)

현아 잘못했어..사과해...

수정 .... (보며)

현아 너무 그렇게 무섭게 굴지 마 야..발가벗고 다 보여주는 친구 너 하난데..너밖엔 믿을 인간 하나두 없는 나한테 어떻게 이렇게 매정할 수가 있어 엉?

수정 ... (보며)

현아 그리구 나만 매도할 게 아니라 너도 양심이라는 게 좀 있어봐라.

니 아들이 우리한테 무슨 짓을 했는데··넌 늬들 잘못은 하나도 전혀 상관없니?

수정 (오버랩) 그래 너 언짢았을 수 있어··그건 인정해.

현아 그런데

수정 .... (보다가) 다시 같은 일 반복 안 되기 바래··약속 지켜·· 사과 받아들일게··

현아 드럽게 잘난 척 하네·· (물수건 집으며)

수정 부탁 하나 하자…

현아 아직도 안 끝났니?

수정 나를 ....좀 안타까워해줄 수는 없는 거니?

현아 ....안타깝지…내가 너라면 난 미쳐버렸어··

[남자들 들어오고 있는]

홍길 E 전혀 가망이 없는 거야?

창주 E 약이 말을 안 들어··

홍길 E 나 원참··한창 일할 나이에··

지배인 회장님 원장님 오셨습니다아아 (문 여는)

S# 방 안

[두 남자 들어오는]

홍길 아이구 강박 이거 정말 오랜만입니다아아. 하하하

수정 안 일어납니다··

홍길 아 그럼요 그럼요

창주 안녕하셨어요?

현아 누구 때문에 전혀 안녕 못했어요.

창주 하하하

홍길 (옷 벗겨지며) 알아서 엉?

지배인 예 알겠습니다 회장님.

S# 같은 방

[식사 중간]

창주 향기는 참..아직 안 왔다면서요..

현아 무슨 랭귀지 코스 등록했대요.

창주 아아..그 녀석 없어 쓸쓸하겠어요..

홍길 저 사람은 오히려 잘나간다니까..

현아 뭘 잘나가.

홍길 (오버랩) 이 자식 무슨 꿍꿍인지 향기없다는 구실로 생쥐 곡식 창고 드나들듯 (하다가 아내 보는)

현아 (쏘아보는) 당신 이런 식인데 영수가 어떻게 잘 돼..생쥐가 잘될 게 뭐가 있냐 말야.

홍길 그냥 비유법이야 비유법

현아 (노려보는)

홍길 그놈 지 엄마 비위 맞추는데 뛰어나잖아요 강박. 얼마나 털리고 있는지 저 몰라요..신경 안 씁니다. 자기 몫 몽땅 아들 줘서 아들이 몽땅 영화에 털어먹게 하는 걸로 사회 환원 하겠다는 사람한테 내가 무슨 감 놔 대추 놔 하겠어요..

창주 그러다 대박한번 터뜨리면 그 뒤는 훨씬 나아질 거야.

현아 내말이 그거에요 박원장..

홍길 대박이 눈이 멀었어? 그동안 꼬라박은 걸로 중박이라도 한번 터졌으면 몰라. 이건 번번이

현아 (오버랩) 영수는 깐느 작품상이 목표애야..당신같은 장사꾼이

아니라구.

홍길 그래 마누라 아들 사회환원 하라구 열심히 벌었어 맞어. 젠장할. 미안합니다 (수정에게) 그럼에도 불구하고 젠장할..

S# 서울 야경

S# 한정식 집

[회식 중인 지형 사무실 직원들]

[왁자지껄 떠들면서 술잔들 채워 치켜들고 짱 부딪치며 한꺼번에 떠나가게 / 파이팅!!!!]

S# 서연의 거실

서연 (소파 탁자 / 노트북 한동안 바라보고 있는)

고모 (주방 식탁에서 북어 잘게 찢다가 졸고 있는) …

서연 E (두드리기 시작하는) 내가 너를 품고 있다는 걸 까먹을 때마다 너는 나 여기 있어요 하는 것처럼 너를 알려주고는 한다…그때마다 열 번쯤 중얼거리는 내 미안하다 소리를 너도 듣고 있는지 궁금하다. 아빠는….네 아빠한테 오늘 좋은 일이 있었지..(옆의 메모 들여다보고 두드리는)

서연 E (메모 / 통일 전망대 지명 공모전 당선…자축 파티..글씨 위에) 통일 전망대 지명공모전에 아빠 회사 응모작이 당선됐단다..

[현관 벨 울리는]

서연 (고개 돌아가고)

고모 (졸다가 퍼뜩 깨서)??? (비디오폰으로 / 재민의 모습) 아이구 얘 너 웬일이야.. (문 열어주고)

재민 (들어오며) 지형이 거의 다 오고 있다고 어머니 모시구 가래서요..

고모 으으응..나 괜찮은데 뭐하러어

재민 저도 늦었어요 들어가는 길이에요.

고모 어 그래애애?

서연 오빠아.(다가오며)

재민 경사났다면서. 축하한다.. (들어오며) 진작 알았으면 너한테 꽃다발이라도 안겨줄 건데 이 녀석 리스트엔 내가 없나봐..너 좀 어떻게 해달랄 때는 귀찮게 굴더니 결혼하고 나더니 안면몰수야.. 형편없는 놈이야.

서연 응 형편없는 놈이야. (마주 서서) 나도 알아.

재민 흠흠.. (한쪽 어깨에 손 얹어 주방으로) 저 냉수 한 컵 주세요..

고모 (식탁 치우다가) 오냐아..

재민 얼음 넣어서요.

고모 어엉.. (물 준비)

재민 문권이 녀석은 날마다 오밤중이라면서.

서연 응..

재민 생각할수록 기특해. 솔직히 떨어질 줄 알았고 떨어지는 게 당연하다 그랬는데 응?

서연 하느님이 내가 불쌍해서 문권이한테 인심쓴 거 같아..

재민 (물잔 받으며) 하하하.

고모 (아들 올려다보며 문득) 술먹고 운전한 거야?

재민 대리 불렀어요..기다리고 있어요.. (마시는)

고모 난 또오..

재민 그런 짓 안한다니까요.(컵 주며)

고모 (컵 받아 싱크대로 가며) 으흐흐 느 아버지가 쓸데없는 걱정하러 태어났다잖어..

재민 (식탁 의자 빼며) 우리도 이쪽으로 옮겨요 어머니.

고모 늬 아버지 땅 깔고 앉었는 게 한결 남는 장사란다니까아?

재민 오를만큼 올랐어요 더 안 올라요.

고모 아파트 답답해 얘..시끄러 문두 못열어 놓구..맞창 없어 여름에는 쪄죽겠어..

서연 (오버랩) 오빠..

재민 응..

서연 고모 모시고 가..

재민 지형이 금방 들어올 거야..

서연 그러니까 가..

재민 ??

서연 괜찮아..나 안 나가..혼자 있어도 돼..

고모 금방 들어온다잖어.

서연 나 기어다니는 애기 아니야..오빠 응?

재민 (엄마 돌아보는)

고모 (북어 찢은 것 냉장고 집어넣으며) 아 젓먹일 애 없어..여기 뚜껑 맨 아래칸에 넣는다 서연아.

서연 나 때문에 고모 너무 고단하셔 그만 모시구 가라구.. (좀 성내는)

고모 (돌아보고)??

재민 알았다 그래 알았어.. (일어나) 갈게..가..어머니..

고모 오냐..잠깐마안.. (자기 옷 챙겨 들고 나와 아들에게 내밀며) 그럼 고모 간다아아?

서연 네에..

고모 자기 전에 우유 한잔 더 마시구? (아들이 입히는 / 입으며)

서연　네..

고모　아이구 늬들 방 수건 널어 놓는 거 잊어버렸다.(움직이려)

서연　(잡으며) 제가 할께요 고모 제가 해요. 고모 나가시면 금방..까 먹기 전에 금방 할께요

고모　오냐..그럼 고모 그만 퇴근한다아아?

서연　네에에..

[모자 적당히 밤 인사하고 나가고]

서연　(현관에서 배웅하고 돌아서서 객실 화장실로)

S# 화장실

서연　(들어와 한옆에 싸여 있는 타월 몇 장 세면기에 넣고 수전 틀어 적시는) ......

[타월 한 장씩 비틀어 짜서 세면기 가장자리에 놓고 다른 타월 비틀어 짜려는데]

[바닥으로 떨어지는 먼저 짜놓은 타월]

서연　..... (구부리고 타월 집어 올리다 세면기 모서리에 이마 콱 찧어버린다)

서연　아으... (머리로 손이 가고 문지르면서) .... (인상 쓰고) ... (뭔가 이상해서 손 내려보면 손바닥에 피가 벌겋다)?????

S# 현관 안. 거실

지형　(현관 들어서며) 나 왔다 서연아.. (하는데)

서연　E 아아악아아아악 / (자신에게 화가 나서 터지는)

지형　?? (후닥닥 뛰어들며) 서연아 왜. 어딨어 왜 어디야 서연아.. (서연 울음소리 좇아 객실 화장실로)

S# 화장실

지형 (들어오는)????

서연 (한 손 머리에 올라가 있는데 다친 쪽 팔목으로 눈물처럼 흐르는 피)

지형 뭐야. 왜 이랬어..뭐하다가아아!!(손 떼고 보고 놀라며 마른 타월 집어 머리에 대주면서) 가자 병원가자. 병원가야해..일어나 일어나 서연아.. (서연은 계속 아이처럼 울어대고 / 서연 머리 수건 댄 채 껴안고 질질 끌듯 나간다)

S# 거실

지형 (끌고 나오면서 주머니의 전화 꺼내 단축) .. 너 어디야.

S# 이동 중 재민 차 안

재민 ?? 이게 무슨 소리야 서연이 왜 그래…알았다. 끊어. 차 잠깐 세워주세요.

고모 왜애애.

재민 서연이가 좀 다쳤대요. (멎는 차) 어머니 가세요 저 택시 잡아 갈께요.

고모 (내리려는 아들 옷자락 잡으며) 어디르을.

재민 몰라요 (내리려)

고모 (붙잡아 들이며) 택시 언제 잡아아..그냥 이차루 가아.

재민 그냥 타고 가세요

고모 (오버랩)(버럭) 인석아 어떻게 그냥 가!! 애가 다쳤다는데에에..

S# 아파트 현관 앞

[들어와 멎는 재민 차]

고모 (서둘러 내리고 재민도 동시에)

[나오고 있는 지형 서연. 넓은 붕대로 거칠게 칭칭 감은]

고모 (내달으며) 아이구 서연아. 왜 그랬어어. 뭐하다가아. 왜애애..

서연 (고모 손잡으며) 괜찮아요 이 사람 있으니까 괜찮아요..괜찮아요 괜찮아요.

지형 타자..서연아 타자구.. (재민이 열어놓은 문으로 서연 태우고 빠르게 옆자리로)

재민 (동시에 조수석으로) …

S# 응급실

[두피 봉합 중인 서연]

[마취를 하는지 안 하는지에 따라서]

지형 (서연 손잡아주고 서서 보며) .....(화가 나기 시작한다) 나 곧 들어간댔잖아. 그 몇 분을 못 참아 이렇게 만들어?

재민 … (그냥 서연 쪽 보면서) .....

명희 E 어이그으으 그냥 똘서방 올 때까지 있다 인수인계하구

S# 빵 가게

[가게 닫을 준비 중..알바생들은 없고 / 차서방 움직이며 흘끔거리고]

명희 나오지 애가 가란다구 그냥 나와? 걔가 정상야 엄마? 서연이 보는 거 애보는 거나 똑같이 공없는 일이라구 내가 했지..

동철 아 뭐야 무슨 사연이야아아

명희 엄만 밤낮 쓸데없는 소리만 지껄인다 그러지만? (끊긴다)?? 왜 나한테 화를 내? 내가 뭐 어쨌다구.

동철 뭐야 뭐어.

명희 서연이가 가라아가라 해서 똘서방 들어가기 전에 나왔다가 서연이 머리깨지게 만들었대.

동철 머리를 왜.

명희 아 몰라. 타월 빨다 화장실에서 넘어진 거 같대. 피 철철 흘리구

병원갔대‥뽕 빠지게 고생은 고생대로 하구 잘못 삐끗하면 말짱 도루묵이라구 내가 안 그랬어?

동철 많이 다쳤대?

명희 몰라 병원갔대

동철 어어이‥

명희 전문 간병사 쓰게 하라니까 노인네 오지랍은 암튼.

동철 장모님이 맞어. 처제 전문 간병사 부를 때 아직 아냐‥생전 처음 보는 사람 완전 환자대 간병사 그거 처제 마음 어떻겠어.

명희 그럼 언제까지 우리 엄마 기운 뺄 거야.

동철 전문 간병사 쓸 때가 오겠지‥

명희 어으 속상해 진짜‥누군 화장실에서 안 넘어져 봤니? 병원 달려가게 다칠 일이 뭐야.

[명희 전화벨]

명희 (받는) 아버지 아직 안 주무셨어요?

S# 고모네 안방

고부 (자다 일어난) 소주 몇병 사와‥ 응 떨어졌어‥자다 일어났어‥서연이가 다쳤대…응‥그래‥ (끊고….우두커니) ….. (있다가 일어나 나가는)

S# 고모 마당

고부 (문 열고 나와 신 신고 마루문 닫아놓고 하늘 올려다보며 후우우우 한숨 한번 내쉬고 화장실로 움직이는)

S# 아파트 전경‥

[사이 좀 두었다가]

고모 (아들에게 팔 잡혀 나서면서) … (작게 울음소리 내는) 그걸 왜 까먹어서는 응응 날마다 하는 일을 왜 깜박해서는‥응응‥박서방 금방 안들어왔으면 애 죽었다··갔다 재민아.

재민 ····

고모 응응응

[재민 차 대리기사 대기 중]

[자동차 출발하고······한동안 두었다가]

S# 빈 거실···

S# 침실

서연 (잠들어 있는) ·······(태아처럼 옆으로 꼬부린 자세) ·····

지형 (옷도 못 갈아입고 침대에 걸터앉아 한 손 잡고 가만히 보는) ·······(충분한 시간 / 치밀어 오르는 마음···얼굴 이지러지면서 잡혀 있는 손 가만히 빼내고) ····· (잠시 더 보고 나간다)

S# 거실

지형 (침실 문 소리 안 나게 닫아주고) ······(침실 문손잡이 잡은 채 문짝에 이마 붙이고 있다가 어느 순간 서재로 빠르게) ······

S# 서재

지형 (들어오면서 문짝에 등 붙이고 울기 시작하는 / 어떻게 할 길이 없이 복받치는 / 무릎이 주저앉으면서 마침내는 울음소리가 밖으로 비집고 나오는 상태) ·······

S# 빈 거실··

S# 발코니 창 / 눈이 내리고 있는···

F.O

S# 인천공항 앞. 5월 말에서 6월 초

[향기 커다란 트렁크 영수가 밀고 향기는 중형 트렁크]

[자가용이 설 수 있는 곳으로 잠깐 옮겨 서서]

영수 (집 차 오는 것 살피다가 돌아보면)

향기 (입 좀 내밀고) ….

영수 왜 뭐어..

향기 집에 오는 게 하나도 기쁘지 않아. 나 얼마나 들볶일까.

영수 피곤 좀 할 거다..하늘이 무너져도 금년 안에 치워버린다 그러시니까.

향기 오빠 잘 자더라.

영수 비행기 타면 자는 게 버는 거다. 나 아버지 아들아니냐..어..온다..

[차 와서 멎고 기사 내리며 인사하고 영수 적당히 답례하며 같이 짐 실으려]

[뒷좌석 유리 스르르 열리며]

현아 뭐해 빨리 안 타구..

향기 ??? 엄마 왜 / 엄마 왜 나오셨어요.

현아 빨리 타아..

향기 (빠르게 차 뒤로 돌아가는)

S# 차 안

향기 (타면서) 뭐하러어. 오빠랑 같이 들어가는데에

현아 얼마만에 엄마 보면서 첫인사가 그거야?

향기 (웃으며) 전화 자주 했는데 뭐..

현아 기어이 오빠 내보내게 해?

향기 잘 지내는데 엄마 괜히.. (영수 앞자리로 / 기사 타고)

영수 출발해요 엄마.

현아 윤기사 집 아니구 스파로 가.. (기사 대답하고)

향기 ?? 엄마 나 집에 가구 싶어요.

현아 군소리 마··가서 쉬면서 케어 받고 머리하고 들어가.

향기 엄마 그건 천천히 해두

영수 너 저녁에 누구 만나야해 자식아··

향기 ?? (오빠 봤다가 엄마에게)???

현아 너랑 거의 흡사한 케이스야··결혼했다 혼인신고도 하기 전에 깨졌대··여자가 연애하던 남자 정리 안하고 시집온 게 들통나서.

향기 …. (보며)

현아 인물 멀쩡하고 집안 멀쩡하고

영수 (오버랩)(돌아보며) 일단 만나봐라. 비교적 평판이 좋아··

향기 오빠 알고 있었으면서 왜 말 안했어

영수 어차피 넌 와야하는 거고 와 보면 알 일 피곤하게 뭐얼··엄마가 말하지 말랬어.

현아 (오버랩) 모레 지 아버지랑 같이 해외 출장이 한달이래··그 전에 봤으면 해서 오빠 보낸거야. 그쪽은 깻박난지 벌써 삼년 넘었고 오늘 아니면 한달 뒤에 봐야해.

향기 그럼 한 달 뒤에 보면 되잖아아

현아 운전이 왜 이래.

기사 죄송합니다.

향기 몇살인데?

현아 만으로 서른 일곱.

향기 ?? 엄마 나 아저씨한테 가란 거야?

현아 아 나이는 마음에 안들어 애··그래도 스펙이 꽤 쓸 만하고 일단 만나나 보란 말야··

향기 아저씨 싫어요.

현아 누가 결혼하래?

향기 (그냥 엄마 보면서) ....

S# 달리는 자동차..

S# 서연 거실(오후)

[메모지들이 꽤 많이 여기저기 붙어 있는 상황]

지형 (현관께에서 막 배달된 유모차 꺼내고 있는)

고모 (옆에서 좋아하며 거드는 중) ....

[현관에 몇 개의 생일 축하 화분..재민, 박창주, 손대표, 편집장, 황인영]

[다 벗겨놓고]

고모 (밀어보면서) 아이구 너무 잘 구른다. 힘 하나두 안들겠어 엉?

지형 네..

고모 좋다아아..정말 좋아..요즘엔 물건들 너무 잘 만들어..이런 거 보면 확실히 우리가 참 발전은 많이 했어 박서방..

지형 네 고모님.

고모 (유모차 밀고 침실로) 서연아아...너 자니? ...자아?

S# 침실

[아이 침대와 용품들 준비되어 있고...침대 위에 매달린 신생아 모빌. 젖병 소독기..우유 바구니. 보온병 등등..화장대 거울에 메모들]

서연 (기대어 앉아 보던 책 놓고 멍하니 있다가 문으로 시선)

고모 (들어오며) 유모차 왔어..봐라..아주 깜찍하고도 이쁘게 만들었다..우리 지민이 때 꺼 비하면 왕자님 타는 거 같아 응? 멋있지? 응?

서연 (침대에서 내려서 유모차로 / 만삭) ....(내려다보며) ....

지형 (열려 있는 방문으로 들어오는) ....

고모 밀어봐‥힘 하나 안 들구 너무 부드럽게 잘 굴러‥

서연 … (두어 번 밀었다 당겼다) ….

지형 어때 나 잘 골랐지.

서연 ….

지형 어머니는 딴 거 하라 그러셨는데 내가 선택한 거야‥마음에 안 들면 바꿀 수 있어.

서연 마음에 들어‥내가 골랐어도 이거 했을 거야‥

지형 됐다‥합격할 줄 알았어‥

고모 당장은 쓸 일 없으니까 치워놓자 응?

서연 …..

고모 어디다 둘까 박서방‥

지형 제 서재에 두세요 고모님‥

고모 나두 그렇게 생각했어‥ (나가고)

지형 (한쪽 어깨에 손 올리며) 책이 재미없어?

서연 (웃으며) 왜 산책 안가?

지형 (갔다 왔다) 나가고 싶어? 산책 갈까?

서연 샤워할래‥

지형 … (보는)

서연 알았어 했구나‥응 했어 생각 나‥ 괜히 그래 본 거야‥ (나가는)

S# 거실

지형 (서연 따라 나오고)

서연 고모‥ (주방으로)

고모 (주방에서 야채 씻는 중) 어엉…뭐 주까아‥

서연 커피‥

고모 (지형 돌아보며) 커피?

지형 제가 해요 고모님.. (주방으로 / 의자 빼서 서연 앉게 하고 커피 준비로)

[잠시 사이..]

서연 (식탁 보면서) 하루 한잔은 괜찮아..

지형 어 괜찮아..

서연 문권이 어디 갔어..

지형 운동하러..올 때 됐어 서연아..

서연 생일날에는 편집실 식구들 퇴근하고 파티했었는데..다 쓸데 없다 그치.(지형 보며)

지형 편집장님하구 황인영씨 화분 보내셨잖아 서연아..

서연 아. 아 그랬구나아..

고모 재민이 꽃도 오고 손 대표 꽃도 오고..

서연 네..나는 아직 이서연이에요..

지형 (아내 보며) ....

지형 E 출산 예정일을 열흘 남겨두고부터 서연이는 많은 시간을 침울해한다..사흘 전 정기 검진에는 박사님께 전에 없이 퉁명스럽게 굴고 질문에 대한 대답도 반 이상은 못들은 척 딴청 피웠다..그리고 집에 오는 차 안에서 바보같은 질문들이 짜증난다고 투덜거리기도 했다. (지형 커피 드립으로 내리며) ..어제는 열 시쯤부터 내가 들어온 두 시까지 한자리에 앉아 네 시간을 계속 소리 없이 울었다고 한다..

지형 E (커피 서연의 앞으로 놓아주며 보는) 중간중간 혼자만의 생각에 빠져있는 것처럼 보일 때가 잦아졌고, 그럴 때는 마치 몸은 놓아두고 이서연이라는 알맹이는 어디론가 외출중인 것처럼 보여

도, 그래도 아내는 아직은 이서연인 채 내 팔을 베고 잠든다.. (서연은 커피 천천히 마시고 있는)

지형 (서연 보며 의자 빼고 앉으려는데)

[현관 벨]

지형 제가 나갈께요..

고모 그래..

서연 (시선으로 남편 쫓고)

지형 (화면 보고) ..누구..신가요..

인영 F 출판사 황인영인데요..

지형 아아 네 들어오세요 (열어주고 돌아보며) 여보 당신 회사 황인영씨 왔어.

서연 ?? 왜.

고모 생일이라 왔나보다 서연아..꽃보낸 사람이야..

서연 아아.. (일어나는 / 현관 쪽 보며)

[서연 위에]

[인영과 소희 지형과 인사 나누는 소리..]

지형 E 주방에 있습니다..오세요..

소희 안녕하셨어요 팀장님..축하드려요.(꽃 안겨주고)

인영 (동시) 고모님 안녕하세요. 황인영입니다아..

고모 어서와요 이렇게 고마운 일이 응?

인영 팀장님 축하해요.

서연 어어.. (꽃 안고 좀 웃는 듯) 응…고마워요..

소희 (들고 온 봉투에서 책 꺼내며) 신간하구요 팀장님..제가 스도쿠 몇권 샀어요..심심할 때 맞추시라구..

서연 (지형 보는)

지형 쉬운 거부터 해 보자 서연아.

서연 그거..원래부터 싫어하는 거야..

소희 ??(잘못 사 왔네. 지형 보는)

인영 사지 말랬지?

소희 (뿌우) ....

인영 배 많이 불렀죠..출산 거의 임박했죠 팀장님.

서연 (책 한 권 들어 냄새 맡다가) 어..네..응 나 책 냄새 좋아.

고모 앉아요 앉아..앉으라구..

[두 여자 적당히 대답하고 앉는..]

지형 아 뭐 드실래요..뭐 준비할까요.

인영 커피 향이 엄청 좋은데요?

지형 방금 뽑았어요

소희 저두요..

지형 네에.. (커피 준비로 / 원두 다시 갈아서) ...

인영 케익 사올까 했는데 재민씨가 케익은 누나네서 준비한다고 괜찮대서요.

서연 ... (보는)??

소희 내 뭐랬어요 팀장님 모르실 거라 그랬죠?

인영 그렇게 기뻐?

고모 (재민의 이름에서 벌써 돌아보고 있고 / 지형이도 의식하는)

소희 E 황인영씨요 팀장님 사촌오빠한테 대쉬하고 있어요.

소희 열 번 찍어 안 넘어가는 나무 없다 완전 철판 깔았어요.

서연 (오버랩) 우리... 오빠?

소희 네에 문자 씹히고 전화 씹히고 그분은 10도도 안되는 것 같은데 황인영씨 혼자 섭씨 이백도에요 팀장님..

서연 (인영 보며 좀 웃는) 정말요? (고모는 이미 다가와 인영 유심히 보는)

인영 (고모에게 죄송해요 하는 듯 눈인사하고) 변소희씨 과장이구 아직은 안부 문자 주고받는 정도에요.. (고모 보면)

고모 (좋아서 시익 웃으며 자기 일로 가는데)

서연 오빠한테 아니에요 고모.. (인영 보며)

모두 ??

서연 이 아가씨 너무 날카롭고 독설이고 으응 이기적이고 응..응 꼬여서 아니에요.

고모 (작게) 서연아..

서연 .... (그저 보며)

인영 (얼어서 보며) ...

소희 ?? (인영 보며 어쩔 줄 모르겠고)

고모 아니 서연아..

소희 ... (서연 보고 인영 보고)

인영 팀장님.

서연 나 실력도 없는 게 편집장님 꼬셔 팀장한다 떠들구 다녔잖아. 나도 다 알아.

인영 아으 참..내가 언제..나 그런 적 없어요. 어디서 무슨 모함을 들었는진 모르지만

서연 모함 받을 정도 인물이기나 해?

인영 ??

소희 가요 선배..일어나요 네? 일어나요.

인영 어쩜 생일 축하 온 사람한테 이렇게 이런 망신을 줘요? 그 병이 인격도 변하게 만든다더니 그런 거에요?

서연 ..... (그냥 보는)

인영 (팍 일어나 현관으로)

소희 (어정쩡 고모 지형한테 인사하는 척하고 황급히 따라 나가는) ....

[두 여자 나가고...]

지형 (따라 나가는)

고모 (서연 보며) .... (믿기지 않는) .....

서연 (커피 잔 들며) 고모 쟤 안돼요..

고모 그래애 니가 아니라면 아닌 거지이..재민이두 아닌 모양인데 뭐얼..

서연 통쾌해..재수없는 기집애.. (마시는)

고모 너를... 많이 괴롭혔었어?

서연 ???

고모 저것이 지금 너한테 욕먹고 나간 애가 니 험담을 하고 다녔어?

서연 나때문 아니라 오빠 때문에 온 거에요.. (일어나 소파로 움직이는)

S# 현관 밖 승강기 앞

인영 (어금니 악물고 분해서 식닥거리고)

소희 들어가세요..

지형 미안합니다. 최근 며칠...별로 편한 상태가 아니에요. 이해하세요.

[승강기 문 열리고]

인영 (먼저 타고)

소희 (목례하고 타고)

[승강기 문 닫히면서]

인영 E 너 왜 그렇게 줏책이 없는 거야. 쓸데없는 수다는 왜 떨어. (내려가는 거리감 살려주세요) 내가 너한테 부탁한 적 있어?

소희 E 시작은 선배가 먼저 했잖아요오오

인영 E 내가 언제!!

소희 E 선배가 먼저 재민씨랑 통화해서

지형 (돌아서는)

S# 거실

지형 (들어오고) ….

[등 보이며 일하는 고모 잠깐 보고 서 있다가 침실로]

S# 침실‥

지형 (들어와 보면 서연 없고 화장실로)

S# 화장실

서연 (이 닦고 있는) ….

지형 (들어와) 치약 묻혔어?

서연 응‥ (하고 칫솔 빼보면 치약이 없다) 아 먹어버렸다‥ (치약 묻혀 보여주며) 몇시야?

지형 아직 두 시간 넘게 남았어‥

서연 (칫솔 물려다 그만두고 칫솔 들고 나가려)

지형 서연아 왜

서연 머리 아파 약 먹을 거야‥ (나가고)

지형 (서서 아내 나간 문 보며) ….

S# 어느 중국집 전경(밤)

S# 중국집 방‥

[고모 가족과 지형 부부. 문권. 모두 생일 고깔들 쓰고 손뼉 치면서 생일 축하 노래 부르는 중··서연 미소 약간 띠고 케이크의 촛불 보면서 있고 / 마지막 소절 합창하고]

서연 (촛불 끄는데 지형 같이 꺼주는)

[모두 박수··한마디씩 축하 인사]

명희 이서연 한 말씀해라··

서연 한 말씀···으응···해야지···할게···고모 고모부 고맙습니다··언니 형부 고마워요··오빠 또 박지형씨 고마워요··아마 오늘이··

지민 이모 저는요··

서연 어··

지민 문권이 삼촌도 빼먹었어요.

서연 미안해··문권아 지민아··고마워··으응···크음··아마 오늘이 내가 마지막 생일일지도 몰라서···몰라요.

고모 얘가얘가 무슨 헛소리야 마지막이 어딨어 마지막이.

서연 ·······

재민 서연아··

서연 내년에는 생일이 뭔지 모를 수도 있으니까 오빠·· (좀 웃으며) ··· 그래서 마지막이다 생각하고 말해 둘려고··· (사이 두었다가) 나는··· (아무도 안 보면서) 내가 아직은 모두 누군지 알아는 볼 수 있는 상태니까··또 아직 생각도 할 수 있으니까 다같이 있는 자리에서 말하는 거야·····고모 고모부 조카딸이었던 거 감사합니다··언니 불편한 마음이게 했던 거 미안해요··오빠는 오빠 진심으로 고마워··다 빠져나가 아무 것도 없는 텅빈 항아리가 돼도···나한테서 빠져나가 어딘가 헤매고 있을 그것은 이 고마움 갖고 있을 거에요······모두의

마음을 찢어놓고 떠나게 돼 미안합니다. 정말 죄송해요 고모··

고모 (울며) 그만해. 그만해. 그만하자 으응?

서연 네 그만해요··그만할께요·· (고모 보며) ····

명희 (문득 일어나 케이크 상자 한옆으로 치우면서) 요리 왜 안 들어와. 여보 그것 좀 눌러. 우리 시작한다구 해

동철 재촉하면 요리 맛없어··기다려.

서연 당신(오버랩) 나 좀 잠깐 봐·· (일어나며)

지형 어 그래··잠깐요·· (데리고 나간다)

S# 방 밖

[둘 나와서··]

서연 (보며) 꼬맹이 나오고 싶은 거 같아

지형 ?? 아직 일주일 남았잖아··

서연 배 아파.

지형 언제부터

서연 아까··집에서··한참 전에

지형 그걸 왜 이제 얘기해!! 여기 있어··내가 말씀드리고 나올게 엉?

서연 엉········

지형 (잠깐 들어갔다 나오면서)

고모 명희 ???(함께 나오는)

고모 배 아파? 서연아 아파? 얼마나 아파··얼마 간격으로 엉?

지형 (오버랩) 고모님 그냥 식사하시구 나중에 오세요.(서연 감싸 안으며)

고모 아이구 아냐 이 사람아. 밥은 무슨 기다려 잠깐 기다려·· (하는데 재민 나오고 / 아들 보고) 아니다 나 재민이랑 늬 집 들려 짐 갖구

뒤따라 갈 테니까 먼저 가 / 병원부터 가·· (명희에게) 너 내 핸드백 챙겨··가자. 가자가자(오히려 앞서 나가고)(돌아보며) 야 ··얼른 나와 아아.

재민 네에에. 금방간다.(서연 지형 스치며)

지형 어

S# 어느 레스토랑··

[선보는 자리에 나가 있는 향기··]

향기 ···· (시선 내리고 있는 위에) ···

남자 E 원래 말이 없는 편인가요?

향기 (보며) 아뇨··네·· (좀 웃어주며) 상무님도··그러신데요 뭐··

남자 (좀 기대듯 하는 자세가 보기 좋지 않고 / 배어 있는 거만) 부모님 때문에 억지로 나온 표가 나요··

향기 ····네··아직은···아무 / 마음에 준비도 안 돼 있는 상태에서 갑자기.

남자 (웃으며) 나도 같은 상황이에요. 아침에 얘기 들었어요.

향기 네에··

남자 나는 삼년이나 옛날 일이라 그런 일이 있었나 싶게 그런데 / 그쪽은 일년이라면서요··

향기 아니 아직 일 년 안됐어요··

남자 아 그래요?

향기 네··

남자 그건 너무 빠르군요··

향기 (네) 저도 그렇게 생각해요·· (디저트 나와서 놓여지고)

남자 어렸을 때부터 관계라던데··내가 좀 알아봤죠.

향기 네··아주 어렸을 때부터··

남자 나 여자가 바라는 만큼 시간 내기 어려운 사람인데‥그래도 진행해 볼 생각 있어요?

향기 .....아뇨‥죄송합니다.

남자 그럼 피차 시간낭비하지 맙시다…

향기 ?? 아 네‥네‥고맙습니다.(활짝 웃는)

남자 그리고 나 좋아하는 사람 있어요.

향기 어머 네에에‥호호 네에에에

남자 웃는 게 이쁘네요‥

향기 (얼른 웃음 거두며) 네‥아뇨 네‥

S# 현아의 거실

향기 (들어오는)

현아 (현관에 지키고 있다가) 왜 벌써 들어와

향기 밥 먹고 차 마시고 할 거 다했어어.

현아 집에 오는 시간 빼면 한 시간 반밖에 안되잖아.

홍길 (신문 보던 중 / 목 빼고 오버랩) 향기야아아. 아빠 봐야지이이

향기 네에에‥ (쪼르르 아빠에게 / 팔로 목 감고 뺨에 입 맞춰주고) 향기 왔어요 아빠‥

홍길 (딸 손잡아 옆자리로 끌어 앉히면서) 니 엄마 너 체포하러 영수 보내는 거 아빠 반대했는데도 불구하고 야 무지무지 반갑다.

향기 응 나도 집에 오니까 좋아 아빠

현아 (오버랩)(앉으며) 어때. 멀쩡해? 매너 좋아?

향기 응 뭐‥보통은 돼.

현아 무슨 얘기 했어. 너 맘에 들어해?

향기 시간 낭비하지 말기로 했어.

현아 ??? 너 태도를 어떡했길래애.

향기 여자 있대 엄마.

현아 뭐어어?

향기 졸려죽겠어 엄마..나 올라가 잘래..

홍길 어 그래 올라가올라가올라가

현아 이 여편네가 돌았나아아 그런 놈을 찍어부치면 어떡해애애.. (전화 집어 번호 찾으면서) 내가 죽여 버릴 거야 그냥.... (전화 걸고) ... (기다렸다가) 이거 봐 다이아나 홍. 너 그딴 놈을 찍어부치면 어떡해!!(홍길 시끄러우니까 신문 들고 일어나 빠지는) 여자 있다 그러더래 너 죽을래??!!

S# 향기의 방

향기 (들어와 그대로 침대에 몸 던지고) ..... (있다가 벌떡 일어나 핸드백 전화 꺼내는)

S# 수정의 거실

[남편과 함께 책 보고 있는데...]

[전화벨]

수정 (눈짓으로 여보 거기 전화 하는)

창주 (집어서 건네주고)

수정 (보고) 어 향기야..

창주 ??(잠깐 보는)

수정 왔어?..언제에에?.. (이모 / 과일 들고 나와 놓아주며 언니 보고) 어어 그랬구나..잘했다..엄마가 좋겠다..잘했어잘했어...어..그럼 잘 있지...아니 아직...예정일 아직 며칠 남았어 향기야..

이모 향기 왔대 언니?

S# 병원 전경(밤)

S# 입원실

서연 (지형 한 팔 부둥켜안고 이 악물고 참는 중)

재민 (저쪽에서 보며 서 있고)

고모 (옆에서 달래는) 소리 질러 서연아 응? 안 참아도 돼 소리 질러·· 이 다 상해 이것아··입 벌리고 소리 지르라니까아아!!

서연 애가 나 싫어하면 어떡해애 왜 낳았냐고 원망하면 어떡해애··

지형 그럴리 없어 서연아··안 그럴 거야··절대 안 그럴 거야··

서연 ㅇㅇㅇㅇ ㅇㅇㅇㅇㅇ

지형 (더 깊게 안아주고) ····

서연 미안해··으으 미안해···미안해애애애···

지형 ······

재민 ···

고모 ····

두 사람 ····

제19회

S# 건축 사무실 전경. 낮 정오 조금 지난 시간

S# 사무실

[사무실은 비어 있고]

지형 (부지런히 책상 정리하고 있는)

지형 E 서연이는 탈진해 결국은 제왕절개로 아이를 낳았다.. 퇴원해 집으로 가는 동안 아내는 아이 얼굴에 소리 없는 눈물을 떨어트리며 울고 또 울었다. 그때부터 서연이는 우울증에 두발을 담갔다 뺐다 거칠어졌다 순해졌다 맑았다 흐렸다를 반복하면서 일곱 달째를 넘기고 있다..

석호 (점심 먹고 들어오는 / 직원들과 함께) 아직 안 나갔냐?

지형 나갈 참야..

송이 (들고 들어온) 커피 드려요?

지형 아니 고마워요..

석호 월요일 오후 네시야..

지형 알고 있어.(코트 쪽으로 가는)

석호 직접 와··

지형 그럴 참야·· (코트 떼어 들며)

S# 회사 차고로 움직이는

지형 E 고모님께 너무 죄송해 출퇴근하는 유모를 구했으나 서연이가 사흘만에 그만두게 했다. 자기를 흘끔거리는 게 싫어서라고 했다. 그런 저런 이유로 우리는 그동안 유모를 세 번 더 바꿨고 / 결국은 내가 회사 일을 오전이거나 오후거나 반나절로 줄여 집에 있는 시간을 더 벌었다.

S# 출발해서 움직이는 차

S# 아파트 거실

[메모는 더 많이 붙어 있고 가족들 사진이 여기저기 놓여져 있고 방문마다 문권이 방 서재 손님 화장실 서연이 방 표찰이 붙어 있고 냉장고 문에는 냉장고 안 음식물 종류가 몇 장으로 나누어져 큼직한 글씨로 붙어 있고··싱크대 아래 찬장에도 그릇들 종류 붙어 있고. 크리스마스트리 다시 등장]

서연 (보행기 탄 칠 개월 아기. 보행기에 태워놓고 장난감 흔들어주며 / 물끄러미)

고모 (우유 한 컵 들고 와 서연에게 주고 거즈로 아이 침 닦아주는) ····

서연 (그저 보고 있는) ··

지형 E 그렇게 기어이 낳겠다 고집했던 아내는 이상할 정도로 아이에 별 관심이 없는 것 같다. 아이를 바라보는 눈빛 사이사이 무심을 읽으며

S# 어느 카페 앞

[지형의 차 와서 멎으며 발레파킹 주차원 나타나고 차 넘기고 들어가

는 지형]

[지형의 차 와서 멎으면서부터]

지형 E 아내가 매일 우리들에게서 한 발짝씩 멀어져가고 있는 걸 나는 안다.. 내가 사랑하는 여자는 나도 자기 동생도 몰라보게 될 그 어느 날이 무섭다고 어제 밤 내 무릎을 베고 누워 중얼거렸다..자기가 누군지 모른다는 게 어떤 걸까 라고도 했다..

S# 카페 안..

지형 (들어와서 찾는) ....(그 시선에)

향기 (저쪽 자리에서 지형 보고 일어서고 있는 / 보며)

지형 ..... (그쪽으로 움직이는. 와 서며) 오랜만이다..

향기 (끄덕이는) 응..오빠.. (웃지 말고)

지형 앉자..

향기 (앉고, 앉으며 보는) ...

지형 (향기 앉고 나서 앉으며) 놀랬지..

향기 응...좀...아니 많이..

지형 (주문 받으러 오고 / 두 사람 한 품목씩 주문하고, 보며) 어떻게 지내고 있니..

향기 응 잘..여전하지 뭐. 운동 다니고 친구들 만나고 피아노 치러 다니고..

지형 ??

향기 어 그냥 재즈피아노..재미삼아..

지형 어..

향기 응 엄마 비위 맞추러 소개팅 맞선 그런 것도 한번씩 하고..

지형 니가 우리 예은이를 그렇게 잘 본다면서..

향기 아줌마가 그러셨어?

지형 이모..엄마는 니 얘기 안하셔.

향기 두 번 봤어.. 백일 때하구 지지난주..한번은 엄마 심부름, 그 담엔 응 이모님 색연필화 전시회 하셨었잖아. 그림 주신대서 그거 가지러 갔는데 예은이 있더라구..예은이 할아버지 뵈러 와 있을 때마다 내가 나타난다구 아줌마 이상하다 그러셨어..

지형 한 달에 하루는 아버지 봬 드리러 방배동 나들이 해.

향기 그동안 또 컸겠다.

지형 응 날마다 크니까..

향기 으흐흐흐 너무 예뻐. 나 애기 그렇게 가깝게 본 적 없거든. 엇쩌면 그렇게 토실토실 말랑말랑 그래? 눈은 초롱초롱 이 아줌마가 누굴까 그러는 거처럼 가마안히 빠안히 쳐다보면 으으으 정말 이뻐.. 냄새는 또 얼마나 좋구 (남아 있는)

지형 (오버랩) 어머니 아버지 여전하시니?

향기 (끄덕이며) 여전하셔.. (디저트 나오고 잠깐 사이) ... (포크 집으며) 맛있겠다..

지형 .... (보며)

향기 (한번 뜨다가 포크 놓으며) 왜 오빠.... (나 왜 보자고 했어)

지형 (오버랩) 그래 얘기할게....너한테 부탁할 게 있어..

향기 ...뭔데..

지형 이상한 부탁이고 많이 미안한데.....예은 엄마가 너 보고 싶어해..

향기 ????......왜..

지형 오래 전부터 너 한번 보고 싶다고 했었어..그냥 흘리곤 했는데요 며칠 계속 얘기해..꼭 만나고 싶대..부탁해 달라고..

향기 오빠 나도… 많이 궁금했었어‥멀리서라도 한번 봤으면 그랬었어‥그게 / 그분이 나하고 어떻게 달라 오빠가 그랬나 확인하고 싶은 그런 거‥그런데 이젠 아냐.

지형 아마…사과하고 싶은 거 같아.

향기 …. (보며) 안 그래도 되는데‥

지형 … (보며)

향기 안 그래도 돼‥

지형 내키지 않아도 부탁한다‥ 나는 그 사람이 원하는 건 무슨 일이든 하게 해주고 싶다‥ (목이 아프면서) 그저 바라보는 일 밖에 내가 할 수 있는 일이 아무 것도 없어‥

향기 …. (보며)

지형 이런 부탁까지 염치없는 짓인줄 알아‥

향기 아냐 오빠. 그렇게 생각할 건 없어‥지난 일인데 뭐‥겪을 때는 죽을만큼 힘들었지만 그래도 오빠를 미워할 순 없었어‥

지형 … (보며)

향기 나는 다 갖고 있었잖아‥엄마 아빠 사랑 / 우리 집 경제력 / 또 건강‥ 만약 우리가 그대로 결혼하고 나중에 오빠가 아픈 사람 팽개친 거 알았다면 어쩌면 나 오빠한테 실망했을지도 몰라‥

지형 …. (보며)

향기 내가 오빠였대도‥ 오빠처럼 했을 거야‥나는 지금 멀쩡하고 오빠한테 유감없고 그러니까 괜찮아‥지난 일은 잊어.

지형 너는…너한테 말한 적 있지 향기야‥너는 내가‥아무 할 말이 없게 만드는 애라구‥

향기 응‥그런 적 있었어‥

지형 …. (보며)

향기 …. (보며)

S# 아파트 거실

고모 (한쪽에서 한복 갈아입고 있고) …. (그러면서 앞에 서 있는 서연 잠깐씩 보며 괜히 웃고 서연도 눈 마주치며 웃어주고) …. (고름 매놓고 자세 잡아 보이며) 어때..

서연 이뻐요..

고모 장관댁 사모님 같으냐?

서연 대통령 부인..

고모 으흐흐흐 (두루마기 집어 좀 털어서 보여주며) 이거 새로 했다 서연아?

서연 에…

고모 재민이가…친척들 결혼식에 입었던 옷 또 입구 또 입구 면 안 선다구 명희 기집애가 뭐라 그랬대..그래서 두루마기를 바꿨지.. 두루마기 입으면 안에 옷은 안 보이니까 응?

서연 … (좀 웃으며 보는)

고모 이거 (한복용 목도리 집어 보이며) 이거는 한복집에서 서비스..깔끔하겠지?

서연 네에.. (하는데)

[현관 벨..]

고모 (움직여 화면 보고) 아이구 사부인 오셨다 서연아 네에에.(문 열고 현관으로 내닫는다)

서연 (일어나는)

수정 E 안녕하셨어요 사부인

고모 E 아이구 예에에 안녕하세요‥

수정 (들어서며) 서연아? (보자기에 싼 것 들고 들어오는)

서연 (목례하는) 오셨어요‥

수정 (보따리 주면서) 보자기 풀어 냉장고에 응? 대구 매운탕 끓여 저녁 맛있게 해 먹자‥

서연 네에‥ (받아들고 주방으로)

고모 이렇게 폐 끼쳐서 죄송합니다아‥빠질 수가 없는 시집 쪽 조카 결혼식이라

수정 (겉옷 벗으며 돌아보는) 아으 무슨 그런 말씀을요‥볼일 있으면 보셔야죠‥사부인께 폐끼치는 건 우린데요 그런 말씀 마세요‥제가 민망합니다‥

고모 아으 아으 무슨‥주세요 제가 걸어놓을께요‥

수정 그래주시겠어요? (옷 넘어가고 / 고모 안방으로 들어가고 / 아이에게) 어디 우리 예은이 보자아아아‥ (보행기에서 꺼내 안으며) 아이구 냄새 좋다아아. 이게 천사의 향길까아아? 목욕했구나 그렇지? 목욕했지? (아이에게 말하며 돌아보면)

서연 (주방에서 보자기 풀며) ……

수정 (아이 안고 주방으로) ….어디이이 할머니 차한 잔 마시자아아아‥ (포트 물 눈금 보고 스위치 넣으며) 뭘 마실까아아‥녹차가 좋겠지? …너도 마실래?

서연 (냉장고에 넣으며) ….

수정 서연아 차 안마실래?

서연 네 어머니 마셔요‥

수정 (찻잔 꺼내는) ….

고모 (달려 나오며) 아구구구구 제가 해요 제가 할께요 예은이 할머니..

수정 괜찮습니다.. (꺼내 놓고) 예은이 엄마한테 갈까?

고모 ??(서연 보고)

수정 에미야.. 예은이 받아라..

서연 (고모 보는)

고모 (오버랩) 아 저 제가...

수정 (서연 보며 아이 넘기는) ....

고모 (받으면서) 어이구우 내새끼..어이구우우우 (쭈쭈거리며 보행기 쪽으로) ....

수정 (차 주전자 꺼내 놓고 차 적당히 넣으면서) 애비 반일 근무하니까 훨씬 낫지?

서연 (수정 옆으로 오며) 네 그럴 필요 없다 그랬는데..회사가 걱정이에요..

수정 알아서들 하겠지..

서연 전화로..전화로도 일해요..

수정 그럼..얼마든지 가능하지 손대표가 있잖아..

서연 네..

수정 (옆으로 보며) 여전히 예은이 안기가 겁나니?

서연 ..네..

수정 어디 걸려 넘어지거나 그럼 몰라도 괜찮을텐데..너 엄마야..엄마라는 사람은 집이 무너지는 순간에도 나보다 자식 살리려고 해..

서연 네에..

수정 그렇게 쉽게 안 떨어트려..겁내지 말고 안아줘 보라니까..

서연 (웃으며) 네에..

[고모 전화벨··한복 백 안에서··]

고모 (서둘러 꺼내서) 어 그래애··

S# 금은방 앞

동철 (차 대놓고 먼지 털고 있는 중)

명희 F 사돈 어른 오셨어?

고모 어 그러엄··

S# 금은방 안

명희 옷 입었어?···우리 지금 아버지 모시러··· (아버지 돌아보며) 추우니까 나와있지 말고 전화하면 나와 엄마··십분이면 돼··엉··십분··· 안 늦어어어··별걱정을 다해··엄마엄마 서연이는 어때? ··엉···알았어·· (끊고) 아버지 빨리 옷 안 입구 뭐하세요오오 아버지 때문에 지각하겠다··빨리 나오세요오 (나가고)

고부 (종업원이 들고 있는 옷 입으려)

S# 고부 가게 밖

명희 (다가와) 솔직히 너무 더럽다.

동철 세차비 애껴 빌딩 산다면서··

명희 나와서 보니까 너무 더럽네··

동철 처제는.

명희 그냥 그렇대··도대체 무슨 일이 벌어지고 있는 건지 걔 머리 속에 좀 들어가 봤으면 좋겠어··

동철 마른 호두 알처럼 쪼그라드는 거라잖어.

명희 그으렇게 똑똑하구 야무진 기집애가 반 등신돼 있는 거 보구 오면 자다가도

동철 (오버랩) 미안하지··

명희 (남편 보는)

동철 그럴 거다··그러게 내가 그러지 말라구 얼마나 주일 줬냐. 그저 미안한 정도로는 죗값 못 치른다··오죽 심했냐?

명희 내가 뭐얼·· (자신 없이)

동철 (고부 나오는 거 보고 얼른 차 문 열어주고)

고부 (자동차로 오는)

S# 서연 거실 주방··

고모 (아이한테 딸랑이 흔들어주며 앉아 있고)

[식탁에 서연과 수정]

수정 (보며 / 컵 들고) 벚꽃 피면 우리 식구 다같이··꽃나들이 가자··

서연 … (마시다 보는)

수정 이모 벌써부터 기대하고 있어·· 아버지도 하루 이틀 비운다 그랬다··

서연 …네….

고모 E 아이구 박서방 들어오나부다

수정 (고개 돌아가고)

서연 ….. (일어나는)

지형 E (들어오며) 즈이 어머니 아직 안오셨어요?

고모 왜애··오셨어 오셨어··

지형 어머니··

수정 으응··

지형 옷 갈아입고 나올께요··

수정 그래애··(서연) 들어가 봐··

서연 (움직이고)

지형 (아이에게) 잘 놀았어 공주님?

고모 아빠 아빠 왔다 예은아 으흐흐흐

지형 할머니 힘드시게 안했나? (아이 만지며) 목욕하다 성질 피지 않았어요?

고모 아냐 필래다 말었어..

지형 제 엄마 안 닮았어요. 왜 씻는 걸 싫어해 아가씨 어엉?

고모 지애미는 너무 씻어 물 값 올린다구 욕먹었었는데..

서연 (옆에 와서) 발가벗겨진 게 싫어서 그러는 거야.

지형 예은이가 그랬어?

서연 응.

지형 흠흠.. 맞아? 그런 거야? (이놈) 못들은 척 한다.. (웃으며 일어나 서연 안고 침실로)

고모 아이고 애비 밥줘야한다 밥..

수정 제가 해요 제가 할께요 사부인.

S# 침실

[들어오는 두 사람]

지형 (들어오면서 바로 돌려세우고 입 맞춰주며) 보고 싶었어..사랑해 서연아..

서연 보고 싶었어..나도 사랑해..

지형 걸어줬어?

서연 ....

지형 런닝머신..

서연 응 했어..

지형 (옷 벗으며) 책도 보고?

서연 응··

지형 (옷 벗은 것 침대에) 점심 뭐 먹었어··

서연 ····밥··

지형 뭐하고··

서연 테스트하지 말랬지··

지형 하하 아냐··내가 뭘 먹을 건지 궁금해서 물어보는 거야.

서연 김치. 국. 고등어. 나물··동치미. 시 시금치 국··

지형 시금치 국 조개 넣구?

서연 된장 풀어서··

지형 내가 좋아하는 거다··

서연 (벗어놓은 옷 집어 들고 옷장으로)

지형 (얼른 옷걸이 꺼내 내밀고)

서연 (잠깐 내려다보는) ···

지형 (보며) ····

서연 (제대로 걸기 시작) ····

지형 줘··내가 할게.

서연 할 수 있어··

지형 ···· (보고)

서연 (옷 걸며) 할 수 있다구.

지형 알았어 그래··

서연 도와달랄 때만 도와줘··몇번이나 말했어.

지형 오케이 잘 못했어···

서연 (장문 닫다가 문에 붙어 있는 메모 보는 / 노향기. 큰 글씨로 / 돌아보며) 노향기.

지형 … (보는)

서연 왜 만나게 안 해줘? 혹시 둘이 사귀고 있니?

지형 무슨 그런 말 안 되는 소릴 해.

서연 당신이 피하잖아. 내가 직접 해?

지형 부탁했어 서연아..

서연 …싫대?

지형 아니..

서연 싫다고 해도 나는 이해해..

지형 ..내일 / 집으로 온댔어.

서연 내일?..

지형 응.

서연 전화했어?

지형 잠깐 만났어..전화로 하기 좀 그런 얘기라서..

서연 나 웃긴다 안 그래?

지형 아니..

서연 응 됐어.. (다가와 안으며) 잘했어..고마워..

S# 거실 주방

지형 (늦은 점심 먹는 중 / 고모는 빠졌고)

수정 (차 마시면서) 별일 없었어?

지형 (잠깐 보고 먹으며) 잘 지냈어요.

수정 예은이가 가엾다..이러다 제 어미한테 한 번도 제대로 못 안겨 보는 거 아닌가 싶어.

지형 다치게 할까봐 그러는 거에요.

수정 그거 말고도 / 의도적으로 멀리 하는 거 같아..

지형 미안하대요..죄 지은 거 같대요…예은이가 어렵고 두렵대요..

수정 ….. (보는)

지형 아이 잠들면…시간가는 줄 모르고 보고 있어요..

수정 어떻게 하면 투지를 되살릴 수 있을까..우리가 놓치고 있는 게 뭘까..

지형 서연이는요 엄마..노력이 소용없다는 걸 너무 잘 알고 노력과 상관없이 일어날 일들은 일어나게 돼 있다는 걸 알아요..하루에도 몇 번씩 컴퓨터로 알츠하이머를 검색해요..읽고 또 읽고 / 각오하라고 나한테 읽어도 줘요.

수정 …. (보며)

지형 (일어나며) 커피 마실래요..

수정 해줄게.. (일어나는)

지형 제가 해요.. (포트 스위치 넣고) …

수정 (커피 잔, 원두 통, 그라인더 꺼내 놓아주는)

S# 침실

서연 (침대에 눕혀져 잠든 아이..침대에 두 손 올리고 내려다보고 있는) …..

S# 아파트 전경(밤)

지형 (저녁 먹은 설거지. 씻고 있는)

서연 (옆에서 마른행주로 그릇 물기 닦아 싱크대에 놓고 있는) …

[식탁에 과일 디저트 준비되어 있고]

수정 (침실에서 코트 들고 나오는 / 빈 우유병) 예은이 저녁 먹었다..기저귀 바꿔줬고.

지형 주세요.(우유병 건너가고)

수정 내일은 이모가 와준다 그랬어. 나는 아버지하구 선약이 있어.

(코트 의자에 걸치면서)

지형 (의자로)아니 내일은 괜찮아요

수정 고모님 너무 고단하셔..이모하고 얘기했어. 격주로 우리가 하자구

지형 안 그래도 돼요 어머니..처남도 있고..서연이가 해요. 먹을 거 많아요. 내일 고모님도 쉬시라 그럴 거에요..

수정 그럼...서연이 답답하면 예은이 데리고 집에 와 이모한테 얻어 먹어도 되구..

지형 알았어요 내일 돼 봐서요..

수정 서연아 어서 와..

서연 네.. (와서 앉고 지형이도 앉고)

지형 (과일 찍어 엄마 먼저)

수정 (받아서 서연에게) ..

서연 아니에요 어머니.. (내미는 지형. 받으며) 드세요..

수정 그래.. (먹으며) 아 참 얘 (아들에게) 늬들 데리고 온천가자구 이모가 아버지한테 바람 잡던데 갈래?

지형 예은이 어떡하구요..

수정 고모님한테 며칠 봐달라면 안될까?

지형 갈까?

서연 어머니 저 / 낯선데 무서워요..

지형 나 있는데 뭐가 걱정이야..

서연 아버님 앞에서 실수하면 어떡해. 당신 모시고 갔다 와. 난 집에 있어.

지형 즈이는 빠져요 어머니..

수정 편하게 하렴..

서연 죄송합니다 어머니. 제가 잘못 했어요 용서해주세요 어머니..

수정 (포크 놓으며) 용서할 일 같은 거 없다.. 내 말을 믿어..나는 마음에 없는 말은 못하는 사람이야..응?

서연 네..

수정 (일어나며) 간다..

서연 (일어나는) ...

수정 (가볍게 서연 안아주며) 잘 있어라.

서연 안녕히 가세요 어머니.

지형 금방 들어와.. (엄마와 나가고)

서연 .... (잠시 문 쪽 보며 서 있다가 돌아서는데)

지형 E 처남 들어온다 여보..

서연 (돌아보는) .....

문권 (들어오는) 누나..

서연 어.. (웃으며)

S# 주방

서연 E (문권 밥상 차리면서) ...... (이거 집었다 저거 집었다 하며)

[싱크대 구석에 놓아둔 모니터에서 예은이 깨서 찡찡거리다가 울음으로 넘어가고..]

서연 ???(알아듣고 침실로 내닫는)

S# 침실

서연 ....(달려 들어와 아이 내려다보며)

[아이는 울고..서연은 어쩔 줄 모르는]

S# 거실

문권 (제 방에서 나오다 소리 듣고 침실로)

S# 침실

문권 (들어오며) 예은이 왜 울어?

서연 몰라!!

문권 (얼른 안아 올려 토닥이는) 어어 예은아 왜··왜 울어··자다 깼어? 꿈꿨어?··삼촌 삼촌··자자자··그만 그마아안·· (신기하게 아이는 울음을 그치고) ···

서연 ····그쳤다··

문권 (아이 넘겨주려 하며) 밥 내가 먹일게··

서연 (물러나는)

문권 아 좀 해봐. 괜찮아 누나··누나 진짜 이상한 거야··

서연 떨어뜨리면 어떡해.(무뚝뚝)

문권 왜 떨어트려··이렇게 안아주면 돼애··쉽다니까? 힘든 일이 아니라구.

서연 내가 집어던지면.

문권 왜 말도 안 되는 소릴 해애·· (답답해서)

서연 내가 말이 안되잖아··내가 말 된다고 생각해?!!(흥분)

문권 알았어알았어 누나.

서연 난 무섭단 말야··내가 개 죽일까봐 겁난다구!!

문권 그런 일은 없어 누나··무슨 쓸데없는 그런 생각을 하냐구.

서연 환각도 생긴대··갑자기 개가 괴물이면 어떡해. 죽일려고 밟아대면 어떡해.

문권 누나아아 (울 듯이)

서연 잔소리하지 마. 나도 다 생각이 있단 말야···알지도 못하면서··

(나가는)

S# 거실

서연 (방에서 나오는)

지형 (방 가까이에서 듣고 서 있던)

서연 .... (잠깐 멍해져 보다가 주방으로)저 자식이 날 무시해. 가르치려 들어..

지형 (움직이는 것 잡아 안아주며) 어머니 가셨어..

서연 ... (안겨서)

지형 음악 들을까?

서연 응..

지형 (안은 채 오디오로) 그래 음악 듣자..... (데리고 가 음악 넣고)

[오케스트라....]

서연 .... (듣고 있는) .....

지형 (안고 머리 만져주면서) 사랑해..내일도 사랑해..내일은 오늘보다 칠 천배 더 사랑해..

서연 (마주 안으며 눈 감는) .....

S# 거실(시간 경과)

서연 (두 다리 모아 팔로 껴안고 앉아 골똘한)

지형 (샐러드 그릇 갖고 와 놓아주며) 먹어..야채 모두 싱싱해.

서연 (탁자 저쪽 보면서) 나는 예은이를 방배동으로 보내야한다고 생각해..

지형 ??.... (옆에 앉으며) 무슨 소리야..

서연 (보며) 나...꼭 그래... (지형에게 시선 고정) 너무 더러워 밖이 거의 안 보이는 유리 통 속에 갇혀있는 거 같은...그런 기분.. 아니면..해는 지고 날은 어두워 오는데.... 어딘지 모르는 산모퉁이에서 바로 십 미터 앞도 안 보이는 안개 속에 있는 거..

지형 ..... (머리로 손이)

서연 (그 손 잡아 쥐고) 당신 알지..내가 얼마나 확실한 거 선명한 걸 좋아하는지...

지형 알아.

서연 그럴려고 얼마나 노력했는지..열등감을 자존심으로 포장했지..그걸 안 들키려고 늘 깨어있으려고 했었고..그랬어...전에는 여보.. 세상이 / ...생각이 잔인하도록 선명했어... 그런데 이제... (시선 내리며) 많은 것이 불투명해졌어. 모든 일들에 자신이 없어졌고 나는....나는 누더기 옷 겹겹이 껴입고.... 커다란 눈뭉치가 된 것처럼 둔해졌어. 나는...아무 것에도 자신이 없어..무엇보다도.. (한 주먹 한 쪽 옆 이마로 올라가며) 나를 믿을 수가 없어.. (울기 시작) ...

지형 .... (보며) .... (무릎에 손 올리며) 방에 들어갈까?

서연 (고개 흔들고) ...

지형 ..... (그냥 두는) .....

서연 내가 무슨 얘기했어.. (안 보는 채)

지형 예은이....

서연 예은이 ....뭐...

지형 방배동..

서연 응.. (보며) 방배동으로 보내줘..예은이한테 여기보다 거기가 좋은 환경이야..

지형 그렇지만 서연아 예은이는 우리 아이야..내가 아빠고 너는 엄마야.

서연 여기다 예은이 두고 나 똥싸고 오줌싸기 싫어··

지형 아직 아니잖아.

서연 이제 곧 그럴 거야.

지형 그래도 괜찮아··상관없어.

서연 우리 고모 너무 힘들어··나 때문에 재발하면 어떡해··우리 고모 암수술했단 말야··

지형 유모 다시 찾아보자··

서연 유모 아냐··방배동 어머님께 말씀드려··나는 너무 죄송해서 못해.(울며)

지형 알았어 서연아··알았어···의논드릴게··의논드릴게·· (싸안는다) ····

서연 (안겨서) ~~응응응응 응응응응~~

지형 ···· (얼굴 우그러지며) ·······

S# 아파트 전경(깊은 밤)

S# 코너 등 하나만 켜져 있는 거실

서연 (어둠 속에서 서성거리며 중얼거리는) 쓸쓸한 꽃잎이 내 무덤 위에 피어오르면···그대는 다시 나를 못보겠지요··차디찬 땅 속에 내 찢어진 마음 잠들거든···잊지 말고 생각하시오····내 슬픈 사랑을 생각하시오····내 슬픈 사랑을 생각하시오··· (하다가 거실 창 열고 나간다)

S# 침실··

지형 (자고 있는) ···· (아이는 제 침대에서 자고) ·····

S# 발코니

서연 (창문 열어놓고 그 아래··플라스틱 등받이 없는 동그란 의자 / 유리 닦을 때 쓰는 / 구석에서 옮겨다 놓고 올라가 창틀 두 손으로 잡고 창밖 아래를 보는) ····

S# 서연의 시각으로 아파트 아래 부감····

S# 발코니의 서연··

서연 (머엉하니 내려다보고 있는·····그러다가 발을 내딛는데 의자 위인 걸 잊고 그대로 바닥으로 나동그라지는) ·····(그런 채로 의자 보면서 있다가 일어나 거실로 / 거실 창은 열어놓은 채였고) ···· (들어와 창은 그대로 둔 채 소파 탁자로····소파에 앉아 탁자의 메모 노트 집어 펴고 노트에 끼워져 있던 볼펜으로 뭔가 쓰기 시작한다) ····

F.O

S# 빈 거실(아직 어둡다 / 새벽)

문권 (제 방에서 나오다가)???(실내는 너무 춥고 창문은 열려 커튼은 펄럭이고 / 서둘러 창으로 가 닫다가 문득 발코니 창도 열려 있는 것 보고 발코니로)

S# 발코니

문권 (나오면서 자빠져 있는 의자 보고) ······???(후닥닥 거실로)

S# 거실··

문권 (침실 앞으로 가) 자형····자형···· (후들후들)

S# 침실

[잠들어 있는 서연 지형]

[조심스러운 노크와 함께, 그러나 두려움으로]

문권 E 자형···자형··

지형 ?? 어··· 왜··

문권 E 누나가···

S# 방 밖

문권 누나가요오··누나가요오오오 (울음 터지면서)

지형 (나오는)?? 왜 그래.

문권 누나가··뛰어 내렸어요·· 자형··

지형 (오버랩) 누나 자구 있는데 무슨 소리야.

문권 ? 자요?···누나 자요? 확실해요?(하며 침실로 들어가는)

지형 (돌아보며) 꿈꿨어? 그런데 여기 왜 이렇게 춰··(하며 창쪽 보고)???

S# 침실··

문권 (울며 태평하게 자고 있는 서연 보는) ····

S# 발코니

지형 (나오면서 열린 창과 넘어진 의자 보며 상황이 파악된다) ···· (눈 질끈 감으며 창문 닫은 후 잠그며) ···········(잠가놓고 한동안 고개 떨구고 서 있다가 의자 집어 들고 들어간다)

S# 거실

지형 (들어오는)

문권 (침실에서 나오며 지형 보는)

지형 불켜 처남.

문권 (전체 등 밝히고)

지형 발코니에 있는 것들 치우자··싹 다 치우자··

문권 네에··

S# 침실··

서연 ···· (돌아누우며 태아처럼 꼬부리는) ····

S# 아파트 전경(낮)

S# 발코니

[방범 창 달고 있는 인부들]

문권 (발코니에 나와서 보고 있고)

서연 (거실 안에서 보고 있다가 돌아서 침실로)

S# 침실

서연 (들어오며) 아예 감옥을 만드는구나··꼴보기 싫게 저게 뭐야··대체 저게 왜 필요해. 내가 저기로 떨어져 죽을까봐? 미쳤니? 저기서 떨어지면 꼴이 얼마나 흉할 텐데 그런 짓을 왜 해··

지형 (아이 우유 타면서) 도둑 들까봐 다는 거라니까.

서연 난 죽어도 아름답게 죽을 거야··철퍼덕 떨어져 피흘리면서 흉칙한 꼴로는 안 죽어.

지형 그런 거 아니야.

서연 고모가 뭐라 그랬어?

지형 아냐.

서연 그럼 갑자기 왜 저런 짓을 하냐구.

지형 도둑 방지라니까

서연 바보 취급하지 마. 나 때문에 하는 거잖아.

지형 그래··너때문이야··니가 간밤에 저기 나가 창 열고 의자놓고 올라갔었어.

서연 …나?··내가?

지형 니가·· (젖병 흔드는)

서연 …. (침대에 걸터앉는) …..

지형 (젖병 놓고 아이 안아 가슴에 붙여 안고 젖병 들고 나가려 / 문 여는데)

서연 미안해··

지형 (돌아보고) …

서연 생각 안나··

지형 (문 열고 밖으로) 처나암··

S# 거실

문권 네에에‥ (발코니에서 들어오고)

지형 예은이… (건네주며) 조금 더 식어야 해‥

문권 네‥ (받아 안고)

S# 침실

지형 (방문 닫고 서연 앞으로 화장대 의자 옮기고 앉아서 고개 숙이고 있는 서연 두 손 잡고) …날 봐…고개 들어 서연아‥

서연 (보는) ….

지형 (가득 차올라서) 무슨 생각하고 있는지 알아…절대 안돼‥날 배신하지 마‥날 미쳐버리게 만들지 마‥나 괴롭힌다 생각하지 마‥나를 위해 뭔가 해야 된다는 생각을 버려‥그거 내가 원하는 거 아니야 / 내가 원하는 건 언제까지나 이렇게 너와 눈 맞춰 얘기하고 네 체온을 느끼고 너를 볼 수 있는 거야‥

서연 (가만히) 미안해.

지형 그런 말 필요없어. 하지 마‥왜 그런지 말할게‥나는 너고 너는 나 자신이야‥우리 한 사람이야‥미안해는 나 아닌 타인한테 하는 말이야‥

서연 내가 싫어‥

지형 알아.

서연 미워죽겠어‥

지형 알아‥

서연 나를… 없애버리고 싶어.

지형 안돼‥너를 없애면 나도 함께 없어지는 거야‥

서연 결혼 같은 거 안해야 했어‥

지형 아냐 잘한 거야..

서연 행복하고 싶었어..행복할 줄 알았어..

지형 우리 행복해..

서연 나는..... (보며) 나는 주인 없는 빈집이 된대..

지형 그래도 나한테 너는 내 아내 / 예은이 엄마야..

서연 .... (보며)

지형 나한테서 도망치지 마.. 나를 위해서..다른 건 생각하지 마..나만 생각해..

서연 .... (보며)

지형 (두 손잡아 올려 얼굴에 대고) 사랑해..사랑한다. 서연아...

서연 .....

S# 향기의 거실

[홍길과 창주 / 병원 신축 연구동 본설계 놓고 / 찻잔]

홍길 (넘기면서) 연구 동에 공간 낭비는 허세야..환자들하구 환자가족들 위한 서비스가 필요한 건물도 아니고 말 그래도 연구동인데 말야..

창주 설계하는 사람들은 누구나 단지 필요 충족 건물 만으로가 아니라 자신의 철학이랄까 예술이랄까를 표현하고 싶어하니까..

홍길 됐어 그래도 이사장 의견이라고 반은 들어주는 척했으니 넘어가 주자..짓는 건 어디 맡길 생각이야.

창주 실무 팀에서 몇 군데하고 얘기 중이래..

홍길 먼저 기숙사 세운 친구들 괜찮지 않어?

창주 (설계도 정리하며) 실무팀이 제일 정확해..맡겨두자구.

홍길 알았어 그래..유명무실 이사장.

창주 흠흠 말로는 유명무실이라면서 참견할 거 다 참견하면서..

홍길 (찻잔 들고 기대면서) 손녀딸 꽤 컸지..

창주 응. 이제는 제법 무게도 나가구..단풍 이파리 같던 손도 꽤 자랐구..

홍길 내 자식들은 왜 이런지 모르겠다..향기는 중도 낙방으로 저러고 있으니 늦었어도 별수 없지만 영수 자식까지 결혼 소리만 하면 고개 돌리고 딴전이니 말야..나는 손자 언제 안아보냐구.

창주 때 되면 하겠지..

홍길 며느리 병세는 어떻게 / 어느 정돈 거야.

창주 뭐...

홍길 출산하고 나서 꽤 나빠진 거 같다 그러든데..

창주 출산이라는 게 건강한 사람한테도 큰 부담인데 더구나 약도 쭈욱 끊었었으니까 나빠지는 게 당연해.

홍길 그래..당연하지..

창주 (전화 꺼내며) 우리 손녀 사진 보여줄까?

홍길 허허 손녀딸 사진 담아 들고 다니는 거냐?

창주 어 허허허.(찾아서 내미는)

홍길 ... (보며) 아아 똘망똘망하구나.. (눈 크고 또렷한 아이로) 눈에서 총명이 번쩍번쩍한다..머리 좋겠는데?

창주 흠흠흠..

홍길 부럽네에..진심으로 부럽다 박원장..

창주 이상해..그 녀석이 와 있으면 집이 뭔가 뜨듯하다 그럴까..마음이 노골노골해 지는 걸 느껴.

홍길 (흘기며) 그만해 엉?

창주 흠흠··흐흐 미안해 이사장··미안해··

S# 운동실

현아 (요가 거의 마무리 단계) 후우우우우 (호흡 내쉬고 수건 집어 닦으며) 모자란 기집애 제 이의 박지형 찾아 헤매구 다닌다니까 넌 내가 괜한 소리 하는 줄 아니? 어이구 정말 뒷골 땡겨 돌아가시겠다 내가··키가 작아. 너무 쪘어. 대머리야. 눈이 참깨만해. 목소리가 기집애 같아. 털보라 싫어. 남자 피부가 너무 허얘, 수다가 작렬이야 경박해 무식해 취향없어··전부다 뒤집어 봐. 지형이 자식 찾고 있다니까?

수정 (적당히 앉아서) 그래도 만나라면 싫다 소리 않고 나가는 게 어디야··

현아 얘 그 기집애 나 다루는 작전쓰고 있는 거야··

수정 설마아··향기 그런 애

현아 뭘 몰라 얘가. 우리 향기 니 아들 덕에 타락했어 야. 나한테 수쓴다니까? 네 엄마 응 엄마 알았어 그러는 거 내 입 틀어막는 작전이야.

수정 그러다가 지 맘에 괜찮은 상대 만나지겠지··긍정적으로 생각해.

현아 아 뭐 그래··미련 파고 처박혀 있는 거 보단 그래도 낫다 나도 그래··그러다 인연되는 녀석 나타나면 엮어지겠지··

수정 그러엄··

현아 그런데. 박지형박지형 그러구 나가 앉아 어떤 작자가 눈에 차겠냐구. 쳐다보고 있으면 확확 더워지면서 짜증난다니까?

[노크]

현아 끝났어요··

정모 E 준비 다됐어요 사모님.

현아 끝났다구요··나가자.

수정 응··

S# 거실

[두 여자 나오면서]

현아 가 있어. 십분이면 돼··

홍길 (돌아보며) 나중에 하지이?

현아 땀내 풍기면서 먹어? 이 옷으로? 기다려 십분 안 넘어·· (침실로)

홍길 (일어나며) 오세요 강박··오세요··

수정 네에·· (움직이는데)

향기 (내려오는) ···

홍길 너 아직 안 나갔어?

향기 지금 나가요 아빠··

홍길 나갔는 줄 알았지. 우리 바로 시작할 참인데 점심 먹고 나가라

향기 약속있어 나가는데 아빤··

홍길 먹고 나가 시늉만 해. 밖에 밥 맛없어어.

향기 아줌마··

수정 즐겁게 보내라.

향기 네 아저씨 맛있게 드세요.

홍길 어 그래

S# 홍길 집 대문을 떠나는 향기의 자동차··

S# 운전하는 향기··

향기 ····· (뭔지 모르게 좀 긴장된) ···· (잠깐 백미러 만져 제 얼굴 보는)

S# 지형 거실 주방

[문권과 지형 점심 먹은 상 치우고 있는]

문권 마무리 제가 해요.

지형 응··그럼 부탁해·· (돌아보면)

서연 (거실 가운데서 아이 옷 개키고 있는 / 아이는 옆에 보행기) ····

지형 (비누질 잠깐 해서 손 씻고 두 사람 쪽으로 와 무릎 세우고 앉으며)
준비해야지?

서연 ··· (보는)

지형 손님 오잖아··

서연 응··다 했어·· (개키던 옷 한꺼번에 들고 침실로)

지형 놀아아아? (서연 따르는)

S# 침실

서연 (아이 침대 옆 바구니에 옷 집어넣고 화장실로)

S# 화장실··

서연 (들어와 거울 앞에····제 얼굴 보면서) ······

지형 (들어와 치약 묻혀 칫솔 주고)

서연 (받아들고 거울 보며) 내 얼굴 이상해··

지형 뭐가아··

서연 얼굴···이상하게 생겼어··

지형 전혀 조금도 이상하지 않아.

서연 뚜웅해··

지형 뚱한 얼굴로 보니까 그렇지 한번 웃어봐··

서연 (조금 웃어보고 칫솔 물다 빼며) 샤워부터 해야지.

지형 했어··

서연 ··· (보는)

지형 양치만 하면 돼..

서연 나 얼음냉수 좀.. 정신 차려야 해...

지형 알았어..기다려....이 닦아.. (나가고)

서연 (거울에 비친 제 얼굴 보며 잠시 있다가 양치 시작하는)

S# 주방..

문권 (아이 옆에 데려다놓고 마무리하며) 예은아 예은아아아 깍구웅.. 에이 여기 쳐다 봐야지이이 예은아아아아..예은아아아아..말 안 듣네..꼬꼬대액 꺽꺽 꼬끼요오오오오

지형 (나와서 컵 꺼내며) 손님이 올거야 처남..

문권 ??

지형 예은이 데리고 들어가 놀아줘..

문권 예... (얼음 뽑는 지형) ..누구신데요?

지형 누나손님

문권 ....누구요..

지형 나중에..

S# 화장실

서연 (머리 풀어 손가락으로 빗어 내리고 있다) ....

S# 어느 제법 큰 꽃집 앞에 세워져 있는 향기의 자동차

S# 꽃집 안

향기 (꽃들 일일이 가리켜서 주인이 뽑아내게 하는) ....

S# 침실

[침대에 가득 널려 있는 서연의 옷들..화장대에 마시다 둔 얼음냉수]

서연 (초기 출근 때 입었던 흰 블라우스와 베이지 바지 정장 옷걸이째 지형 보여주는)

지형 (보고 있다가) 그거 사무실 같잖을까?

서연 (옷 보며) .....

지형 (침대에서 집어 들며) 이거 어떨까..(홈 웨어 느낌)

서연 멍청이같아.

지형 이게 왜 멍청이야. 귀엽기만 한데..

서연 (다른 옷들 건드리면서) 도움 안돼..나가 있어..

지형 ...그래 그럼.. (나가는)

서연 (뒤적이는) .....

S# 아파트로 들어오고 있는 향기의 자동차..

S# 기웃이 아파트 동 확인하며 운전하는 향기

S# 주차하는 향기..

[차에서 내려 꽃바구니 꺼내 현관으로 들어가는 향기..]

S# 승강기 앞..

향기 (승강기 앞에 서서 침 한번 넘기고 전화 꺼내는)

S# 거실

지형 (장식장 위 대충 치우고 있는데)

[탁자에서 울리는 메시지 신호]

지형 (움직여 보는)

향기 E 왔어, 올라가도 돼?

지형 E 올라와 (답신 보내고 시선 펼쳐져 있는 노트의 메모)

[어둠 속에서 쓴 넉 줄 메모. 글씨만 보여줍니다]

[노향기에게..

아픔을 안다

내가 한 짓을 안다..

말해두고 싶었다‥이해하라고

만약 사랑이…어깨…]

지형 (펜 끼운 채 노트 접어서 놓고 나가는)

S# 현관 밖

지형 (나와서 승강기 앞으로)

[올라오고 있는 승강기 숫자판]

[신호음 들리고 열리는 문‥]

향기 (보고) ….

지형 어서 와‥

향기 (내리는) …

지형 (현관으로)

향기 (따르고)

지형 (다이얼 찍고)

향기 …. (지형 보며)

S# 거실

문권 (아이 안고 보행기 한 손으로 움직여 제 방으로 가려다 멈추는)

[들어오는 두 사람]

문권 ??

향기 (아이 보고 반가와 손짓하다 그만두고)

문권 (목례 잠깐 하고 제 방으로 들어간다)

지형 들어와‥

향기 … (안으로 움직이는데)

서연 (나온다) …. (향기 보며 / 출근 차림)

지형 ….(서연에게 가) 향기 왔어‥

서연　응.. (조금 웃는 얼굴로 보는)

지형　이리 와..

향기　(서연 앞으로)

지형　예은이 엄마야..

향기　(목례) 노향깁니다..

서연　나는... 이 서연이에요..

향기　네에..

서연　여보 당신은 우리 차 좀 만들어 줘..

지형　그래..향기 뭐 마실래..

향기　커피..

서연　나도...

지형　앉아..앉아서 얘기해..

서연　저렇게 잔소리쟁이..앉아요..

향기　네..저기 이거.. (꽃 내미는) ...

서연　(받아 내려다보며) 꽃도 잎도 다 졌니라...실가지 끝마다 하얗게 서리꽃은 피었다마는, 내 몸은 시방 시리고 춥다 (향기 보며) 겁나게 춥다..내 생에 봄날은 다 갔니라 김용택 시인.. (조금 웃는)

향기　... (조금 웃는)

서연　(소파로 움직여) 앉으세요..

향기　..네... (마주 앉으며 보는)

서연　... (꽃 내려다보며) ...

향기　.... (보며)

서연　(천천히 꽃 탁자 옆 바닥으로 내려놓고) ...향기씨..

향기　...네..

서연 …노향기라는 이름 나한테서 안 떠났었어요..

향기 … (보며)

지형 (와서 노트 집어 서연 무릎에 펴놓아주며 보는)

서연 (메모 내려다보며) 고마워 그런데 괜찮아. 많이 생각했거든..

지형 그럼 필요없겠다.. (노트 집어 탁자에 놓아주고 주방으로)

향기 (시선으로 지형을 따르고)

서연 … (그런 향기 보며) ….

향기 (문득 의식하고 얼른 서연 보는)

서연 핸드폰 사진 보다 / 훨씬 예쁘네요..

향기 아줌마 집에서..결혼 앨범 봤어요..그래서 알고 있었던 분 같아요..

서연 … (보다가) ..얼마나 아프고 힘들었을까..내가 저이를 향기씨한테 떠나보냈을 때보다 몇 갑절 더 아팠을 거에요..

향기 네..벼락 맞은 거였으니까요…

서연 만나서 얘기하고 이해와 용서를….. 염치없어요 미안해요..

향기 오빠한테 그럴 필요 없다고 했어요. 진심이에요.. 사랑은 두 마음이 같아야 완전한 건데 오빠하고 저는 완전하지 못한 관계였어요.

서연 …. (보며)

향기 오빠는 나를 사랑하지 않았어요..벼락 맞고 깨달았어요.

서연 오빠는..으흐흐 나도 오빠라 그러네.. 오빠 뭐해애? (주방 돌아보며)

지형 커피 뽑아아..

S# 서재..(시간 경과)

지형 (메일 체크하고 있는 / 커피 마시며)

S# 거실

서연 (탁자 내려다보면서) ……

향기 …… (보면서) ….

서연 …..

향기 ……

서연 (커피 잔 집어 한 모금 마시고 내려놓고 뒤 한번 돌아보는)

[아무도 없는 것 확인하고…]

서연 (상체 앞으로 내밀어 작은 소리로) 나는 그렇게 오래 걸리지 않을 거에요··

향기 ??

서연 (자세 바로 하면서) 만약 그때까지 오빠에 대한 마음이 식지 않거든··내가 없어졌을 때··향기 씨가 옆에 있어줬으면…. (찡그리는) 뻔뻔스럽지만…어쩌면 더 / 박지형이라는 남자를 나보다 더… (찡그리는) 잘 아는 사람일지 모르니까··미안해요·· (머리 두 손으로 싸안으며) 머리가 깨져요··

향기 ?? (일어나 서재 쪽으로) 오빠··오빠아아

지형 ??(튀어나오고)

향기 머리 머리 아프시대··

지형 (후닥닥 식탁의 약병 집고 생수 컵에 급하게 따라들고 서연에게) …. (약 꺼내) 약 서연아 약 먹어·· (받아먹는데 철철 울고 있는)

향기 ??

지형 (손으로 눈물 닦아주는)

서연 (그 손목 잡고) 어떡해 나는 정말 한심하고 비열해. 말도 안돼. 나 어떡해. 어떡해애애

지형 (머리 껴안고 향기 보는) ..... (왜 이러는 거니) ..

향기 그냥....미안하다구...그러다가....

서연 으흐흐흐흐흐 어어어엉엉엉엉

지형 괜찮아 괜찮아 서연아. 괜찮아 괜찮아..

향기 ..... (보며) ....

서연 (안긴 채) 미안해요 미안해요 미안해요 내가 망쳤어요 미안해요

향기 (그 앞 바닥에 무릎 꿇듯 앉으며 서연 팔에 손 올리며) 저 지금 불행하지 않아요. 울지 마세요..울지 마세요 언니..

[침실에서 울리는 서연의 전화벨]

[세 사람은 그대로]

S# 침실

[서연의 전화 울리다 끊기고]

S# 문권의 방

[노트북에 뽀로로 틀어 적당한 거리 맞춰 예은에게 보여주고 있는 문권]

[전화벨..]

문권 (받는) 네 고모..

S# 고모의 방

고모 (누워 있다 일어나 앉은 / 좀 아프다) 누나 자?...무슨 손님...점심해 먹었어?..아냐 결혼식 가 개 떨듯 떨었더니 좀 시원찮어..예은이 잘 놀지?...됐다..오냐 (전화 끊는데)

재민 (약봉지 들고 들어오는) ...

고부 (아내 보다가 아들 들어오자 양말 신기 시작하며) 아무 것도 하지 말고 누워있어.

고모 후우우우우우.

재민 (쌍화탕 병 열어 내밀며) 뜨거울 때 드세요‥

고모 으응‥ (마시려)

재민 잠깐요.(알약 두 알 은박지 벗겨주고)

고모 (알약 넣고 쌍화탕 마시는) ·····

고부 (일어나고)

재민 (일어나고)

고부 (문으로) 아무 것도 못하게 해‥

재민 예… (따라 나가려)

고부 나오지 마.

재민 …다녀오세요 아버지‥

고부 (대꾸 없이 아웃되고 / 마루문 여닫는 소리 들리고)

재민 (비워진 쌍화탕 병과 은박지 껍질 집어 들며) 주사가 빠른데요 어머니

고모 아이구 괜찮어‥이불 뒤집어쓰고 종일 자면 돼‥자는 게 주사 열병보다 나아‥

재민 ···· (보며)

고모 애두 잘 놀구 신경쓸 거 없대‥ (보며)

재민 네에‥

고모 서연이 손님 왔단다‥출판사 부하 누구 왔나봐‥그 막내 부하 왔나봐. 그 처녀가 서연이하구 제일 잘 지낸 거 같더라구‥귀엽구 인상이 좋아.

재민 네

고모 걔라면 서연이두 좋다 그럴 거 같은데‥

재민 (그냥 웃고) ‥

고모　어린 거한테는 미안하지만 그걸 안 낳는 건데 그랬어..

재민　... (보며)

고모　우유도 안 먹이구 안아주지도 않구 쳐다만 볼 걸 지 몸 망가지면서 뭐하러 낳았는지 모르겠어..

재민　... (시선 내리고)

고모　날 데려가지..그냥 나 끌구 가구 그건 놔두지이...부처님두 하나님두 참 고약스럽다...

재민　누우세요.....

고모　오냐 건너가 책 봐라..나 신경쓰지 말구 책봐.. (이불 들치고)

재민　(도와주는)

고모　(끙끙거리며 눕고)

재민　(여며주며) 보일러 좀 올릴까요?

고모　아냐 아냐아냐 필요없어..

재민　쉬세요..

고모　으응..

재민　(일어나고)

S# 마루

재민　(나오는데)

명희　(마루문 열고 들어오는) 엄마 좀 어떠셔. 열 내렸어?

재민　내렸어요.

명희　(봉지 들어 보이며) 갈비탕 할려다 서연이 때문에 삼계탕으로 했어..철 아니지만 서연이한테 닭이 좋대서....

재민　네에..

명희　(주방으로) 갠 요즘 먹는 것도 아닌가 보더라..줄었대..

재민 …. (돌아서는데) ‥

명희 E 어디 갈려구?

재민 좀 걸으려구요‥

명희 E ….

S# 아파트 마당

[나오는 향기와 지형‥자동차로‥]

향기 갈게‥

지형 미안하다‥고맙구‥

향기 아냐 오빠. 그냥‥마음이 너무 아파‥정말….아파‥

지형 …. (보며)

향기 오빠…응원할게…진심으로‥

지형 그래 고맙다.

향기 (끄덕이고 리모컨 작동)

지형 (차 문 열어주고)

향기 (타고)

지형 (문 닫아주고)

향기 (차 문 열고 보며) 전해줘‥만나서…좋았다구‥오빠가 사랑하는 거‥당연하다구‥

지형 …. (보며)

향기 (유리 올리고 출발) ….

지형 …. (보며 서 있는) ……

S# 운전하는 향기‥

향기 (거울로 멀어지는 지형 보며) …. (얼굴 이지러지고) ……

지형 …. (보고 서 있는) …. (그러다가 돌아서고)

S# 거실

문권 (잠든 아이 안고 나와 침실로)

[침실 문 노크하고 대답 없고]

S# 침실

[향기 오기 전 있는 대로 꺼내놨던 옷들 그대로 침대에 수북하고 / 욕실에서 물소리 들리는]

문권 (들어와 보면 서연은 없고 물소리 들으며 아이 침대에 눕혀놓고) ..... (욕실 앞으로 / 두드리며) 누나 샤워해?…문 열어도 돼? (대답 없고) ....

S# 화장실 안

문권 (조심스럽게 문 열고 보는)??

서연 (옷 입은 채 욕조에 들어앉아 있는데 물이 넘치고 있다)

문권 (서둘러 들어와 물 잠그고) .....(보는)

서연 (물 내려다보면서) ....

문권 (보다가 욕조 옆으로 앉으며) 누나 이건 안되지이..옷도 안 벗고 옷 다 버리잖아..

서연 ....

문권 누나…누나…

서연 (문권 보는) ......

문권 알았어..일단 나와 누나..욕조에서 나와 나오자구..

서연 (잡는 손 고집스럽게 떼어내며) 만지지 마.

문권 .... (보는)

서연 만지지 마 만지지 마 만지지마.. (중얼거리는)

문권 ..... (보며)

서연 (물에서 돌연 일어나 밖으로 나오는)

문권 (잡아주지 못하고 손만 준비 태세로) ....

서연 (그대로 침실로)

문권 (황급히 큰 목욕 타월 문 아래 깔아주지만)

서연 (그냥 나가고)

문권 (욕조 마개 열고 침실 쪽으로)

S# 침실

서연 (나와서 그대로 침대로 올라가 누워버린다) ....

문권 .... (나와서 보며)

서연 ..... (가만히 눈 뜨고) .....

문권 ... (목까지 차오른 울음인 채 나간다)

S# 거실

문권 (나오는)

지형 (들어오는 중) 누나는

문권 들어가 보세요.

지형 ??

문권 (울먹) 욕조에 물 넘치는 것도 모르고 옷 입은 채 들어가 있다가 나와 그냥 누웠어요..

지형 (잠깐 어깨 만져주고 방으로)

S# 침실

지형 (들어와 보면)

서연 (침대에서 내려서 젖은 옷 벗고 있다가 지형 보며) ..... (어떤 상황인지 모르겠는) ..

지형 (안아주며) 너무 피곤해서 그래...피곤했을 거야..

서연 .... (안긴 채 멍하니) .....

지형 (더 깊게 안아주며 눈 감고) ….옷 갈아입고 나가자 서연아‥나가 음악 들으면서 쉬어‥그럼 나아져‥ (떼고 보며) 나아지잖아 응?

서연 응‥ (조금 웃는 듯)

지형 (다시 팍 껴안고) ….

S# 거실 / 시간 경과

[음악이 나오고 있고]

서연 (옷 갈아입고 소파에 평화롭게 잠들어 있는 / 덮어주세요)

S# 침실

[문권과 함께 침대 시트 바꾸고 이불도 바꾸고 있는 중‥옷은 이미 옷장에 들어갔고‥]

[아기가 있으니까 너무 펄럭거리지 말 것]

문권 ….아까 손님… 누구에요‥

지형 ….나하고 결혼할 뻔했던 사람‥

문권 ?? 우리 집에 왜요.

지형 누나가 원했어‥아마 사과했을 거야‥

문권 실수 안할려고 있는대로 긴장하면서 스트레스 왕창 받았겠네요‥

지형 그래….. (잠시 사이 두었다가)

[현관 벨…]

문권 (나간다)

S# 거실‥

문권 (나와서 화면 보고 열어주고)

재민 (들어오며 작은 상자 주며) 새로 나온 빵이란다‥

문권 (받으며) 누나 자요.(소리 낮춰 소파 쪽으로 고개 잠깐 돌리며)

재민 어.. 예은 아빠는..

문권 방에요..들어가세요..

재민 뭐해..

문권 누나가 일 저질러서 침대 이불 갈았어요..

재민 ??(쌌어?)

문권 아니 그거 아니라 젖은 옷 입은 채 침대 들어가서요..

재민 왜..

S# 화장실

지형 (쭈그리고 앉아 타일 수건으로 닦아내고 있는) .....

문권 (들어오며) 재민이 형 오셨어요. 제가 해요..나가 보세요.. (수건 뺏고)

지형 (일어선다)

S# 거실

재민 ...... (바닥 내려다보며 서 있는)

지형 (나와서 팔 잠깐 건드리며 서재 쪽으로)

재민 (따르는)

S# 서재

지형 (문 열어놓은 채 들어와 의자 빼놓고 제 의자에 앉으면서 무릎에 팔꿈치 올리고 구부려 두 손가락 끝으로 눈께 누르는 듯 하고 있는) ....

재민 (들어와 보는) ....

지형 (아닌 척 손 내리며 의자 좀 틀어 안 보면서)

문권 (다가가 지형 한쪽 어깨에 손 올리고) .....

지형 (울컥 터지는) 미치겠다..

재민 ..... (그대로)

지형 .....

S# 거실··

서연 (부스스 일어나 주방으로 움직이는) ......

[냉장고 앞에서 한동안 메모들 보다가 문 열고 랩 씌워진 밥 한 공기와 역시 랩 씌워진 카레 공기 꺼내 랩 벗겨 밥에 카레 붓는 / 넘쳐버리는 /]

서연 ... (잠시 보다가 손으로 밥을 파듯이 해서 먹기 시작한다)

제20회

S# 마트 안..

고모 (야채 코너 이것저것 주워 담고 다음으로 가려다 말고) 아니다 브로콜리가 좋다니 브로콜리 좀 더 갖구가자 서연아.. (브로콜리 서너 봉지 더 넣고) 아이스크림 사까 서연아?(하고 돌아보면 서연이 없다)?? (두리번거리며) 서연아… 서연아.. (황급히 밀차 밀면서 서연을 찾아 매장 골목골목을 헤매는) .....(마침내 밀차 둔 채 뛰쳐나간다)

S# 마트 밖

고모 (뛰어나오면서 이미 제정신이 아니다) 서연아...서연아아아아... (길로 나서는)

S# 마트 밖 길

고모 (나오면서 이쪽으로) 서연아아아 (저쪽으로) 서연아아아..아이구 이걸 어째애애..이걸 어째애애... (가방 뒤지는)

S# 빵집

동철 (갓 구운 빵판 내보내고 있고)

알바 (받아서 적당한 자리에 놓는)

명희 (카드 계산하고 있는 중 영수증 뽑아주며) 감사합니다 맛있게 드시고 또 오세요오··

손님 (오버랩)(들어오며) 뜨거운 우유 있나요?

명희 아 데워드릴께요··호식아아

알바 네에에 (우유)

손님 얼마죠? (돈 꺼내는데)

[명희 전화벨]

명희 삼천원이에요 (전화받는) 어 엄마 왜…???? 어디서어어…. (들으며) 아으아으 엄마는 정신 놓구 뭐했어어어.

동철 (내다보며) 뭐야 여보.

명희 서연이 없어졌대.

동철 뭐어어어?

명희 알았어 알았어 엄마 알았어 그쪽으로 갈게. (끊으려다) 엄마 아버지한테도 전화해 아버지·· (끊으며) 죄송합니다··잠깐 비상이 걸려서요. 호식아.

알바 네에 (계산대로)

동철 (튀어나오며) 여보 나는 안돼 나는 지금 한 참

명희 (두꺼운 옷 팔 꿰며) 알았어 됐어어 (튀어 나가는)

S# 고부 이미 금은방 근처에서 마트 쪽 길로 서연 찾으며 움직이고 있는 중

S# 서연 불러대며 몸 달아 죽을 지경 고모

S# 이편저편 거리 훑으며 거의 반은 뛰고 있는 명희….

명희 (잠깐 멈췄다가 내닫는다)

서연 (저만큼 버스 정류장 사람들 속에 앞에 타는 사람 따라 버스 타려 움직이는 중) …..

명희 E 서연아아아.

서연 (돌아보는)

명희 (내달아 팔 잡으며) 어디 갈려구··

서연 ···

명희 (오버랩) 웅 어디이이

서연 집··

명희 저 버스 집에 가는 거 아니야아. 너 엄마랑 마트 장보러 나왔잖아 그럼 엄마 옆에 꼭 붙어 있어야야지 이런 짓하면 어떡해. 버스를 타버렸다 그럼 우리 다 어떻게 되는 건데 엉? 아무래도 니가 울 엄마 제명에 못 죽게 만들겠다 이리 와··이리 오라구 (잡아끌며) 어우 어우우우 첩첩산중 / 미쳐미쳐.

서연 (잡힌 팔 홱 뿌리치는)

명희 ?? 왜애··

서연 (그냥 걷기 시작)

명희 (따르며) 얘 얘애 (옆에 따라붙어 걸으며) 아파서 그러는 거 아는데 제에발 우리 엄마 좀 너무 힘들게 하지 마라··너 어제는 엄마 데리고 세 시간 돌아다녔다며··노인네가 너 한 겨울에 세시간씩이나 거리 헤매구 다니는 게 보통 일인줄 알어?(전화 꺼내 거는) ·· (걸으며) 서연이 잡았어 엄마·· 버스 길·· 피부과 병원 쪽··

서연 ···· (그냥 걷는)

명희 여기야 여기 서연아··집 이쪽이야 여기··

서연 (그쪽으로 접어드는)

명희 (옆에 걸으며) 알아 들어야 할 건 알아들으면서 도대체 무슨 생각으로 사라질려고 했던 거야·····엉?···말해 봐··왜 그랬어··버스타고 집에 갈참이었어? 버스타면 하안참 엉뚱한데로 가는 건데?

고모 E 아이구..아이구 서연아아..

고모 (마주 달려오는) 서연아아아아

서연 … (그냥 걷고)

고모 (와서 부둥켜안으며) 밖에 나와 이러면 안 돼 이것아아..큰은 일 나아..진짜 크은일 나 서연아아아..

서연 (안긴 채)

명희 … (보고 있고)

고모 (서연 손잡으며) 아버지한테 찾았다구 해. 가자 서연아 가자..

명희 (전화 꺼내는)

S# 아파트 거실

[서연 의자에 앉혀놓고]

고모 (포트 스위치 누르면서) 차 주께 서연아 잠깐만 기다려..춥지?… (겉옷 벗으며 울먹) 세에상에 이 추운 날 혼자 어디로 갈려구우우.. 어디로 가구 싶어서어어어..

명희 (서서 서연 보며) 동네 사람 누구랑 수다 떨다 놓친 거지.

고모 수다는 무슨 수다 잠깐 눈 깜짝할 새 / 야채 주워 담는 동안 그야말로 눈 깜짝할 새였단 말야아

명희 (오버랩) 똑 같은 일 또 안 벌어지라는 법 없어 엄마. 애 진짜 잃어버리구 우리 다같이 혼비백산하지 말구 똘서방한테 수갑을 하나 사오라 그러던지 아니면 팔목에 끈을 묶어 데리고 다니든지 해.(하며 찻잔 꺼내려 서연 옆 스치는데)

서연 (주먹으로 퍽 갈겨버린다)

명희 ?? 왜애애..

서연 (노려보는)

명희 너 위해서 우리 모두 다를 위해서 (달래듯)

서연 (벌떡 일어나며 명희 퍽 밀어버리고 침실로)

[방문마다 방 이름 붙어 있다. 이서연 박지형··이문권··지형 서재. 손님 화장실]

[새로 들여 놓아진 화분 몇 개··이쁜 조롱 속의 새··]

명희 ??

고모 아무 것도 모르는 애 취급하지 말라니까··수갑이 뭐야 수갑이. 어이그으으으 죄우간 어으어으 (하며 침실로)

명희 ···· (뿌우우)

S# 침실

고모 (들어오는)

서연 (없고) ···

S# 화장실

고모 (들어오는) ···

서연 (거울 속 제 얼굴 보면서) ·····

고모 손 씻을려고?

서연 고모··

고모 어 왜·· (반가와서)

서연 재 누구야··

고모 ??·· (가슴 덜컹)

서연 재가 왜 저기서 나를 봐?

고모 너잖아··서연아··너야 너··

서연 ···· (보며)

고모 자알 봐 너잖아··너하고 똑같이 생겼잖아··이건 거울이고 거울에 니가 비쳐 있는 거야··으흐흐 (울며) 그래 거울 앞에 있으면 거울 속에 내가 또 하나 있지··맞다 맞어 니말이 맞다··

서연 목욕할래.(돌아서며)

고모 목욕했다는데···

서연 ··· (보는)

고모 박 서방이 아침에 나 / 오기 전에··목욕했다 그러든데···

서연 (끄덕이고 나가는)

고모 (눈물 훔치며 따라 나가고)

S# 침실

고모 (나오며 보는) ···

서연 (침대에 걸터앉아) ······

고모 (보는) ·····

S# 지형의 사무실

[테이블 위에 모형 두 개 올려져 있고 / 앉아서 둘이 담소하는 분위기]

석호 빌라 건 때문에 회의참석 못해서 / 잘 정리된 거야?

지형 응, 뭐 저층 / 지하층 활용도 높게 계획해 달라는 것과 이 지역 랜드마크가 될 수 있게 해 달라는 거 / 지난 번 요구 그대로였어.

석호 기능적인 것과 상징적인 걸 같이 해결하라는 거 서로 상충인데 난해하다야. 근데 (볼펜 끝으로 모형 가리키며) 왜 두 개야?

지형 썬큰(Sunken)의 위치와 접근방법에 따라서 두 개로 만들어 봤어.

석호 (모형 살펴보다 한쪽 모형 보며) 으응. 이쪽은 중앙계단 식으로 풀었구나. 어쩌면 이쪽이 활용도는 더 높겠다.

지형 어. 그리고 일단 보통의 건물들이 전, 후면의 출입구가 별개로 분리돼 출입하게 되는데 여기에선 건물 내에 개방된 통로를 주어서 (볼펜으로 모형의 지층을 가리키며 건물의 앞뒤를 연결하는 동작) 이렇게 건물 앞뒤 도로를 건물 내부로 가로지를 수 있도록 연결해봤어.

석호 유동인구가 자연스럽게 건물내부로 유입될 수 있도록 했구나.

지형 그렇지. 이 내부통로를 통해 노출빈도가 높아질 거고 당연히 지하상가도 활성화될 수 있을 거야.

석호 좋은 생각이다. (모형 들여다보며) 오호. 상당히 큰 썬큰이네? 자연채광도 무난하겠다. 활용도면에서는 나무랄 데가 없겠다. 그런데 랜드마크 부분은 어떻게 해결할 예정이야?

S# 건물에서 나오고 있는 지형

지형 … (주차장으로)

지형 E 서연이는 주치의 선생님도 놀랄 정도로 빠르게 나빠지고 있다..

S# 식탁

[문권 지형 서연..먹다가 보면]

서연 (젓가락으로 국을 찍어 입에 넣고를 반복하고 있는) …

지형 (얼른 숟가락으로 바꿔주면서 설명해주는) ….

서연 (말가니 보는)

지형 (숟가락 쥔 서연 손잡아 국 떠서 입에 넣어주고 지켜보는)

서연 … (숟가락으로 국 떠먹는) …..

문권 ….. (보다가 고개 돌리며 물컵 집어 마시고)

지형 …. (서연 지켜보고 있는) …….

서연 (얌전히 먹는) ….

지형 (밥을 국에 말아서 먹는 게 어떠냐는)

서연 …… (보다가 고개 흔들고 숟가락으로 밥 떠서 입으로 / 밥 양이 꽤 많다)

지형 (얼른 자기 젓가락으로 밥 덜어주는데)

서연 (숟가락 집어 던지며 성내는)

지형 E 서연이는 성을 자주 내고…성이 나면 브레이크가 안 듣는 것 같다.

지형 (잘못했다면서 진정시키려 하지만)

서연 (막무가내로 밥상 그릇들을 마구 던지고 밀어내고)

문권 (일어나 어쩔 줄을 모르는)

S# 다른 날 주방

서연 (사과 한 알을 들고 과도로 껍질 벗기려 하는데 각도 제대로 안 맞아 칼이 그냥 미끄러지고 미끄러지고)

문권 (도와주려고 하고)

서연 (고집스럽게 피해서 다시 시도 두어 번 하다가 별안간 사과와 과도를 함께 집어 던져버린다)

[예은이 보행기를 맞추고 떨어지는 사과‥]

고모 (보행기 옆에 앉아 빨래 개키다 기함을 해서 보행기 치우는)….

S# 침실(다른 날)

지형 (들어오다 보면)

[방바닥에 옷 가득 꺼내 놓고 일어서서 가디건 팔에 다리를 집어넣고 있는]

서연 …..

지형 (옆으로 가 그건 하의가 아니고 상의라고 일러주고 다독이며 입혀

주는)

서연 (얌전하게 입는가 싶더니 지형 밀어내며 제 머리 쥐어뜯으며 마구 몸부림치는) ....

지형 (껴안아 다독이며 진정시키는) .....

지형 E 아직은 자기가 누구라는 건 붙잡고 있는 아내는 의도하지 않은 벽에 부딪혀 좌절할 때마다

S# 이동 중 지형

지형 E 마음 깊은 곳의 분노를 아무런 여과 없이 그대로 폭발시키는 것 같다....어떤 때는 청소기를 밀기도 하고 밥을 지어야 한다고 서둘기도 하지만 많은 시간을 책 한권 펼쳐들고 앉아...같은 페이지를 보고 또 보거나 어쩌다 한 번씩은 갑자기 흐느껴 울고 어떤 날은 종일 잠만 자기도 하고

S# 거실

서연 (티브이에 오케스트라 디브이디 틀어놓고 보면서) ..... (쭈그리고 앉아서) ....

지형 E 어떤 날은 종일 오케스트라 연주를 보기도 한다..

S# 이동 중 지형..

지형 E 고모님은 내가 집에 있는 시간과 없는 시간이 차이가 난다 그러신다..내가 집을 비운 시간에 아내는 좀 더 많이 혼란스러워한다는 말씀이다..어느 시점부터는 반일 근무를 완전히 재택으로 바꿔야 할 것 같다..

S# 방배 빌라 지하 주차장으로 들어와 주차하는 지형의 자동차

[지형의 자동차에는 카 시트가 장착되어 있어야 합니다]

S# 수정의 거실

수정 (아이 안고 있고 / 턱받이 / 향기가 떠먹여주는 이유식 받아먹고 있는 아이)

향기 와아 잘먹네에에? 예은이 맛있나보다. 맛있어? 맛있어? 아우우 착해라 한번더 한번더 응?

수정 잠깐 쉬었다 먹이렴..받아먹느라 고단하다..

향기 오호 그래요 아줌마? 좀 쉴까? 쉬었다 먹을까? 한번만 더 먹으면 되는데...아줌마 딱 한 스푼 남았어요. (티스푼) 띄웠다 먹이면 맛 떨어질지도 모르는데

수정 (웃으며) 아이구 그래 그릇 비워라..

향기 네에.. (그릇 비워 아이 입에) 어이구 그래애 맛있지? 정말 맛있지? 아줌마 그릇 갖다 놓구 나올께에? (주방으로)

수정 .... (향기 움직이는 것 보며) ....

S# 주방

향기 (들어오며) 아 벌써 다 하셨어요?

이모 (작은 이유식 병 두 개에 남은 이유식 채우는 중) 아이구 병 제대로 삶아 말렸네 이 사람아..감시하러 들어왔어?

향기 으흐흐흐 아니에요 이모님..

이모 자알 하면 모레까지는 먹일 수 있겠다.

향기 네에..

이모 쯔쯔 동티 안 나고 결혼했으면 향기도 애 엄말 거 아냐.

향기 흐흐 그렇죠 이모님?

수정 E 아빠 왔네에에..

향기 ??

S# 거실

수정 (아이 안고 일어서며) 예은이 아빠 왔네? 아빠 아빠··

지형 잘 놀았어? 이쁘게 굴었어?

수정 네에·· 할아버지 바지에 쉬야했어요오오

지형 예?

수정 아버지가 기저귀 바꿔준다구 주물럭거리는 동안에 그냥 해버리셨어 으흐흐

지형 에에이 조금만 참지 아가씨이이·· (보행기는 따로 하나 준비해 놓아주세요) 아버지 뭐라 그러셨어요.

수정 기저귀 바꿔주는 거 늦어서 그랬다구 내 탓하더라. 저녁 준비하느라 나 바빴거든··늬 아버지 예은이 붙잡고 하안참 설교하시더라…기저귀 젖거든 바로 젖었다아아 그래야 위생에도 좋고 산뜻하니까 착하게 기다려주지 말라구··

지형 주세요··

수정 바로 갈래? (아이 넘기며)

지형 네··

수정 수희야아아

향기 (주방에서 아이 짐 가방 들고 나오며)네에에에····

이모 (다른 짐 / 반찬들 들고 나오는) 네에에에 (향기와 거의 동시에)

지형 왔니?

향기 응. 예은이 내가 데리고 나갈게··

지형 아냐 생각보다 무거워.

향기 알아 괜찮아·· (아이 뺏어 가며) 뭐가 무겁다구 응? 표준인데 응? 그치? 그치?

S# 빌라 승강기 안

[둘 다 말없이 있다가]

지형 언제 왔니.

향기 응..한 두 시간? ..거기 예은이 이유식 두병 들어가 있어. 잘 먹어..우유 반만 먹이고 반은 그거 먹여..

지형 그래.. (숫자판 보며)

향기 (아이 볼에 뽀뽀 쪽쪽쪽)

지형 어머니한테 얼마나 혼이 날려구우.

향기 뭐어.. 그냥 예은이 보고 싶어 그런 건데...

지형 ....

향기 쓸데없는 오바하지 마아..나 데이트 해볼까 그런 사람 생겼으니까..

지형 어 그건 축하할 일이다.

향기 피아노 하는 사람이야..엄마도 좋대.. 사람 순수해.

지형 그래..잘되기 바래..

향기 응..

S# 주차장

[두 사람 나와서 / 지형 뒷좌석 카 시트에 아이 앉히고 벨트 매주고]

향기 (동시에 아이 짐 반대편 좌석에 집어넣어 주는데)

[들어와 끼익 멎는 자동차..]

[두 사람 ?? 해서 보면 홍길의 자동차..]

현아 (문 팍 열고 내리며) 애들이 그런데..느들 뭐하는 거야. 이게 뭐하는 짓이야 엉?

향기 엄마아.

현아 너 왜 거짓말 해. 운동 간댔으면 운동 가 있어야지 너 운동 어제 취소했다면서.

향기 엄마엄마

현아 (오버랩) 펀 듯 애 와 있단 소리 들은 게 생각나 식사 주문하다 팽개치고 달려온 거야 이것아. 나는 정말 머리를 짓찧으면서 이해할래두 도오저히 너를 모르겠다 엉? 사람이 어떻게 분이 없어. 저눔 애가 니 새끼야? 너랑 무슨 상관있다구 쫓아다니는 거냐구우.. (홍길 천천히 내리고)

향기 (오버랩 엄마 팔 잡으며) 가 엄마 가가..

현아 (뿌리치면서) 얘 지형아..

지형 네..

현아 너 얘 멍청인 거 알지. 그래 내 새끼는 멍청이고 너는 잘나서 멍청이 밟아 뭉개고 너 뒤도 안 돌아봤어. 너 최소한의 양심이라도 있는 거 같으면 향기도 제 갈 길 가게 도와줘야 하는 거 아니니?

지형 어머니

현아 재 왜 받아줘어..너두 늬 엄마두우우

향기 (오버랩) 나 내 갈길 갈 거야 엄마 제발 이상한 상상하지 마. 아줌마 나 반가와 안하셔. 엄마 때문에 신경 쓰신단 말야. 오빠도 반가와 안 해..그냥 내가 좋아서 예은이 보고 싶어서 오는 거야 엄마 오해하지 마아.(좀 화나서)

현아 (오버랩) 여러 소리 말고 차 타..

향기 ...

현아 빨리 못타?

향기 오빠 미안해.. (제 차로 가서 타는) ....

홍길 (보고 있다가 지형에게) 지형아..

지형 네..

홍길 (나서려는 아내 막으면서) 향기가 아직도 니 주변 맴 도는 거 우리 정말 신경 쓰인다 응? 니가 우릴 도와줘야지이이...

지형 염려 마십시오 아버님.... 걱정하시는 일 / 향기도 저도 없습니다..여기서 향기 보는 거 처음이에요..저 / 향기가 좋은 짝 만나 행복하기 바랍니다..

현아 너 진심이지. 믿어도 되는 거지..

지형 네 ..

홍길 그래 믿으마..

지형 (목례하며) 가겠습니다..

현아 이눔아..

지형 (움직이려다 멈추는) ...

현아 니가 눈 질끈 감았으면 만 사람이 편안했어..너 늬 부모한테 얼마나 불효하구 있는지는 아니?

지형 네..

현아 쯧쯧쯧쯧쯧쯧...

지형 .....

S# 아파트 거실

서연 (실내 화분에 물 주고 있는데 바닥으로 철철철 넘치고 있는) ... (문득 느끼고 발밑 보고 멈추고 물뿌리개 놓고 두리번거리며 닦을 것 찾다가 침실로)

고모 (침실에서 방 걸레 들고 나오다 보는) 왜..

서연 (고모 들고 있는 걸레 빼내 화분으로)

고모 ?? (따르고)

서연 (쭈그리고 앉아 닦기 시작)

고모 내가 하께 고모가 하께 서연아..

서연 미안해요..

고모 아이구 아냐아 고모도 잘 하는 짓이야..

서연 미안해요

고모 아니라니까..

서연 고모

고모 응 왜..

서연 박지형이 도망간 거 같아..

고모 아이구 무스은..도망 안갔어..회사 갔어.(머리 만져주며) 예은이 데리고 금방 들어와. 시간 다 됐어. 서연아..

서연 ..... (보는)

고모 아침에 너 목욕시키구 열한시에 회사 나갔잖어..생각해봐..

서연 생각 안나...아니 응...생각나.. (웃는) 아니 생각 안나..나 거짓말쟁이에요.

고모 우리 서연이 거짓말쟁이 아니야...우리 서연이가 얼마나 정직하고 / 똑똑하고 / 실력있구 착하구 / 강단있구 / ...버릴 거라구는 아무 것도 없는 진짜 얼마나 알짜배기 물건인데에.....

서연 재민이 오빠는 왜 안와요?

고모 어제 왔다 갔는데?

서연 아....어제...응...고모

고모 왜..

서연 나 많이 바보됐지요..

고모 아아니? 전혀...바보 안됐어 고대로야.. 고대로 있어 걱정하지 마..

서연 내가….없어질 때가 있는 거 같아요‥내가 내가 아닌 거 같을 때가….

고모 ……(목메어 더 이상 대답을 못하고 그저 머리만 쓰다듬어 주는) ….

[들어오는 지형 / 한 팔에 아이 한 팔에 짐]

고모 아이구 예은이 온다 예은이

서연 (돌아보며 일어나 현관으로)

지형 (들어오며 아이 고모에게 넘기고 곧장 서연 안고) 여보 나 들어왔어‥

서연 으응‥

지형 잘 지냈어?

서연 응‥

지형 약도 먹고?

서연 우유 녹즙 요거트 밥‥다 먹었어‥

지형 사랑해‥

서연 나도‥

지형 내일은 오늘보다 오천이백배 더 사랑할 거야‥

서연 나도…

고모 (아이 들이대며) 서연아 예은이.

서연 (지형 잡은 채 돌아보며) 안녕?… (하고 지형 팔 끼고 보며 웃는)

지형 들어가자. 서연아‥

서연 응‥

S# 침실

[들어오는 둘‥]

지형 (서연 침대에 걸터앉히고 손에 입 맞추고)잠깐만 응?

서연 응··

지형 (옷 갈아입기 시작하는데)

서연 (침대로 기어 올라가 엎드리는) ·····

지형 잘려구?

서연 아니?

지형 뭐하구 지냈어

서연 ···그냥···그럭저럭··

지형 날씨 푹해··내일은 드라이브 가자··

서연 ····· (대답 없고)

S# 거실

고모 (예은이 겉옷 벗겨 보행기에 넣어놓은) ····(보따리 옆에 벗은 옷 챙겨 일어나다) 아니다·· 음식 먼저 집어 넣구··예은아 할미 방배동 할머님이 보내주신 음식 냉장고에 넣구우우? (음식 보따리 들고 일어나며) 어쿠 이거 뭐가 이렇게 무거워··

S# 주방

고모 (보따리 풀면)

[반찬 통들 세 개 아래 홍삼액 박스 두 개]

고모 그렇지 이게 들었으니 그렇게 무겁지·· 잘 안 먹을라구 하는데 ····지난 번 것도 남았는데 쯔쯔

지형 (나와서 주방으로)

고모 (보고) ·····

지형 저녁 제가 만들어 먹을테니까 그만 가셔서 쉬세요 고모님·· (포트에 물 부으면서)

고모 ··· (보며)

지형 … (스위치 넣으며 돌아보는) 네?

고모 박서방‥ (오버랩)

지형 네‥

고모 (다가와 나직한 소리로) 아까 마트 나갔다가 하마터면 애 잃어버릴 뻰 했었어.(시선 내리고 죄인처럼 중얼중얼)

지형 ???

고모 (보며 / 변명. 톤 약간 올라가며)눈 깜짝할 새에‥채소 집어넣는 동안에 언제 어느 새 없어졌는지

지형 (오버랩) 어디서 찾으셨어요‥

고모 버스 타다 명희한테 잡혔어‥

지형 …. (보며)

고모 이제 나는 데리고 나가지 말아야겠어.

지형 (고개 옆으로 잠깐) …

고모 옷마다 인식표가 뭔가 꿰매 붙여 놨으니 찾기야 찾겠지만 (울먹울먹) 잘못 차에라도 받히면 어떡해애. 십년감수했어‥왜 안하던 짓을 시작하냐구우‥

지형 어디 갈려 그랬냐구 안 물어 보셨어요?

고모 지입‥명희 년한테 그러드래‥**동 가는 버슨데에‥

지형 …. (시선 내리고) …..

고모 그리구 아까는… (비죽비죽) 거울에 저를 보구 재 누구냐구…

지형 ??

고모 재가 왜 저기서 저를 보냐구 웅웅웅웅…너무 기가 차 그냥 주저앉을 뻰 했어어어. 이걸 어떡하면 좋으냐 지형아 웅웅웅 왜 저러는 거야‥애가 왜 저렇게 급하게 무슨 맘 먹구 저렇게 서두르는 거

냐구우우…

지형 …. (다가들어 안아주는)

고모 응응응응으으으으

지형 …… (눈 감는)

S# 아파트 전경(밤)

S# 거실

서연 (소파에 앉아 패션지 보고 있는) ……

지형 (주방에서 녹차 만들어들고 서연 쪽으로) …. (찻잔 놓고 옆에 앉으며 찻잔 하나 집어 후우후우 불어 식히는데)

서연 나중에 마시면 돼..

지형 그래? 그냥 둬?

서연 응..

지형 (찻잔 놓으며 보는) ….. (잠시 보다가) 기분이 어때..

서연 (책장 넘기다 보며) 기분 나빠?

지형 아니 너 말야..

서연 나는 좋아…… (책장 들어 보이며) 멋있지..

지형 멋있다..사줄까?

서연 언제 입으라고..

지형 봄에 입으면 되잖아..

서연 봄이 짧거든..낭비야…출근도 안하는데 뭐..돈 애껴..

지형 …..서연아..

서연 ?? (보는)

지형 (다리 올려 돌려 앉히고 자신도 소파 위로 다리 올려 마주하는)서연아..

서연 (웃으며) 왜애..

지형 혼자 나가면 절대 안돼..

서연 혼자 못 나가는데 뭐..나 못나가게 하느라고 안에도 그거 달아 놨잖아..번호 몰라 나 못나가..으흐흐 고모 나 못 보게 할려구 가리고 해.

지형 고모하고 나갔을 때…고모 옆에 꼭 붙어 있어야 한다고…그랬지?

서연 알아..

지형 집 잃어버리면 고생해..

서연 안다니까..

지형 서연아..나 사랑하지?

서연 (지형 한쪽 뺨에 손) 내가 안 그런 거 같아? 당신 사랑하는 것도 까먹은 거 같아?

지형 아니 확인하고 싶어서..

서연 다른 건 다 까먹어도 그건 안 까먹어..걱정마..박지형…내 남편…예은이 아빠.. 나를 끔직하게 사랑하는 사람.. 십자가 지고 산을 올라가고 있는 사람..

지형 포기하면 안돼 서연아..

서연 …. (보는)

지형 니가 사랑하는 나를 위해서 우리 예은이를 위해서 절대로 포기하면 안돼..

서연 포기…안해.(보며)

지형 내가 보면 너…포기한 거 같아..될대로 돼라 그러기 시작한 거 같아..

서연 (보며) …..

지형 될대로 돼라 그러는 거 같다구‥

서연 응‥나 그래‥

지형 왜 그래‥그건 나를 배신하는 거야‥너 노력하기로 약속했잖아‥노력해야 하잖아‥왜 노력 안 해‥내 앞에 너로 있어주기 위해 노력해 서연아.

서연 싫증나는구나‥

지형 그런 거 아냐.

서연 그럼 가버려.

지형 그런 얘기가 아니라니까.

서연 피곤한 게 싫어‥정신 붙잡고 있으려고 버둥거리는 게 얼마나 피곤한지 당신은 몰라‥그런다고 언제나 붙잡고 있는 것도 아냐‥ 자꾸만 놓치나봐‥고모하고 당신을 보면 아 내가 또 잘못했구나‥실수할 때는 몰라…해놓고는 잘못된 거 알아‥그럴 때 미칠 거 같아‥

지형 (오버랩 세운 무릎 위 서연 한 손 잡으며) 그래도 포기하면 안돼‥될대로 돼라는 안되는 거야.

서연 답은 나와 있어‥버틴다고 다른 답 되는 거 아냐‥

지형 그런 생각 / 그런 생각은 밀쳐 둬. 그건 자포자기야. 우리 너랑 나랑 우리 꼬맹이 하루하루가 소중해‥하루라도 더 오래 / 니가 너로 / 너인 채 우리 옆에 있어줘‥

서연 그러고 싶어 여보‥ 그런데 안돼‥못하겠어‥ 아무리 주먹 꽉 쥐고 있어도 손가락 틈으로 내가 계속 빠져 나가‥자고 일어나면 어떤 날은 내 방도 낯설어‥화장실도 거실도 다 처음 보는 데 같아‥그거 안 들키려 애쓰는 것도 너무 힘들어‥

지형 (오버랩) 미안해 서연아. 너랑 같이 아파 주지 못해 미안해. (안아 붙이며) 미안하다 미안하다 정말..미안해 미안해..

서연 (소리 내어 우는) 내가 미안해.. 미안해 당신..미안해애애애애..

[그대로 두고]

지형 E 드물게 아내가 편안해 보여 대화를 시도해 보았다.. 오랜만에 서연이는 혼자서 겪고 있는 느낌에 대해 말문을 열어주었다..포기하고 있는 것이 사실인 것을 인정했다. 답은 나와 있어 라고 아내는 말했다.. 답이 나와 있는 걸 나도 안다.. 하루라도 더 이서연인 채로 버텨주기를 바라는 것은....사랑이라는 이름으로 내 욕심을 강요하는 것에 지나지 않았다.

F.O

S# 아파트 전경(오전 10시경)

S# 거실

고모 (주방에서 통화 중) 으응 우리 영감이 감기가 자안뜩 들어서 놔두구 나갈 수가 없네....아 영감있다는 자랑질 아냐...응...으흐흐흐흐 미안해애..우리 딸이 시간 맞춰 곗돈 갖구 갈 거야..으응...아참 치매보험들 안 들 거야? 사람일 알 수 없으니까 하나씩 들어노면 (하다가) 잉 그래? 여섯이나아아? 아이구 끊어..우리 아들한테 누구 보내 계약시키라구 전화해야겠어. 끊어끊어..잉 끊어.(끊고 / 부리나케 재민 단축 번호 누르고) ....어 아들. 엄마야..내가 보험 여섯 개 팔었다? 응 우리 계원들한테.. (하다가 빈 보행기 보고) ??(침실 보며) 어 애 명희한테 전화해서 장소 물어봐 계약할 사람 내보내. 아니 내가 지금 바빠 (끊고)예은아 예은아아아..

문권 E 예은이 여기 있어요 고모오..

고모 아이구 아이구 (문권 방 앞으로) 데리구 들어가면 간다구 말을 해야지이이

S# 문권의 방

[아이에게 애니메이션 보여주는 중]

고모 (문 열며) 애 도둑맞은 줄 알구 깜짝 놀랬어 인석아‥

문권 고모는 애 훔쳐가는 도둑이 어딨어요오오

고모 아 있어야할 애가 안보이니까 그렇지이. 박서방은 씻는다 그랬구 니 누나는 애 안 건드리는 사람이구

문권 냄비 닦으시느라 정신없으시던데요? 흐흐‥

고모 입 뒀다 뭐해‥

문권 죄송해요 잘못했어요‥

고모 기저귀 봐줘.

문권 오 분 전에 바꿔줬어요‥ 펑 하셨더라구요.

고모 (흘기고 돌아서는)

S# 침실

[옷장에 등 대고 앉아 있는 서연과 마주 키 높이 맞추고]

지형 누가 니옷을 가져가‥그럴 사람 없어 서연아‥

서연 하나씩 없어진단 말야‥거짓말 아냐‥진짜라니까? 지금부터 여기서 한 발자국도 안나갈 거야‥내가 없으면 내 옷 전부다 도둑맞어.

지형 ….. (보다가) 누구‥누가 가져가.

서연 밖에 아주머니 자기 딸 줄려구‥

지형 정신차려. (버럭) 밖에 아줌마가 누구야‥ 고모님이잖아 고모님!!!

서연 …. (보며)

지형 고모한테 그런 말을 하면 어떡해!!

서연 왜 화내··(울먹) 내가 뭐 잘못했는데··

지형 (양 빰 싸쥐고) 너 / 너는 이서연이야. 신춘문예 당선 작가야. 일 잘하기로 소문났던 이서연팀장이야. 이건 아니잖아 서연아··이건 아니잖아아아···

서연 잘못했어···

지형 (오버랩) 너는 이서연이야··

서연 나는 이서연이야. 내가 뭐라 그랬어?

지형 여기는 우리 집이야. 거실에 고모가 계셔··고모는 우리 도와주시러 날마다 출퇴근하셔··문권이는 오늘 출근 안했어··제 방에 있어·· 니 옷 갖고 갈 사람 아무도 없어··

서연 ···· (보며)

지형 그래···드라이브 가자··

서연 내 옷 지켜야 해.

지형 서연아··· (작게)

서연 ···· (보다가) 드라이브···가자··· (일어나며) 옷 입어야지··옷 꺼내게 당신 좀 비켜.

지형 ··· (일어나주는)

서연 (장문 열고 더듬다가 가벼워 날아가는 여름옷 꺼낸다)

지형 (잡으며) 아니야··지금 겨울이야··다른 옷 입어··

서연 ····· (지형 보는)

S# 아파트 주차장

[재민 전화벨]

재민 (기다리고 있다가 받는) 장재민입니다··아 네···안 받으시길래 문자로 대신했습니다..네..네..즈이 어머니 계 모임이랍니다..아뇨 천만에요..어머니 말씀은 여섯분이라던데 그 이상은 우여사 실력이겠죠..네. 하하하 네 안녕히 계십시오.(끊는데)

[서연 한 팔로 싸안고 나오는 지형]

서연 오빠..여기서 뭐해?

재민 늬들 드라이브에 묻어 바람 쐴려구.

지형 (오버랩) 내가 같이 가잤어..

재민 (오버랩) 어떡할까 따라가 한차로 가.

지형 (키 주며) 운전시킬라고 오라 그랬어..

재민 하하 그래.. (리모컨으로 차 문 열고 운전대로 가며) 너도 뒤에 타.

지형 서연아 타자.(문 열어 태우고 옆자리로 돌아가 타는)

S# 차 안

[재민은 이미 시동 걸어놓고 있고]

지형 (타면서 곧장 서연 안전벨트 매주는데)

서연 알았다 나 사고칠까봐 경호원이다..

재민 (돌아보며) 들켰다 지형아..

지형 (제 벨트 매며) 그게 아니라 너 재민이 변심했다구 화냈었잖아..그래서 오란 거야.

서연 (창밖 기웃이 내다보며) 날씨가 왜 이렇게 답답해..고담시 같다..

재민 출발한다..운전 오분 정도 매끄럽지 못할 거야..참아..

지형 알았어..가자..

S# 출발하는 자동차..

S# 양평 호수 전경..

[잠시 두었다가]

서연 E 우리 어디 가는 거야..

지형 E 생각 안나? 너 좋아한 길인데..

서연 그래?

지형 E 저기 호수를 봐..생각 날 거야..

서연 E 보고 있어...

지형 E 생각 안나?

서연 E 괜찮아..

S# 달리는 차 안..

서연 (돌아보며 웃는) 새로워서 좋은데 뭐..

지형 .... (옆으로 보며)

서연 뽀뽀해..

지형 앞에 경호원있다.

서연 괜찮아..애기한테 해주는 것처럼....해줘.

지형 .... (가볍게 한 번 두 번 세 번) .... (떼고 보는)

서연 더어...더해....

지형 (다시 해주는)

S# 양평 바로 그 호텔 주차장으로 들어와 멎는 자동차

[서연 내리게 하고 건물을 보고 있는 서연 보며]

지형 .... (기억하는가 아닌가)

재민 (내려 운전대 옆에서 보는) .....

서연 (지형 팔 끼고 붙으며) 아담하고 좋으네. 그치?

지형 응...들어가자..

재민 어..

S# 레스토랑에서 식사하는 세 사람..

[두 남자는 묵묵히 그저 잠깐씩 서연을 보고]

서연 (오히려 기분이 좋은 듯 다소 두리번거리면서 포크로 생선과 야채 먹는) … (그러다가 문득 지형 고기 찍어 가고)

지형 ??

서연 (모르는 척 입에 넣고 먹는) …맛있네..그치 오빠..

재민 맛있다 많이 먹어..

서연 당신 여기 어떻게 알아?

지형 여기…꽤 여러 번 왔었어..너하고.

서연 ?? 아 그랬구나..그랬었구나 (물컵 집어 들며) 으흐흐흐(괜히 웃는)

지형 …. (보며 아득한)

재민 (포크 멈추고 보는) ….

서연 (물컵을 비워버리는) …..

S# 숲길

[근처 숲길을 앞서 걸어오고 있는 서연 / 하늘도 보고 양옆의 나무들도 보고]

[꽤 뒤에 천천히 따라오고 있는 두 남자..]

지형 나오기 전에…잠깐 고모님을 아줌마라고 하더라..

재민 ?? (돌아보는)

지형 가까운 데서부터 지워지는 거라 그러는데..반드시 그런 건 아닌가봐..

재민 얼마동안

지형 잠깐. 아주 잠깐… 드라이브 길 아까 그 호텔 지워진 거 보니 아마 내가..지워지는 날 머지않은 것 같다..

재민 나도 두번 쯤…얘가 나를 모르는 거 아닌가 그런 적 있어..

지형 ??

재민 집착하는 사람이 제일 늦게까지 있는 거 아닐까..

지형 (앞 보다) 서연아 왜애.(벌써 걸음 서두르는)

[저만큼 앞에서 손짓으로 부르고 있는 서연]

지형 왜..

서연 갑자기 생각났어. 벚꽃 질 때 죽을래..

지형 .... (보며)

서연 꽃잎이 눈처럼 쏟아질 때...슬프고 아름답잖아.

지형 (어깨 안으며) 춥겠다...그만 차 타러 나가자..

서연 (허리 안으며) 안 춰...안 춘데?....안 춘데?... 자기가 춥구나. 그렇지? 그런 거지?

지형 그래 내가 춰 추워 죽겠어.. (걸음 빨리하며) 어으 추워..어으으으으으으

서연 (손잡혀 끌려가면서) 으하하하하하 하하하하하하

S# 아파트 전경(밤)

S# 서재

지형 (메일 답장 쓰고 있는데) ......

고모 문권 E (동시에 비명) 누나아아!!! 아이구 애 서연아아아앗!!

지형 (후닥닥 튀어 나가는)

S# 거실

지형 (튀어나와 보면)

고모 (코트 입고 머플러로 머리 싸매다가 얼어붙은) ...

문권 (주스 병 들고 아이 쪽으로 오다가 얼어붙은)

서연 (가위 벌려 들고 보행기 아이 앞에 쭈그리고 앉아)??? (문권 고모

보다가) 왜 소리는 지르구 난리야 놀랬잖아아!!

고모 아이구머니나 기절하겠네..얼른 뺏어 뺏어어어…

문권 (나서며) 누나..

지형 (문권 잡고 서연에게) 서연아 왜.. (여차하면 가위 잡을 자세로)

서연 …. (보는)

지형 이거는 (가위 잡으려 / 서연 피하고) ..위험한 거야..

서연 알아..

지형 왜 뭐할려고..

서연 머리 잘라 줄려고..

지형 아아..그랬구나..

서연 머리가 마음에 안 들어..안 이뻐..바보같아..

지형 알았어..내일 미장원 가 이쁘게 다듬어 달라 그러자..너 머리 만지는 사람 아니잖아..솜씨 좋은 선생한테 맡겨야지 응?

서연 ….. (잠깐 생각하다가 가위 넘긴다) ….

고모 후우우우우우 (털썩 주저앉아 버리고) …

문권 …..

서연 (일어나며 문권에게 갑자기) 소리지르지 마!!! 소리 지르는 거 싫어!!!

문권 알았어 누나..알았어..

서연 (소파로 가 누워버리는) ….

지형 모셔다 드려..가세요 고모님.

고모 (지형과 눈 맞추고 고개 설레설레 흔드는) ….

지형 네에..

고모 아냐 아냐아냐..나중에 좀 있다 (작게 말하고 코트 도로 벗으며 주방으로) 너 와.

S# 주방

고모 (부엌에 있는 모든 흉기가 될 만한 것들을 꺼내기 시작한다 / 문권 함께)

지형 …. (잠시 보다가 서연 옆으로 가 앉아) 발 지압하자..

서연 (밀어내고)

지형 (다시 건드리면)

서연 (털어내고)

지형 (가만히 보며) ……

S# 아파트 앞(밤)

[주차되어 있는 수희의 자동차..]

S# 거실..주방

[주방 식탁에 앉아 있는 수정 서연..서 있는 수희]

수정 여기 이모가..아이 키워본 경험은 없지만 워낙에 다방면으로 아는 게 많아서 누구보다 큰 도움이 될 거니까 안심하고 우리 둘한테 맡기고 너는 니 투병에 집중하렴..

서연 네 어머니.. 부탁드립니다..

수정 보고 싶으면 언제라도 와서 보고.. 일주일에 하루쯤 예은이가 엄마 보러 와도 되고

이모 그러엄..얼마든지 되지이이..보고싶을 땐 전화만 한통 해. 그럼 내가 자다가도 벌떡 일어나 데리고 올테니까 응?

서연 네.

수정 잘 이해해줘서 고맙다..

서연 저 사고칠까봐 그러시는 거 알아요..

수정 아니 설마 니가 해코지야 할까 그건 아니야..

서연 (웃으며) 네에

S# 침실..

[문권과 지형과 고모 아이 옷가지 싸고 있다..]

고모 (문득) 아이고 침대는 침대 갖구가야지

지형 아니에요..어쩌다 와서 자도 침대는 있어야 한다고 서연이가 안된대요..

고모 .....그럴 때는 멀쩡하면서어어어어..

지형 .....

S# 문권의 방..

문권 (예은이 안고 방 서성이면서 솟구쳐 오르는 눈물을 어떻게 할 길이 없다) ....(참다 참다 결국은 훅 터지면서 아이한테 얼굴 붙이고) 잘 가 예은아..가서 잘 지내..으으 나중에 삼촌이...엄마 얘기 해줄께에... 엄마 얘기 뭐든다 다아...다 하나서부터 열까지 다아 해줄께에...으으으.....으으으

[노크]

문권 (돌아보며 얼른 눈물 닦고) 네에에..

지형 E 예은이..

문권 (문으로)

S# 거실

문권 (나와서 지형에게 아이 넘기고 도로 방으로) ....

지형 (받아들고 식탁으로) .... (두 여인은 서 있고 / 서연 식탁 보며) ....예은이 간다..

서연 .....

지형 서연아…

서연 (대답처럼 일어나 아이 쪽으로 돌아서는) ……(가만히 보다가 가만히 한 손 올려 아이 얼굴에 천천히) ……

지형 ……(보는)

서연 안녕….잘….있어‥

지형 (아이와 함께 아내 당겨 안는) …….

수정 ……

이모 (돌아서는) ……

고모 (거실 쪽에서 눈 가리고 작게 소리 내어 울고 있는) …..

S# 아파트 밖

지형 (아이 안고 나오고)

수정 고모 (같이 나오고)

이모 (한발 앞서 나와 자동차 문 열고 들고 나온 아이 짐 보따리 두 개 트렁크에 싣는) …

수정 (아들에게 손 벌리고)

지형 (아이 넘겨주는)

수정 그럼 사부인… (목례)

고모 예 예에에 (허리 굽히며) 모쪼록 자알 / 자알 부탁드립니다아아….

수정 네에 그럼요 염려마세요‥안심하세요 사부인‥ (지형이 열어주는 문으로 타고)

[출발해 나가는 자동차‥]

지형 ….. (보고 서서) …..

고모 ㅇㅇㅇㅇㅇ…ㅇㅇㅇㅇㅇㅇㅇ (울며 들어가고)

지형 …. (고모 보는) ….

문권 (뛰어나오며) 예은이 카시트요..

지형 아...

문권 (자동차 키 들고) 벌써 떠나셨네요..

지형 나중에 내가 갖고 가면 돼... (문권 팔 잠깐 잡는 듯 하고 현관으로)

문권 ... (보며)

S# 거실 주방

서연 (식탁 의자에 가만히 앉아서 식탁 내려다보며) ....

고모 (청소기 들고 침실로 들어가는) .....

지형 (들어와 식탁 쪽으로 가다 멈춰 서서)

지형 E 어떻게 그럴 수가 있나 싶을 정도로 아이에게 무감해 보였던 서연이는 처음 정식으로 아이 얼굴에 손을 대고...말했다.. 안녕...잘 있어 라고.. 아내는 아이가 나가는 것을 보지 않았다..

지형 (서연에게 다가가 어깨에 손 올리는) ...

서연 (올려다보며 웃는다)

지형 E (내려다보며) 아내는 웃는다.. 왜 웃는지...무슨 의미의 웃음인지 나는... 알 수가 없다.....

F.O

S# 서연의 주방 거실

서연 (식탁에 앉아서 / 숟가락 들고 같이 밥 먹고 있는 고부 뚫어지게 보고 있는 / 죽) ....

고모 (김 꺼내 놓아주고 손톱 밑 보면서) 아이구 이거 덧날라나아아 욱신욱신 왜 이러는 거야...

고부 ?? (보는)

고모 (앉으며) 도미 다루다가 가시에 찔렸어..방배동에서 보냈더라구..

고부 … (그냥 먹는)

서연 아저씨 누구신데 우리 집에서 식사를 하세요?

고모 고모부잖어어··나는 고모구··내 남편·· 명희 재민이 아버지…

서연 아아…. (죽 한 숟갈 뜨면서) 그렇구나아아·· (먹는)

S# 침실 다른 날

지형 (침대에 앉아 노트북 두드리는데)

서연 E 얘 나와··

지형 ?? (보면)

서연 (화장대 앞에 서서 거울 보며) 이리 와 나하고 얘기해··나 친구 없어··

서연 E (보는 지형) 나와 응? 나와아아아.

S# 침실··다른 날··

지형 (서연 옷 입히는데)

서연 (맡겨두고 보다가 손 털어내고 나가는)

지형 서연아 (잡으려 하지만 놓치고 따라 나가는)

S# 거실 주방

서연 (부지런히 고모에게) 아주머니아주머니··

고모 (일하다가) 어 왜··

서연 내 방에 어떤 아저씨가 있어요··

지형 (보며 듣고 있는)

서연 E 쫓아 주세요··내 말은 안 들어요.

고모 E 니 남편이라니까 서연아··남편 남편이야아아··

서연 E 나 결혼했나?

고모 (서연 두 손 잡고) 했지이이··아이도 낳았잖아아아··

서연 아아아··아아아아… (하며 움직여 지형 스쳐 침실로 들어가려다 돌아보며) 회사 안가?

지형 .... (그냥 보며)

서연 (침실로 들어가버리고)

지형 .....

S# 거실. 다른 날

[티브이 보고 있는 지형과 서연..시끄러운 예능 프로]

서연 여보..

지형 응 왜.

서연 우리 집에 웬 사람들이 저렇게 많아..정신없어..쫓아버려..

지형 그래 쫓아버리자 (리모컨으로 티브이 끄는)

S# 거실

지형 (청소기 밀고 있는데)

서연 (침실에 붙어 있던 메모지들 놓여 있던 사진들 한꺼번에 들고 나와 거실 바닥에 팽개치며) 태워 다 태워버려.. (하면서 주방으로 가 주방 메모들도 모조리 떼어내기 시작하는)

지형 .... (보며)

S# 응접 소파

지형 (서연 안고 머리 쓰다듬어 내리면서) 사랑해..내일은 오늘보다 백만 배 더 사랑할게..

서연 고마워..고마워....

지형 ....

S# 거실

[바닥에 앉혀놓고 발톱 깎아주는 지형]

서연 ... (멀거니 보며 있다가) 문권아아...문권아 어딨니이이

지형 문권이 회사에서 일하고 있지 서연아..

서연 아…응…

지형 취직했잖아..지금 회사에 있는 시간이야.

서연 응..알아..

지형 … (깎아주며)

지형 E 서연이는 이제 많은 시간을 서연이가 아니다..이제는 책도 안 읽고 더 이상 시도 읊지 않고 잠깐씩 서연이었다가 다시 어딘가로 사라져 혼자만의 세상에서 혼자만의 놀이에 빠져 있고는 한다..나는 지난주부터 월요일 하루만 회사에 나가고 웬만한 일은 모두 손 대표에게 맡기고 있다..

S# 냉장고 음식을 모조리 꺼내 식탁에 쌓아놓고 놓고 아무거나 닥치는 대로 먹고 있는 서연을 지형과 고모가 말리면서 승강이하는

S# 욕실..

[목욕시킨 후 옷 입혀주고 있는 지형]

S# 거실

명희 (화사한 색깔 트윈 스웨터 확 털어 서연에게 대어주며) 봐..이쁘지 서연아..색깔 죽이지? 응?

서연 … (시선 명희에게)

고모 (옆에 서서) 그래 우리 서연이 백옥같은 피부에 딱 어울리겠다..

명희 백화점 꺼야 싸구려 아냐 서연아..입어볼까? 입혀주께 응? (하고 건드리는데)

서연 (따귀 냅다 올려붙이고)

명희 ???

고모 애 서연아아..

서연　너 납쁜 기집애야..

명희　서연아..

서연　너는 나빠..무지무지 나빠..

명희　잘못했어 서연아. 나 잘못한 거 알아.

서연　못돼 먹었어.

명희　(두 손 비비며) 잘못했어 응? 용서해줘 서연아.. 잘못했어.

서연　..... (보며)

명희　(껴안으며) 서연아아아 응응응응 응응응응

S# 주방 식탁

[지형 재민 서연. 고모 국 놓아주는데]

서연　아저씨는 누구세요? (재민에게 / 명희가 사 온 스웨터 입고)

지형　.... (보고)

고모　(이미 익숙하지만 에휴우우)

재민　(웃으며) 이서연 사촌오빠 장재민..

서연　오빠? ....오빠? .... (웃으며) 아빠? 오빠? 으흐흐흐흐

문권　(들어오는) 다녀왔습니다아아

서연　어어 오늘 알바 일찍 끝냈구나..

문권　회사요 누나..

서연　알아 회사..

문권　(제 방으로)

고모　저녁부터 먹어라

문권　E 네에에..

[상차림 계속되고 있는 위에]

지형　E (가만히 서연 보며) 이제 모든 남자는 아저씨..모든 여자는 아

주머니가 되어버렸다..유일하게 남아 있는 것은 문권이 하나뿐 나도 아저씨가 됐지만 대부분 내가 누군지 모르면서도 자기를 보살피는 사람으로 알고 나를 거부 안하는 게 다행일 뿐이다....

S# 지형의 사무실. 고객 미팅

[테이블에 클라이언트, 지형, 석호 있고 테이블 위에 도면 나와 있고 모형 올려져 있고 모형 옆에 작은 컨셉 모형 놓여 있고]

석호 지상부분은 후면에 있는 건물 옥상과 전면건물의 필러티(Piloti)를 연결하여 어떤 용도로도 활용할 수 있는 야외공간으로 계획했습니다.

고객 그럼 옥상정원이나 야외휴게실로 사용할 수 있겠네요.

석호 그렇습니다.

고객 (두 개의 모형 보며) 한쪽은 여기에 계단을 두었는데 차이점이 뭔가요?

지형 네 이쪽은 전면에 직통계단과 엘리베이터를 별도로 설치해서 시간별 통제가 가능할 수도 있구요, 저층부와 지하공간이 더욱 활성화되는 부분이 있습니다. 홍콩을 생각해 보시면 간단할 것 같습니다. 거의 3층까지는 계단으로 연결되어 있거든요.

[지형 전화벨 오버랩]

지형 (전화 꺼내 보고) 손대표.

석호 어 그래.. (지형 나가는) 저희가 생각하는 랜드마크란 상징성이라고 생각했습니다. 대표님의 건물 주변을 보면 복잡한 입면을 가진 건물들이 대부분입니다. 그 속에서 인지성을 두드러지게 하기 위해 저희는 역설적으로

S# 미팅실 밖

지형 (나오면서 받는) 네 고모님.

고모 F 아이구 여보개 에미가 없어졌어어어··

지형 마트 가셨었어요?

고모 F 아니 아냐··집에서어··

지형 현관 열려 있었어요?

S# 아파트 앞

고모 (현관 뛰어나와 길로 나가면서 연신 사방 돌아보면서) 아냐아냐아 그러니 귀신 곡할 노릇이지이이. 그게 현관 비밀번호 알구 있었나 봐아. 분명 잠들어 있는 거 보구 다용도실 청소하구 나왔는데 애가 없어어어··

S# 사무실 복도

지형 알았어요 고모님 저 지금 들어가요·· 들어갑니다.(끊고 달리기로 계단 내려가는)

S# 빵 가게

명희 아 엄마 뭐하구 있었는데에에···

동철 ???

S# 서연 찾아 헤매는

고모 서연아아 서연아아아아아

S# 뛰는 명희

명희 (버스 정류장으로 뛰고 있는) ···

S# 더듬더듬 서연 찾는 고부

S# 옛날에 살던 동네 철길 건널목

[기차 통과 기다리는 다른 사람들 속에 들어 있는 맨발의 서연··]

[사람들 두셋 서연 흘끔거리고··]

[기차 가까이 다가오고 있는데]

서연 (가로 지름대 아래로 빠져나가는)

대학생 아줌마 아줌마.. (놀라서 잡아들이고)

지키고 서 있던 철도원 (버럭)당신 뭐하는 거에요 미쳤어요?

서연 (끌어 들여지며 뿌리치고 밀어내고)

대학생 가만 계세요오오 아줌마 죽어요..죽고 싶으세요? (철길에서 멀리 끌어내려는)

서연 놔 놔아아

대학생 (버럭) 정신 차리세요 아줌마아아!!!

서연 ..... (멍하게 보는)

S# 지구대에서 서연 데리고 나오는 지형

[자기 겉옷 입혀서 제 구두 신겨서...지형은 양말 발]

고모 (기다리고 있다가 철버덕거리는 서연 발 보고 얼른 달라붙어 자기 털고무신으로 바꿔 신기는) ......

서연 (얌전하고)

S# 지형에게 잡힌 채 고모에게 발길질하고 있는 서연

S# 지형이 지켜보는 데서 팔에 깁스 처치 받고 있는 서연..

S# 수정의 거실..일 년 후 겨울

[앉아 있는 지형과 창주..]

창주 경기는 언제 살아날지도 모르는데 회사는 석호한테 떠맡기고 언제까지 그러고 있을 참이야.. (수정 찻잔 갖다놓는) ...

지형 그래도 최소한 제가 할 일은 해요 아버지.

창주 최소한이라는 게 문제지..최대한이래도 부족할 판에 살벌한 경쟁시대에 회사라고 차려놓고 최소한이라니 동업 파트너한테 그게 무슨 폐야.. 차라리 손을 떼던지..

지형 안 그래도 그러겠다고 했는데 석호가 동의를 안해요.

수정 즈이들끼리 알아서 할텐데 뭐얼..

창주 한창 일할 나이에 낭비하고 있는 시간이 아깝잖아..

수정 차 들어..

창주 (한 모금 마시고 내리며) 엄마 얘기 들으니 상태가 거의 막바진 거 같던데 용변 문제 시작된 거 이미 한참 전이구..

지형 ....

창주 이제 그만 고생하고 시설에 맡겨 보살핌 받게 하는 게 좋을 듯 싶다..

지형 ???(보는)

창주 그쯤했으면 됐어.

지형 그렇게 할 수 없습니다.

창주 니 엄마도 찬성이야..

지형 마지막까지 지켜준다고 약속했어요.

수정 지형아

지형 제가 해요 아버지..그럴 순 없어요..

창주 답답하게 굴지 말고 이 녀석아. 아무 것도 모르는 아이 붙잡고 씨름하지 말고 시설에 맡기고 너는 니 할 일 제대로 하란 말야.

지형 아무 것도 몰라도 제 사람이에요. 예은이 엄맙니다. 다른 사람 손에 맡길 수 없어요. 다시는 그런 말씀하지 마세요.

창주 시설에 대해서 그렇게 부정적일 필요없다니까..전문인들이 전문적으로

수정 (오버랩) 그만해…안 될 거라고 했잖아..

창주 (답답해서 천장 올려다보는)

이모 (일 년 칠 개월짜리 아이 안고 나오면서) 예은이 깼어요오오오‥예은이 아빠보러 나왔어요오오오오….

지형 (아이 보며 일어나고)

이모 (아이 내려놓으며) 아빠 오셨네? 아빠한테 가 예은아‥

[아이가 지형 쪽으로 움직여주면 아주 좋고]

지형 (아이한테. 아이 안아 올리고) 잘 있었어?

예은 응‥

지형 행복해?

예은 (지형 얼굴 만지며) 응.

지형 (얼굴 붙이며) …..

수정 ….

창주 ……

S# 아파트 거실

지형 (혼자 밥 먹고 있는) …

고모 (눈치 보고 있다가) ‥저기…박서방…

지형 네‥

고모 아무래도…기저귀를….

지형 …. (보며)

고모 이제 곧…큰 거까지 그럴 거 같은데‥아까…내가 눈치챘으니 망정이지 하마터면…그냥 저어기 쭈그리고 앉아 옷 입은채‥일을 볼라구 하더라구…

지형 (오버랩) 알았어요‥제가 다시 얘기해 볼께요‥

고모 기분 좋을 때…

지형 네…. (그냥 먹는) …..

S# 침실

서연 (침대에 기대어 앉아 실크 스카프를 꽁꽁 뭉쳤다가 훨훨 털었다를 반복하고 있는)

지형 (들어와서 잠시 지켜보다가 장에서 성인용 기저귀 하나 꺼내 들고 걸터앉으며)그게 무슨 장난이야‥

서연 (계속하며) …..

지형 (팔 잡으며) 서연아 나 좀 봐‥

서연 (보는) ….

지형 나랑 같이 화장실 들어가서 이거 하자‥

서연 …. (보며)

지형 이제 이걸 해야한다고‥그래야 고모님이 훨씬 힘이 안 드시겠다고

서연 (기저귀 확 채뜰어 보는) …. (시선이 지형으로 옮겨지면서 얼굴이 참혹해지는)

지형 서연아

서연 (폭발. 기저귀로 마구 갈기면서) 내가 왜. 내가 애기야? 내가 왜. 너 뭐야‥니까짓게 뭔데 니까짓 게 뭔데에에에!!!

지형 서연아서연아.

서연 나는 이서연이야!

지형 그래 알아.

서연 나는 이서연이야!!

지형 그래 너는 이서연이야.

서연 이서연은 이딴 거 필요없어.

지형 알았어알았어 (안으려 하며)

서연 (거칠게 밀어내며) 무시하지 마 무시하지 마 무시하지 마아아!!!!!

S# 방 밖

서연 E 어어엉엉엉엉 엉엉엉엉

고모 (들으면서 억장이 내려앉는) ....

S# 아파트 전경(밤)

S# 침실··

지형 (돌아누우며 손으로 더듬으면 서연이 없고 / 벌떡 일어나 화장실 체크하고 거실로)

S# 거실

지형 (나오다 얼어붙는) ......

서연 (불 환하게 켜놓고 다리 구부려 벌리고 잠옷 위에 기저귀 차려고 애쓰고 있는)

지형 (다가가 팔 잡으며) 서연아··

서연 (밀어내고)

지형 (왈칵 안으며 한 손으로 기저귀 빼내면서) 하지 마 서연아 하지마 괜찮아. 하지 마 안해도 돼 하지마 하지마 서연아 하지마아아아 (소리치며 통곡이 터지는).......

서연 ..... (아무것도 없는 얼굴)

F.O

S# 아름다운 가족 묘지··

지형 (다섯 살 예은이 손잡고 천천히 걸어오고 있는 / 예은이 손에 꽃 몇 송이) ....

S# 서연 무덤 앞에 서서

지형 엄마한테 인사해야지..

예은 엄마 / (하고 손 키스 날리는)

지형 (예은 머리에 손 얹고) 예은이 왔다 ……나는…나는 아직 ….. (더 이상 말하는 게 불가능) ……나는 아직이다..서연아…..아직이야….

S# 침실

서연 (침대에 서서 이로 물어뜯은 구멍으로 손 집어넣어 닭 털 꺼내 온 방에 뿌리고 있는) …… (즐거워하면서) ….

F.O

〈끝〉

부록

| 작품 연보 |

TV 드라마

〈무지개〉
1972년, MBC, 주간 드라마.

〈상록수〉
1972년, TBC, 주간 연속극(문예물 각색).

〈새엄마〉
1972~1973년, MBC, 일일 연속극.
재혼한 여성이 대가족을 자신의 의지로 슬기롭게 끌고 나가는 이야기로, 가족 중심 일일 연속극의 새 지평을 연 드라마.

〈심판〉
1972년, KBS무대, 단막극.

〈강남가족〉
1974년, MBC, 일일 연속극.
고지식하면서도 정직하고 단란하게 살아가는 공무원 가정의 일상 이야기.

〈수선화〉
1974년, MBC, 일일 연속극.
여성을 중심으로 지혜롭게 살아가는 가족의 이야기로, 이 드라마를 시작으로 세칭 '김수현표 드라마'로 평가받기 시작함.

〈하얀 밤〉

1975년, KBS무대, 신년 특집극.

〈안녕〉

1975년, MBC, 일일 연속극.
가정과 부부 윤리의 변화를 그린 드라마.

〈신부일기〉

1975~1976년, MBC, 일일 연속극.
시골서 갓 시집온 영리하고 해맑은 며느리가 만들어가는 부드럽고 화목한 가정 이야기.

〈아버지〉

1975년, TBC, 토요무대(단막극).

〈탄생〉

1976년, MBC, 신년 특집극.

〈여고 동창생〉

1976~1977년, MBC, 일일 연속극.
여고 시절 단짝이었던 다섯 명의 동창생들이 사회와 부딪치며 살아가는 이야기.

〈말희〉

1977년, KBS무대, 작가가 드라마 선집에 추천한 대표 단막극.

〈보통 여자〉

1977년, TBC, 단막극.

〈당신〉

1977~1978년, MBC, 일일 연속극.

새 며느리가 주변의 질투와 멸시 등의 어려움을 극복하고 부부애를 되찾는 홈드라마.

〈후회합니다〉

1977~1978년, MBC, 주말 연속극.

가족의 오해와 갈등 속에 인생을 살아가는 중년 여성 이야기.

〈청춘의 덫〉

1978년, MBC, 주말 연속극.

배신한 남자에게 복수하는 애정극으로, 1999년 SBS 리메이크작으로 "당신 부숴버릴 거야"라는 명대사를 낳음.

〈불행한 여자의 행복〉

1978년, TBC, 단막극.

〈행복을 팝니다〉

1978~1979년, MBC, 일일 연속극.

한집안에 모여 사는 일곱 세대의 애환을 다룬 드라마.

〈엄마, 아빠 좋아〉

1979년, MBC, 주말 드라마.

〈고독한 관계〉

1980년, TBC, 주말 드라마.

〈입춘대길〉

1980년, KBS, 신년 특집극.

〈잃어버린 겨울〉

1980년, TBC, 주말 드라마.

〈아롱이다롱이〉

1980년, TBC, 주간 드라마.

〈옛날 나 어릴 적에〉

1981년, KBS, 신년 특집극.
1993년 KBS 설날 특집극으로 리메이크됨.

〈첫 손님〉

1981년, MBC, 신춘 특집극.

〈안녕하세요〉

1981년, MBC, 주말 드라마.

〈사랑의 굴레〉

1981년, MBC, 〈사랑의 계절〉 100회 특집극.

〈불타는 다리〉

1981년, MBC, 육이오 특집극.

〈사랑합시다〉

1981~1982년, MBC, 일일 연속극.

〈야상곡〉

1981~1982년, MBC, 주말 드라마.
농밀한 애정극.

〈아버지〉
1982년, MBC, 신년 특집극.
중년 가장이 그리는 남자 이야기.

〈어제 그리고 내일〉
1982~1983년, MBC, 일일 연속극.

〈다녀왔습니다〉
1983년, MBC, 일일 연속극.
밝고 경쾌한 홈드라마.

〈딸의 미소〉
1984년, KBS, 신춘 특집극.

〈사랑과 진실〉
1984년, MBC, 주말 드라마.
정반대의 성격을 가진 자매의 엇갈린 운명을 그린 이야기.

〈사랑과 진실〉 2부
1985년, MBC, 주말 드라마.
〈사랑과 진실〉의 속편.

〈사랑과 야망〉
1987년, MBC, 주말 드라마.
시대적 배경과 함께 서로 다른 두 형제가 살아가는 이야기. 2006년 SBS 주말 드라마로 리메이크됨.

〈모래성〉
1988년, MBC, 미니시리즈.
작가의 소설을 원작으로 극화한 멜로드라마.

〈배반의 장미〉

1990년, MBC, 주말 드라마.

식물인간에서 깨어나는 남편과 아내 이야기.

〈사랑이 뭐길래〉

1991~1992년, MBC, 주말 연속극.

전통적인 가정과 비교적 개방적인 두 가정 사이의 문화적 갈등과 충돌 이야기로, '대발이 아버지'라는 캐릭터를 낳음.

〈두 여자〉

1992년, MBC, 미니시리즈.

〈어디로 가나〉

1992년, SBS, 창사 특집극.

병든 아버지와 자녀들 간의 갈등과 삶과 죽음 이야기.

〈산다는 것은〉

1993년, SBS, 주말 드라마.

가장이 된 여성의 삶과 가족 이야기.

〈작별〉

1994년, SBS, 주간 드라마.

시한부 의사와 그 가족의 인생과 슬픔에 대한 이야기.

〈인생〉

1995년, SBS, 창사 특집극.

〈목욕탕집 남자들〉

1995~1996년, KBS, 주말 연속극.

목욕탕을 하며 삼대가 함께 사는 서울 변두리 집안의 전통과 현대가 섞인 이야기.

〈사랑하니까〉

1997~1998년, SBS와 HBS(케이블 현대방송) 동시 방송.
김수현 드라마 가운데 유일하게 죽은 영혼이 드라마 속에 등장하는 이야기.

〈아들아 너는 아느냐〉

1999년, SBS, 창사 특집극.
사고로 뇌사에 빠진 아들의 장기를 기증하면서 깨닫는 삶에 대한 이야기.

〈불꽃〉

2000년, SBS, 주간 드라마.
네 주인공의 엇갈린 관계와 운명적 사랑 이야기.

〈은사시나무〉

2000년, SBS, 창사 특집극.
부모 자식 간의 복잡한 감정과 관계에 대한 고찰.

〈내 사랑 누굴까〉

2002년, KBS, 주말 연속극.
자녀들의 연애와 결혼을 중심으로 펼치는 홈드라마.

〈완전한 사랑〉

2003년, SBS, 주말 드라마.
희귀병에 걸린 연상의 아내와의 애틋한 사랑 이야기.

〈혼수〉

2003년, KBS-2TV, 추석 특집극.
결혼의 현실과 이상에 대한 고찰.

〈부모님 전상서〉

2004~2005년, KBS, 주말 연속극.

경기도 여주를 배경으로, 자녀들이 그들의 삶에 대해 매일 돌아가신 부모님께 보고하는 형식의 드라마.

〈홍소장의 가을〉

2004년, SBS, 창사 특집극.

경제위기로 퇴직한 가장을 통해 가족의 아픔과 사회문제를 그린 드라마.

〈내 남자의 여자〉

2007년, SBS, 미니시리즈.

가까운 친구가 남편과 불륜에 빠진 이야기.

〈엄마가 뿔났다〉

2008년, KBS, 주말 연속극.

살림에 지친 주부가 휴가를 선언하는 홈드라마.

〈인생은 아름다워〉

2010년, SBS, 주말 드라마.

제주도 배경의 성소수자를 포함한 가족 이야기.

〈천일의 약속〉

2011년, SBS, 미니시리즈.

알츠하이머에 걸린 아내를 보살피는 순정극.

〈아버지가 미안하다〉

2012년, TV조선, 개국 특집극.

환경미화원 가장이 겪는 애환을 들려주는 드라마.

〈무자식 상팔자〉
2012~2013년, JTBC, 주말 연속극.
한집안 삼대의 세대별 우여곡절을 다룬 이야기.

〈세 번 결혼하는 여자〉
2013~2014년, SBS, 주말 연속극.
결혼의 의미를 되새겨 보는 젊은 층의 풍속도.

〈그래, 그런 거야〉
2016년, SBS, 주말 연속극.
아버지와 아들 세 형제가 살아가는 이야기.

라디오 드라마

〈저 눈밭에 사슴이〉
1968, MBC라디오 공모 당선 연속극.

〈약속은 없었지만〉
1968, MBC라디오 연속극.

〈지금은 어디서〉
1968, MBC라디오 연속극.

영화 시나리오

〈잊혀진 여인〉(1969), **〈아빠와 함께 춤을〉**(1970), **〈필녀〉**(1970), **〈미워도 다시 한번〉** 3편(1970), **〈미워도 다시 한번〉** 4편(1971), **〈보통 여자〉**(1976), **〈불행한 여자의 행복〉**(1979), **〈어미〉**(1985)

소설

『상처』, 『겨울로 가는 마차』, 『안개의 성』, 『포옹』, 『유혹』, 『청춘의 덫』, 『여자 마흔 다섯』, 『겨울새』, 『결혼』, 『모래성』, 『그늘과 장미』, 『망각의 강』, 『눈꽃』(이 가운데 일부는 다른 작가의 각색으로 TV 드라마로 방송됨)

산문집

『미안해, 미안해』(1979), 『生의 한 가운데』(1979)

영화화 된 원작들

『눈꽃』, 『유혹』, 『겨울로 가는 마차』, 『마지막 밀회』, 『내가 버린 남자』, 『청춘의 덫』, 『상처』, 『약속은 없었지만』, 『죄 많은 여인』, 『욕망의 늪』, 『버려진 청춘』, 『너는 내 운명』, 『나는 고백한다』, 『이 밤이여 영원히』

| 김수현 연보 |

1943 3월 충북 청주에서 출생.

청주여자고등학교, 고려대학교 국문학과 졸업.

잡지사 기자로 잠시 활동.

1968 MBC 문화방송 개국 기념 라디오 연속극 공모에 「그해 겨울의 우화」(〈저 눈밭에 사슴이〉)가 당선. 방송 드라마 작가로 공식 등단 이후 두어 편의 라디오드라마를 더 집필.

1969 〈잊혀진 여인〉 1970년 〈미워도 다시 한번〉(3, 4편) 등 10편 안팎의 영화 시나리오를 직접 썼고, 이 가운데 〈필녀〉는 1971년 제8회 청룡영화상 시나리오 각본상을 받았다. 이밖에 〈눈꽃〉 등 원작만을 가져가 영화화한 작품도 10여 편 더 있다.

1972 MBC-TV 주간극 〈무지개〉 집필 도중 일일 연속극 작가로 전격 발탁. 그 해 8월 말에 시작한 일일극 〈새엄마〉가 폭발적인 인기로 무려 411회나 방송되어 당시로서는 최장수 드라마의 기록을 남겼다. 이는 곧 현실적 일상생활을 바탕으로 하는 일일극 패턴의 시작을 알림과 동시에 일일극 중흥을 예고하는 '김수현 드라마'의 화려한 등장이었다. 〈새엄마〉는 1973년 한국 방송 사상 최초로 제1회 한국방송대상 극본상 수상. 1974년 〈강남가족〉, 〈수선화〉 등 쓰는 연속극마다 시청률 1위는 계속되었고, 앞서 〈새엄마〉 때부터 1980년대 초까지 약 10년 동안 거의 하루도 쉬지 않고 쓰는 실로 초능력의 작가가 되었다. 매일 또는 주간 연속극이라는 특징도 있지만 단순히 집필량으로만 치자면 아마도 이 지구상에서 가장 많은 원고를 쓴 작가로 기록될 것이다.

1975 〈신부일기〉 때부터는 '시청률 제조기'라는 별명과 함께 명실

공히 TV 드라마 일인자 자리를 굳혔다. 덕분에 MBC는 그때부터 한동안 '드라마 왕국'이라는 소리를 듣기도 했다. "김수현 드라마라면 죽은 시체도 벌떡 일어난다"는 말도 이때 나왔다. 실제로 김수현 드라마가 방송되는 저녁 시간에는 거리가 한산했고, 그 시각 설거지를 미루고 TV 앞에 앉는 주부들 때문에 전국의 수돗물 사용량이 줄어든다는 말까지 나왔다. 〈신부일기〉는 제3회 한국방송대상 최우수 작품상을 받았고, 1980년 TBC-TV를 통해 방송한 주말극 〈고독한 관계〉는 제16회 백상예술대상 극본상을 받았다.

1977 월간 여성 잡지 연재소설 「상처」를 시작으로 1990년까지 드라마와 별개로 무려 13편 이상의 소설을 발표. 단행본으로 출간된 이들 소설들은 단번에 베스트셀러 반열에 올랐다. 소설 『겨울로 가는 마차』, 『여자 마흔 다섯』 등이 모두 이 시기에 나왔다.

1980 컬러 TV 방송 시대가 열린 후 2000년대까지, 긴 연속극에 비해 상대적으로 작품성이 뛰어난 각 방송사의 명품 단막극 또는 순도 높은 2, 3부작의 특집극을 사실상 도맡아 집필하며 TV 드라마의 또 다른 진수를 보여주었다. 모두가 인간의 본질을 끊임없이 추구하는 내용들로, 3부작을 하룻밤에 연속 방송하는 집중 편성을 통해 더 많은 시청자들에게 전율에 가까운 충격과 감동을 안겨주었다. 이들 특집극 가운데 〈옛날 나 어릴 적에〉는 1981년 또다시 제17회 백상예술대상 극본상을, 〈어디로 가나〉는 제20회 한국방송대상 TV 드라마 부문 작품상과 그해 한국방송작가상을 받았고, 〈은사시나무〉는 다시 한번 제37회 백상예술대상 TV 부문 극본상을 수상했다.

1984 5월부터 11월까지 방송된 〈사랑과 진실〉은 최고 시청률을 76%까지 끌어 올리며 김수현 드라마 '사랑 시리즈'의 신호탄이 되기도 했다. 이 무렵부터 일일극에서 빠져나와 TV 드라마의 흐름을 주간 연속극 위주로 바꿔놓았고, 1987년에는 '사랑 시리즈' 제2탄이라 할 수 있는 〈사랑과 야망〉을 써서 또 한 번 최고 시청률 70% 이상이라는 선풍적인 인기를 안방에 몰고 왔다. 1988년

제24회 백상예술대상에선 TV 부문 대상을 차지했고, 2006년 SBS에서 리메이크되어 또다시 폭발적인 인기를 얻었다.

1988 사단법인 한국방송작가협회의 이사장직을 맡아 이후 8년여 동안 방송 작가들의 권리 찾기에 앞장서 투쟁과 헌신으로 저작권 확보를 완성했다. 후진 양성을 위한 '방송작가 교육원'도 개설해 향후 이곳 출신 작가들 대다수가 방송 프로그램을 거의 장악해 방송 콘텐츠 향상을 주도함으로써 드라마를 비롯한 방송 발전에 크게 공헌하였다.

1990 11월부터 1992년 5월까지 방송된 주말극 〈사랑이 뭐길래〉는 코믹 홈드라마라는 새로운 장르를 개척함과 동시에 TV 드라마의 수준과 흥미를 한 단계 높였다는 평가를 받았다. 기왕의 수식어인 '언어의 연금술사'에 이어 TV 드라마에 관해 드디어 '신의 경지'에 이르렀다는 극찬을 세상 사람들과 언론으로부터 들었다.

1992 〈사랑이 뭐길래〉는 한국 방송 사상 처음으로 중국에 진출, 한류의 원조 또는 효시로 최초의 수출 드라마가 되었다. 당시 〈사랑이 뭐길래〉가 방송되는 주말 저녁 8시 시간대에 남의 집에 전화하는 일은 크게 실례라고 할 정도로 온 국민이 이 드라마에 빠져드는 일종의 '김수현 신드롬'을 낳았다. 중국 역시 그 반응이 엄청나 당시 10억이 넘는 인구의 온 대륙이 들썩였다는 중국 CCTV 관계자의 증언이 있었다. 국내 최고 시청률 64.9% 또한 결코 그저 그냥 넘길 만한 수치가 아니었다.

1993 〈산다는 것은〉과 〈작별〉과 같은, 주로 삶과 죽음에 대해 진지하게 접근하는 작품들을 SBS 주간 드라마를 통해 선보였다. 번뜩이는 재치와 시청자의 말문을 트이게 하는 생생하고 맛깔스러운 대사, 언어 문학의 상승 효과, 빠른 전개와 충만한 리얼리티, 인물들의 다양한 캐릭터와 상황 반전에 지치지 않는 서사 구조를 거침없이 쏟아냈다.

1995 KBS 주말 연속극 〈목욕탕집 남자들〉은 수많은 '김수현표 가족 드라마' 가운데 또 하나의 전범을 보여준 경우다. 이 드라마 한

편으로 그때까지 상대적으로 다소 열세에 있던 KBS 드라마들을 단 한 방에 강세로 돌려놓는 마법을 보여주었다. 1995년 당시 한 유력 월간지가 해방 후 '한국을 바꾼 100인' 가운데 방송계에서는 유일하게 드라마 작가 김수현을 선정 발표했다. 가령 시청률 30%면 대략 1천만 명, 70% 안팎이면 아무리 깎아도 2천만 명 이상이 한꺼번에 동시 시청한다는 계산이다. 게다가 이와 같은 특정 작가 드라마에 대한 꾸준하고 열광적인 시청 행태는 1970년대 초 김수현의 드라마가 처음 등장한 때부터 2010년대 초까지 약 40여 년간 견고하게 유지됐다. 그간의 '김수현 드라마'가 한국인의 생활양식이나 의식과 문화, 대중적 가치와 정서에 미친 긍정적인 영향을 올바르게 평가한 결론으로 볼 수 있는 일이었다.

2000 SBS 주간 드라마 〈불꽃〉을 시작으로 〈완전한 사랑〉(2003), 〈내 남자의 여자〉(2007)까지 시대의 변화와 함께하는 〈청춘의 덫〉 리메이크를 비롯해 새로운 감각의 멜로드라마를 모색해 동시대의 사회 윤리적 문제와 정서적 도덕 방향을 정리해보기도 했다. 2004년 KBS 주말 연속극 〈부모님 전상서〉는 두 번째로 한국방송작가상을 받았고, 〈엄마가 뿔났다〉(2008), 제주도를 무대로 한 〈인생은 아름다워〉(2010)와 JTBC의 주말 연속극 〈무자식 상팔자〉(2012)까지 2000년대에 들어 괄목할 만한 '가족 드라마 4종 세트'를 내놓으며 역시 김수현 드라마의 기본 단위는 '가족'이라는 점을 상기시켰다. 계속된 여러 편의 '국민 드라마'로 여전히 많은 시청자의 공감을 이끌어내는 데 성공했다.

2008 한국방송협회 주관 '서울 드라마 어워드'에서 '올해의 대한민국 대표 작가'로 선정됐다.

2012 대한민국 대중문화예술상 은관문화훈장을 수여받았다.

김수현 드라마 전집 13
천일의 약속 2

1판 1쇄 인쇄 2021년 5월 10일
1판 1쇄 발행 2021년 6월 7일

지은이 김수현
펴낸이 임양묵
펴낸곳 솔출판사

책임편집 임우기
편집 윤진희
편집 최찬미, 윤정빈
디자인 오주희
마케팅 이원지
경영관리 김태영, 박정윤

주소 서울시 마포구 와우산로29가길 80(서교동)
전화 02-332-1526
팩시밀리 02-332-1529
홈페이지 www.solbook.co.kr
이메일 solbook@solbook.co.kr
출판등록 1990년 9월 15일 제10-420호

ISBN 979-11-6020-133-8 04680
979-11-6020-120-8 세트